東アジアの古典文学における笑話

荒尾禎秀
漢文笑話と左振仮名

琴　榮辰
韓日笑話に見る艶笑譚化と頓智譚化

崔　溶澈
中國笑話の朝鮮と日本への傳播

佐伯孝弘
夜食時分の浮世草子

藤井史果
噺本における構成と表現

川上陽介
『訳解笑林広記』全注釈（三）

島田大助
中国笑話集と『増補萬寶全書』

山口　満
漢文テキストのＷｅｂ表示

東アジアの古典文学における笑話 ■ 目次

はじめに

二〇一一年一一月、日本近世笑話と中国・朝鮮半島の笑話を比較検討することを目的として日本学術振興会の科学研究費助成事業に応募した。この時、取り組む内容として申請書に記述したのが下記の七点である。

一　中国笑話集の異体字を含む正確な本文テキストを作成・提供し、注釈、邦訳などを作成する。
二　中国笑話の研究を通して、中国文学の特質の一つや中国人の笑いの性質を明らかにする。
三　朝鮮漢文笑話集の研究を通して、朝鮮文学の特質の一つや朝鮮人の笑いの性質を明らかにする。
四　中国笑話と日本で作られた和刻本漢文体笑話集の比較を行うことによって、中国とは異なる日本笑話の特徴を明らかにする。
五　中国笑話・朝鮮笑話から、噺本、浮世草子をはじめとする近世小説や、落語・講釈・講談といった舌耕文芸・芸能への影響を明らかにする。
六　日本の近世における東アジアの笑話受容の研究をすることにより、日本・中国・朝鮮の風土・文化・国民性の相違点を究明し、比較文学研究に寄与する。
七　笑話集に用いられる漢字表記を整理することで、日本近世における中国語受容の特徴が明らかにでき、国語学的研究に寄与する。

二〇一二年に研究課題として採択されて以降二〇一七年まで、研究を行った。これらの研究を通して、いくつかの新たな知見を得た。

ここでは、一例として申請書の「七」に記した漢字表記についての気づきを紹介する。設定した研究テーマにそって中国笑話に記される漢字についての調査を行ったところ、従来、国字とされている文字が中国笑話にあることが明らかになった。例えば、現代日本語の表記では常用漢字表に従って「答」と表記する漢字を、「答」の他に「夻」「荅」「荅」「荅」などと表記している。これらの漢字の内、「答」「荅」はそれぞれ別の漢字として『大漢和辞典』に立項されているが、「夻」「荅」は立項されていない。漢字入力検索ソフト『今昔文字鏡　單漢字十六万字版』(株式会社エーアイ・ネット)では、「夻」「荅」を国字と分類している。同様の例は他にもある。常用漢字表では「歓」となっている漢字を「歡」「歡」と表記している。『今昔文字鏡　單漢字十六万字版』では、「歡」を国字と分類しているのである。

「夻」「荅」「歡」を、国字と分類しているのは、これまで調査を行った中国の文献にこれらの文字を見いだすことが出来なかったからであろう。笑話を載せる通俗的な文献を通して、日本に伝わった文字もあったのである。国字は、今後、調査の対象となる文献が増えることによって減少することが容易に予想される。

本書には、研究グループを構成した荒尾禎秀氏、川上陽介氏、琴榮辰氏、佐伯孝弘氏、山口満氏、島田大助及び外部からご参画くださった崔溶澈氏、藤井史果氏の八名が取り組んだ研究の成果がまとめられている。それぞれの興味に基づき行った研究は、先に紹介した例と同様、現時点で明らかにしうる新たな知見を示したつもりである。ご高覧いただき、ご叱正を仰ぎたいと思っている。

本書が、東アジアの笑話研究の一助となれば幸いである。

平成二十九年九月二十三日

島田大助

東アジアの古典文学における笑話

漢文笑話と左振仮名

荒尾禎秀

一　研究の目的

江戸時代に版行された文献には漢字に振仮名が付くものが多い。このうち、左側に振仮名が付いている語はどういう性格を持つのか、ということに稿者は関心を持っている。左振仮名ということに注意してみると、漢文仕立ての笑話にその例が多いことに気づく。

左振仮名は明治になっても続く。見通しとしては江戸期から明治期にかけての左振仮名付きの漢字語は、近世中国語由来の語、あるいは新造された語であろうかと予測する。このような左振仮名の形式によっての新語の獲得、普通語化は、日本の明治期の新漢語盛行を可能にした文化的基盤の一つではないかと推測する。この仮説を証明することは方法的に容易ではないが、そのための一歩として、本稿では江戸時代後期における漢文体資料での左振仮名の実態の一端を明らかにしたい。

日本語学の立場から、左振仮名についての研究は明治以降の資料に関しては行われているが、江戸期のものになると読本の振仮名研究を除けば未だしである。(注1) 明治期の『西国立志編』や、『欧洲奇事花柳春話』などの翻訳作品にみられる右や左に振仮名を付すことが、江戸期の流れを汲むことは十分予測されることであるから、その源流を知る上でも漢文による資料での振仮名、とりわけ左振仮名の研究は必要である。

本稿で述べる内容に係る術語には、論者により指すところに揺れのある語もあるので、まずは本稿が用いる用語と、考察の対象とする資料とについて述べておく。

本稿で「和刻本」というのは中国刊本を日本で覆刻刊行した書籍をいう。これに対して中国刊本に拠らず日本で独自に刊行した漢文による書籍は、仮名、あるいは漢字仮名交じりの書籍とともに「和本」とよぶことにする。

「漢文」というのは、和刻本ないしは和本に於いて、本行に仮名を交えずに漢字だけで書かれている文あるいは文章をいう。「漢文」には「訓点」が付くものと、それがない「白文」とがある。「訓点」という語は、返り点及び送り仮名を指す場合と、振仮名をも含める場合とがあるが、本稿では狭義、即ち振仮名を含まない意味で用いる。「漢文」による表記体系を「漢文体」という。

「漢文」によって一書を為すものを、ここでは「漢文体資料」という。序文や跋文だけが漢文のものは除く。本文内に漢文体でない表記体系の文章が一定量混在している資料があるが、本稿ではこれも「漢文体資料」に含める。漢文体資料には和刻本と和本とがあることになる。

漢文体資料の中には初期洒落本、狂詩狂文、繁昌記類等がある。これらを「漢文戯作」と呼ぶことにするが、本稿では和刻本たる漢文体の笑話や明清時代の和刻本白話小説も「漢文戯作」の類に含めることにする。いわば書き手の立場ではなく読み手の立場に立って、広い意味でこの語を用いることにする。

「漢文笑話」は漢文で物された笑話、ないし笑話集をいう。漢文笑話は多くが中国笑話に基づくが、日本製の漢文笑話もこれに含める。混同の生じない範囲で「漢文笑話」という語を、一つ一つの話について言う場合と、書物としての漢文笑話集を言う場合とがある。

漢字で書かれた一文字以上の文字列を「漢字列」というが、本稿では意味的なまとまりが想定される漢字列を「漢字語」と呼ぶ。漢字語には読み方についての限定、特定はない。

考察の対象とするのは、漢文体資料である。ただし経験的な知見として、漢文体資料には振仮名が付かない、付いても極少ないものが多々あることを一般に承知しているから、この知見を確認する意味で調査したものを別として、その類の調査は積極的にはしていない。また、調査対象の資料の時代は、『忠義水滸伝』の出た享保十三(一七二八)

年以降江戸末期までとした。(注2)これは、左振仮名が多くなるのはこのあたりからだという見当をつけてのことであり、明治期に入ると教育や印刷方式の事情がこれまでとは異なってくることから、この期間に限定する。また、版本を対象とすることとし、写本については振仮名を付すについて個別的事情が加わると考えて除く。

漢文戯作は、当時の人情、滑稽、流行風俗、風流に関する話題を扱い、漢字だけで文章や詩を物すのであるから、そこに用いる語は伝統的な四書五経や唐詩など古文としての漢詩文の語では賄えないことが多々あったであろうと推測する。そのようなところに、近世中国語由来の語は理解する語の域を越えて、使用する語として、日本語に入り込む可能性があったのではないか。その過程において左振仮名は重要な役割を持ったのではないか。

幕末明治期の新漢語の創製や流布に漢文体資料が寄与したことを仮説的に念頭に置きながら、漢文体資料の中で左振仮名はどのような資料に多いのか。漢文笑話に左振仮名が多いとすれば、それはなぜなのか。漢文笑話での同一漢字語に対して付けられた振仮名の差違は何を示唆するか。そういうことについて、今回調べてみた結果やそれに基づく考察を報告したい。

二　調査結果

どのような資料に、振仮名が右ないし左にそれぞれどの程度付されているかの調査を行った。その結果を述べる。振仮名つきの漢文体資料をどういう方法で探し出すか。それは存外難しい。先学の研究に頼り、振仮名が付きやすいようなジャンルを見極めて適宜に調査した。(注3)この他にも対象とすべき資料はなおあると思われるが、その補充は後日に期す。

振仮名の付く「程度」の測定は次のようにした。

振仮名の多寡により「ナシ」「パラ」「多い」「総ルビ」の四段階に分ける。本行の右及び左に付される振仮名の「程度」の状態をマトリクスで示すと、本稿末尾の【図】のようになる。

マトリクスの縦列には左振仮名の状況を、横列には右振仮名の状況を、それぞれその多寡により四段階にするので、①から⑯の都合十六の類別を得る。

振仮名の程度を判別分類するに当たっては、原則として、各資料の本文の初め、中間付近、末尾のそれぞれの数丁について、右及び左にどの程度の振仮名が付いているかをカウントする方法で決めた。振仮名の付き具合は資料の中で必ずしも一定してはいないので、一応全冊を通して様子をみて適宜に調査の丁数を増やした。

「ナシ」は振仮名がついていない資料である。ただし全冊中にきわめて数が少ないが振仮名の付いた箇所がある場合を含んでいる。

「パラ」は平均して一丁に二、三箇所程度以下の振仮名がみとめられる資料である。

「多い」はそれ以上の資料とした。「多い」というなかには、さほど「多い」とは言えないが「パラ」ではないというものも含まれている。

「総ルビ」は全漢文に振仮名が付いている資料である。これは、漢文体資料では事実上仮名による読み下し文が振仮名状態で付いていることになる。数字その他に若干振仮名がない資料を含む。

なお、「序」「跋」「目次」の類は調査から外した。また漢文体でない表記体系の本文が含まれている場合はその部分を除いた。

取り上げた資料はジャンル分けした。その区分や所属に微妙なところもあるが、概略を見る上では必要と考えた。

これには『日本古典文学大辞典』(岩波書店　一九八三―八五)や「日本古典籍総合目録データベース」(国文学研究

資料館）等を参考にした。

調査の結果として、【図】のマトリクスの①から⑯のそれぞれに該当する和刻本及び和書を一覧にしたのが本稿末尾に付載の【資料】である。

【資料】から次のことが言える。

振仮名の付き方と資料のジャンルとの間には関係性がみられる。
(A)随筆や詩文類の和刻本及び和本の漢文体資料は、一般に白文か訓点だけで、右あるいは左に振仮名が無い資料である。経書史書の和刻本もこの類になろう。
(B)漢文戯作の類は、漢文体資料でありながら右か左かに振仮名を持つものが多い。
この(B)については、さらに次のようなことが言える。
(1)漢文笑話には、右振仮名の多少にかかわらず、左に多くの振仮名が付く。
(2)和刻本の明清代小説、所謂和刻白話小説は右振仮名がほとんどなく、多くの左振仮名が付く。
(3)明清代の『天工開物』『福恵全書』のような非文芸書の和刻本にも、右振仮名はなく左振仮名を持つものがある。
(4)和書である繁昌記、艶書は(1)と同様で、右振仮名の多寡はあっても、左振仮名が多く付く。
(5)狂文は左振仮名の方が多い資料と右振仮名の方が多い資料とが混在する。
(6)初期洒落本は左振仮名も若干付くが右振仮名が多い。
(7)狂詩は振仮名が付く場合、右振仮名が多く付され、左振仮名は少ない。
右について補足する。
(A)に関しては、『影印日本随筆集成』や『和刻本漢籍随筆集』『和刻本漢籍文集』などを見たところ、経験的に承知されている通り、ほとんどが振仮名はないか、あっても少数である中で、和刻本『熙朝楽事』（大澤弘訳　安永元年一七七二刊）、和書『四時遊人必得書』（山田梅東編　文久元年一八六一刊）の二資料には左に振仮名が付く。とくに『熙朝楽事』の振仮名は右にはなく左だけである点注目される。この資料は明の田汝成『西湖遊覧志余』巻二十からの抜粋で、明朝の年中行事を書いたもの。『四時遊人必得書』は中国の漢籍仏書等の諸書から十二月の異名、毎月の物日、古人の宴会名の記述を引用した書。この他に気づいたものに『文草小成』『手簡裁制』がある。ともに右振仮名も左振仮名も多い。『文草小成』（千葉芸閣編　天明六年一七八六刊）は作文の便のため漢文の成句を類聚、分類した書で、経書や史記、文選、柳文等多くの書から引用する。『手簡裁制』（安岡文龍編　文化五年一八〇八刊）は漢文体での書簡の語句用例集であるので、啓蒙的な事情から振仮名が付くのであろう。右に挙げた資料は、いずれも備忘のために中国書や漢文資料からの書き抜きを編集刊行したもののようであり、左振仮名が付くものには個別的な事情があると考えるが、なお類例を得たい。

(B)の(1)の漢文笑話については『開口新語』『半紙本笑府』を初め主要なものは調査したと考える。(注5)その多くは③⑦⑪に属するから、右振仮名の多寡にかかわらず左振仮名が「多い」ということができる。左振仮名同様に右振仮名も多い⑪には『刪笑府』や『如是我聞』『笑堂福聚』がある。とはいえ、これらとてもその量は左振仮名の方がはるかに多い。漢文笑話の右振仮名は、多く一字漢字語に付されるが、数文字の漢字列にも右振仮名を付すことが特に『如是我聞』では著しい。『開巻一笑』は左振仮名も多いが右振仮名が「総ルビ」なのは特異である。漢文笑話の資料は悉く左振仮名が多い中で、唯一左振仮名が「パラ」である『奇談新編』は右振仮名が「ナシ」なので、相対的には他と同様左振仮名の方が多いと言える。この笑話集は、どのような語が左に振仮名を持つかを検討するのに都合がよい資料だと思われるが、今は踏み込まない。また訓点はあるが、左右共に振仮名がない①の類に『囨談』『解顔新話』がある。この後者は各漢文笑話の後に漢字平仮名文の訳を付す。こういった例もあるが、右振仮名に比してはるかに左振仮名が多いということが漢文笑話の特徴である。

(2)は、『小説精言』『照世盃』『江湖歴覧杜騙新書』などの和刻漢文体の白話小説が「右パラ」「左多い」の⑦に集中する。なお『虞初新志』は文言によると考えられるがここに属する。

この類の原型は、早く宝永二（一七〇五）年刊の倚翠楼主人訳『肉蒲団』にみられる。この書から四十年ほど後の『小説精言』等の和刻小説三言までの間を、この類の書でつなぐことができていないが、どういう事情があるのであろうか。

この類では、例えば漢字語「鴛衾」の右に「エンキン」、左に「ヲシノフスマ」とするような、一漢字語に「左右両振仮名」ということは稀である。これは『通俗』を冠した漢字片仮名交じり文による白話翻訳小説には「左右両振仮名」が多いのとは対照的である。例えば『通俗平妖伝』『通俗醒世恒言』『通俗赤縄奇縁』の類は、左に振仮名のある漢字語は合わせて右振仮名をも持つことが一般である。これらは、右側の振仮名が総ルビ的に、ないしは相当に多いので、結果として左振仮名の付く漢字語には右にも振仮名があるということになる。白話翻訳小説でも、例えば『通俗忠義水滸伝』『通俗古今奇観』等では、左側には振仮名が無い。このようなものでは右側の振仮名は多いとはいえ密度はやや低い。この「通俗物」の振仮名の形式は享保三（一七一八）年の『唐話纂要』巻六にある「奇談通俗」とする二つの白話小説翻訳文にすでにみられる。「奇談通俗」も漢字片仮名交じり文で、右に多くの振仮名があり、左にはパラ状態で振仮名が付く。この左振仮名付きの漢字語はすべて「左右両振仮名」である。翻訳本での振仮名のありようの原点とでもいえる。(注6)

漢文体の和刻本白話小説と「通俗物」の白話翻訳小説との振仮名の付け方については、差違がありそうであるが今は問題提起にとどめる。

(3)は日本近代化との関係で注目される資料である。『天工開物』は明代に成立した産業技術書、『福恵全書』は清朝の地方行政官吏の心得書で、漢文戯作の類ではないがいずれも右振仮名無しで左振仮名が多い。このことは、いわば中国〝俗〟文学だから左振仮名が多いということでは必ずしもないという証左ともいえる重要な事実である。この類と和刻の笑話や白話小説と共通するのは、内容が近世中国の事象であるという点である。この類のものがなお有るのではないかと推測される。

(4)の繁昌記類と艶本は②③⑦⑪に属する和本の漢文戯作で、左振仮名が多く付く。『江戸繁昌記』をはじめとする繁昌記類には右振仮名は無いか、少ない。『新潟富史』は「右ナシ」「左パラ」であるが、その左振仮名は先に出版された十一行本[注7]より後に出た十行本の方が多い。繁昌記刊本には未調査のものがなお数種類あり、明治期の繁昌記も含めて、その振仮名については大いに注目される。艶書は調査できた資料がわずか二種類で数が少なく、傾向は決め難いが、左振仮名が多いということは言える。ただし『春風帖』は右振仮名も左振仮名と同程度に多い。

(5)の狂文は調査した資料が八種類であるが、そのうち六種類は繁昌記などと同様、③⑦⑪に属し、左振仮名が多い。しかしその内の『阿姑麻伝』は右振仮名が左振仮名の多さをしのぎ「総ルビ」に近い。『四蝉鳴』も左右同程度といえるほどに共に多い。反対に『昔昔春秋』及び狂詩も含む『古文鉄砲前後集』はともに左振仮名がない。狂文のこの状態は繁昌記や艶書とはおもむきが違う。狂文は日本人による白話文での創作をいうことが多い。また文学上のジャンルでは狂詩や洒落本と重なる部分があるようであるから、そのあたりが関係しているのであろうか。なお、『四鳴蝉』で考察の対象としたのは、謡曲、歌舞伎の原文を右に添えて漢訳した部分以外の箇所である。初めの二話の該当部分は「間狂言の漢訳部分」で「庭鐘の、翻訳ではなく純粋に作文した箇所であった可能性がある。」とされる。[注8]浄瑠璃に基づく「曦鐙記」には考察の対象とする文章はない。

⑹の初期洒落本も調査対象となる資料は多くはなく、かつ漢文体の文章は短い。調査できた八種類のうちの六種類は右振仮名が「多い」か「総ルビ」で、左振仮名は「ナシ」か「パラ」である。『南花余芳』は左振仮名も多いが右振仮名の方が多い。かつ、左振仮名がある語には右振仮名が付く「左右両振仮名」である。これに対して『閑居放言』は「右多い」「左多い」だが左の方が多い。したがって、右振仮名が多く、左振仮名については少ないといえるが、資料ごとの個性があるというべきか[注9]。この類については白話語彙あるいは白話文が指摘される[注10]が、白話語彙を含む⑴⑵の類では左振仮名が多いのと様子が違うことは注意される。また、先の⑵で指摘した「左右両振仮名」については、この類の複数の資料にその例がみられることも注目される。

⑺の狂詩は『寝惚先生文集』以下、右振仮名は「パラ」「多い」「総ルビ」、左振仮名は「ナシ」の、⑤⑨⑬に属するものがほとんどである。【資料】の⑨「右多い」「左ナシ」には記載を略した狂詩がなおある。漢文戯作の主要な一類でありながら⑴とは違い、右振仮名が主である。もっとも狂詩は大きな資料群をなしていて、振仮名のないものや振仮名があってもその量に多寡があり、さほど単純とはいえないところがある。『東海道中詩』[注11]のように稀に「右パラ」「左多い」の資料もあるし、左右共に「総ルビ」の『青楼叢書』もある。「右総ルビ」「左ナシ」の『図惚先生詩』『諺志題』のように振仮名が平仮名のものがあるのも特異である。

以上述べた⒝のグループについての結果をもう一歩進んで整理すると次のようになる。

漢文戯作の振仮名のありようはジャンルによって違う。明清時代の笑話や白話小説、そして科学や法律の類の和刻本、言い換えれば近世中国文を訓読した所産として、原型の中国文を漢文に仕立てた本には左振仮名が多く、狂詩のように創作としての和書である漢文体資料には右振仮名が多い。この対照的な様相の中で、繁昌記類、艶書は創作された漢文体の和書でありながら左振仮名のものが多い。初期洒落本は創作の側に入るためか右振仮名が多い傾向にあるが、左側にも振仮名が付くものがある。狂文の振仮名は様式が一定しない。

こう見ると、漢文体資料での左振仮名と近世中国語、あるいは白話文や白話語彙とはまずは関係があると考える。しかし(3)や(4)の資料を考え合わせると、左振仮名が付く事情は白話文体との関係だけでは収まらないようにも考えられる。著者訳者の学統や出版書肆との関係も含めて、今後の実証的な調査に俟ちたい。

なお、左振仮名の付く資料を年代順に見ると、扱った資料の範囲では洒落本の『両巴巵言』(享保十三年一七二八刊)が最も古く、享保から延享にかけて初期洒落本類が他のジャンルに先駆けて群をなしている。刊本の漢文体での左振仮名は注4に見るように江戸初期にさかのぼるが、一種様式化するのはここらに起源があるか。初期洒落本の振仮名が他のジャンルとはやや違った状況であるのは、この歴史性と関係するところがあるか。

以上から、振仮名のありようと資料のジャンルとの間には関係性がみられそうである。一定の「様式」があると言ってもよい。この様式は、そのジャンルの特有の事情から結果したものと思われる。

三　左振仮名の機能

ところで、振仮名は書き手の備忘、あるいは読み手に対する指示や便宜として、写本の時代からあり、特に読み手が不特定に拡大する版本の時代に入ると、その活用は急速に拡大する。その流れの中で、右のみならず左側にも振仮名が使われ、明治期に引き継がれていく。そのような流れの中に本稿で得た事実を据えてみれば、特段問題があるわけではないともいえる。

しかし、この左側に振仮名が付くという歴史は、右に振仮名がつくのが前提で、加えてさらに左にも振仮名が補足的に付く、ということではないか。その究極が左右にすべて振仮名が付く方式で、【図】のマトリクスで言えば⑯、すなわち『青楼叢書』の漢文体部分の如き資料になるが、この類の資料はごく限られているようである。

ここで問題とするのは、この補助的に左に振仮名が付くという流れとは違う様相が調査結果からは認められることに関してである。つまり、右振仮名に比して左振仮名が多いという資料についてである。マトリクスでいえば②③④の資料と⑦⑧の資料、及び⑪のうちの左振仮名の方が多い資料、ジャンルで言えば先の(B)の(1)から(4)の類の資料である。ただし、④と⑧には今回該当する資料はなかった。

これらの資料のうち(1)から(3)は一言で言えば明清時代につくられた書籍の振仮名付きの和刻本である。これに対して(4)の繁昌記類と艶本は和本の戯作であることから、これらはなぜ左振仮名が優勢の資料なのか、別途考えたいので今は措くことにする。

近世中国で成立、刊行の書籍を和刻本に仕立てて振仮名を施す時、右振仮名より左振仮名のほうが多く付され、かつその多くは左振仮名の程度が「多い」と部類分けされる。これはなぜなのか。このことについて少し考える。なお、(3)の『福恵全書』などは右振仮名が無いのでここでの話題から外れる。したがって、話題の対象となる資料は、漢文笑話と和刻本白話小説とに限定される。

一般に右振仮名は本行の漢字語の読みを示し、左振仮名はその漢字語の意味を和らげて示すという。(注12)これに異論はない。これに従えば、ここで問題とする資料群は、読みは積極的には示さずに、意味をむしろ示す、ということになる。そうであるのか、またそうならばなぜそのようなことをするのか。

ここで、(B)の(1)(2)の資料において、右振仮名が読み、左振仮名が意味という分業の如きことがそもそも成り立っているのかを確認する。

例えば次の例の「喝」は左振仮名を読みだとすれば「ワメク シテ」となるが、そのような日本語はない。「誇」「交付」も同様である。したがって、これらの左振仮名は本行の読み方ではなく意味を示していると考えられる。（以下、連読符、区切り符号はこの考察で意味がある場合もあるが、とりあえず今は略す。）

○「喝《ワメク》シテ道ク你チ須レ不レ近二道理一」（『小説精言』巻一6オ）

○「到処《ユクサキ》誇《ジマン》ル二其才貌一」（『小説奇言』巻四17ウ）

○「已ニ交二付《ワタシ》シ与你ニ一了」（『小説粋言』巻四12オ）

このように振仮名が本行の漢字語の読みを表しているか否かは、送り仮名との続き方から判定できる。

この判別法で諸本の状況をみていくと、まずは右が振仮名、左が意味となるとみてよい。

但し、次の「央」等の動詞の左振仮名は、それが読みを示していると言っても間違いではない。

○「央《タノミ》テ二媒人ヲ一到テ二劉家ニ一説テ道ク」（『小説精言』巻二2オ）

○「路上難レ保《ウケアヒ》二無慮ヲ一」（『小説精言』巻三6オ）

○「束テレ手ヲ待ツレ斃《シヌル》ヲ」（『小説粋言』巻五13ウ）

○「出レ牌ヲ拘《トラヘ》テレ人ヲ覆審《フタヽビキンミ》ス」（『小説奇言』巻三18オ）

○「広ク布《ヲキ》テ二腹心《ミウチノモノ》ヲ一暗ニ蔵シ二耳目ヲ一」（『小説奇言』巻五5ウ）

これは本行に送り仮名が無いとか、左振仮名が連用形になっていること等に起因する。

左振仮名が連用形になる例は今話題にしている資料には相当に多い。これらは左振仮名もまた、読みを示しつつ意味、あるいは訓訳をも示していると言えないか。

動詞の左振仮名に連用形や命令形が表れるのは、漢字語の意味を左振仮名として示す場合でも、漢文の訓法に従っていることである。つまり、意味を示すが、文脈に適した語形で示している。これは訓訳という方がふさわしいかもしれない。ここに、意味を示しながら読みにもなりうる事情がある。漢文を「訓む」という特殊事情からくることではないかと考える。

次に、右側にある振仮名が読みであるとは言えない例を挙げる。これは右側にあるべき読みが意味によって上書きされているとでも言ってよい。

○「雖レ然ト一火延焼《ルイセウ》其ノ灰ニ滅スル財物一ヲ」（『如是我聞』巻一29ウ）

この例の「延焼」は右振仮名が読みならば「エンセウ」とあるところ、「ルイセウ」は「類焼」であって「延焼」の意味であろう。『大全早引節用集』（天保十四年一八四三刊）を始め当時の節用集では「類焼」は普通登録されるが「延焼」は管見では得ていない。同様の例を文脈を略して、漢字語とその右振仮名を挙げる。この類ではいわゆる熟字訓だという場合や「那里《イカンゾ》」「仮饒《タトヒ》」「想道《ヲモヘラク》」「任地《サモアラバアレ》」のような、白話語彙を中心とする特徴的な右振仮名も考えられるが、挙例は漢字語の意味だと捉えるのが普通であろう。この振仮名の語は日常に用いる水準の語だとみてよい。

「偸覷《ヌスマント》」（『半紙本笑府』下10オ）　「土地《ヂノカミ》」（同下12オ）　「罷了《ヨシ》」（『訳解笑林広記』下18オ）

「赤金《コカネ》」（『刪笑府』２オ）　「両児《フタリノコドモ》」（同10オ）

左振仮名は読みではないと断じうる例が圧倒的に多いのは事実であるが、このような例もまた少なくはないことに注意がいる。（注13）

右の記述に関して、左振仮名が読みかもしれないとして挙げた例は白話小説の和刻本で、右振仮名が読みではないかもしれぬとして挙げた資料は漢文笑話で、資料の偏り、すなわち訳者や出版人による偏りが指摘できるかもしれない。この点はなお考えてみたい。

以上見てきたように、明清時代につくられた書籍の振仮名付きの和刻本では、右振仮名と左振仮名とが必ずしも截然と役割を分担しているとは言えないところもあるが、凡そは通説どおりであると言ってよい。また、読みと意味とが左右逆といった資料も見受けられない。

それでは、これらの資料では右振仮名よりも左振仮名のほうが多いのはなぜか。

振仮名の機能は、当初漢字列、多くは語のレベルの和訓を示すところにあったと考えられる。それが多く右に振られたのは縦書きで右の行から左の行へと書いたためであることは間違いなかろう。和訓は読みともなり意味ともなるが、やがて漢字に定訓ともいえる読みが社会的に認められると、右側には定訓が付され、更に別訓や意味を示そうとするとそれは左側に付される。この際、右に振るか左に振るかは自由であろうが、右に定訓たる読みが来ることが歴史的に一般となれば、秩序としては左に添えた方がよい。また、読みと意味とを両方示したい場合もあるとすれば、左右のどちらかを読みに、反対側には意味を示して統一的にするのが整った形となる。そういったことから、漢字語の左右の振仮名には役割分担がおのずと生じたものと推測する。江戸時代中期にはその秩序は凡そ共通理解となっていたとも推測する。

こう考えるとき、ここで話題にしている資料は右振仮名よりも左振仮名を主にしているのであるから、漢字語の読み方よりも意味を示すことを優先した、ということになる。

つまり、明清時代の著作を和刻した本では、読者に読みよりも意味を主として示したかったのだと言える。なぜ意味の方を主にするのか。合わせて読みをも十全に備えようとすれば「右多い」「左多い」の、マトリクスで言えば⑪の資料のようになり、そうすることは可能である。実際そのような資料もいくつかある。しかし、多くは右振仮名が無いか少ない。とすれば、もう少し事情があると考える。

例えば、訓訳を施す者なり書肆なりが読者の立場に立ったとき、漢字語の意味の方は振仮名等の方法で示したほうがよいが、読みの振仮名は付さなくとも差支えないと考える事情があった。その事情とは、このような書籍を読む人は漢学の素養があり、もともと漢籍がそうであるように、読みについては基本、それを加えない。あるいは、読みについては必要があれば身近にある漢字字書で調べられる。あるいは、このような資料はいわば俗書で、音読をするようなものではないから読みについてはさほどの手当てを要しない。こういった事情に対して、意味の方は新しい中国語彙などへの配慮が求められて、積極的な手当てを要した。このようなことであろうか。

意味を示す振仮名を、思い切って右に付す方法も考えられるが、これは歴史性のほか漢文体資料の余地の問題等もあって、あり得ないのであろう。余地の問題とは、漢文では白文でない場合、右には助詞助動詞や送り仮名などが来る。左には返り点や再読文字の送り仮名が来る。返り点のある箇所では必ず助辞、送り仮名がつく。助辞、送り仮名は返り点の無いところにも付く。行間は右も左もどちらも狭いから、そのどちらの方に余地はあるかといえば左である。これが物理的事情である。もう一つの事情は、本行の右側にくる助辞や送り仮名は日本語として重要な機能を持つ「辞」相当のものであり、左側に来るのは語序を示す約束事として限定された符号類である。狭い空間に振仮名を付したために文を理解するうえでの障りが生ずることを想定するとき、右より左の方がリスクは少ない、といったことがあるのではないか。これが、考えられる余地の問題である。

このような主たる理由のほかに、更に次のような事情も考えられる。

近世中国語の場合、従来の漢文訓読の方法では訓点が付けられない、あるいは付けにくい例が多く、それに対応する方法として振仮名が活用された。

例えば『半紙本笑府』下5丁オで「没《ンヤ》レ事麼《イナヤ》」と訓点を付した箇所は、この三文字の漢字列全体に「ベツジヤウアルマヒカヤ」と左に振仮名が付いている。この笑話は『刪笑府』でも「穿肚皮」（15ウ）と題して取られているが、この箇所は「没ㇾヤ事麼《イナヤ》」とあり左振仮名で「カハルコトモゴザラヌカ」とある。あるいは『小本笑府』「名読書」（9ウ）の末尾は「我看今日這ノ天不ㇾ像二箇下ㇾフ雪ヲ的一ニ」と訓点が付いているのみである。『小本笑府』は各々の笑話について訓点や振仮名を施した漢文の後に改めて全文の読み下し文を振仮名付きの漢字片仮名交じり文で記すという形式をとっていて、この箇所の読み下し文は「我今日ノ天気ヲミルニ雪ガフリソウモゴザラヌ」とある。(注14) こういった例を見るに、左振仮名は近世中国文、白話文を漢文にする際の困難を切り抜ける方法として、さらに言えば読者の理解へのサービスとして、一つの工夫として積極的に活用されたと考える。

次のようなことも考えられる。

近世中国語による漢文体の資料を訓点に従い本行を読んでいくと、日本語としては落ち着きの悪い訓になることがありうる。その場合、左振仮名によって、当代の より適切な語を補助的に充てることができる。多くの左振仮名はその漢字語の意味そのものが分かりにくい場合であろうが、このような左振仮名もまたある。例を示す。

漢文笑話『刪笑府』6丁オに所収の「藁薦」と題する話の冒頭、及びその途中、そして末尾を引用する。貧しい一家、こもをかぶって寝るが、子供は平気でそれを人前で言う。父親はそれを咎めて人に聞かれたら夜具と言えと諭す。ある日父親が人に会うのに藁屑をヒゲに付けているので、子供は呼び止めて顔の夜着を除けなさいと言う、という話である。

○「貧家蓋二藁薦一ヲ。小児子不ㇾ知ㇾ諱《イムコトヲ》。・・・（中略）・・・薦艸《ワラ》掛二ル鬚上一ニ。・・・（中略）・・・除二ヨ面上ノ被一ヲ」（左振仮名：「蓋藁薦」コモヲキテネル・「小児子」コドモ・「諱」カクスコトヲ・「掛」ツイテヰル・「鬚」ヒゲ・「除面上被」・カホノヨギヲノケナ」

右の初めの部分の「諱」について。右振仮名は「イムコトヲ」とあり、その左振仮名は「カクスコトヲ」とある。『半紙本笑府』もこの話を採録していて、ここを「諱ムコトヲ」としているから、漢字「諱」の素直なヨミとしては「いむ」なのであろう。「諱」は当時よく流布していた『増続大広益会玉篇大全』（天保五年一八三四刊）の「諱」に「カクス。イム。イミナ。サクル」とあるから、「イム」「カクス」ともに適当であると思われる。しかし当時の節用集、例えば『早引万代節用集』（嘉永三年一八五〇刊）では「いむ」に「忌　諱」は挙げるが「かくす」に「諱」はない。この限りでは、「諱」は「いむ」と結びつく方が自然だと考えられる。漢文訓読としては字面により「いむ」と読む。しかし、この文脈ではここを「かくす」という語で理解した方が、少なくとも今の我々の感覚では適っている。「いむ」と「かくす」との当時での違いを今述べることはできないが、もし「かくす」のほうがよりふさわしいとしたら、左振仮名を利用すれば処理できるという例である。「いむ」「かくす」になんらか位相的な違いがあると考えるなら、それを生かしていると考えられる。

途中の「掛」の例。これには右振仮名が無いがおそらく「掛（かか〔ってい〕）ル」と読むのであろう。「藁がヒゲにかかっている」という表現が当時自然なコロケーションであるかは調べなければならぬが、それよりも左振仮名「ツイテイル」のほうが文脈に沿っていて、少なくとも今日からみればより馴染むと考える。

この二例は、原文の文字を追っての漢文訓読では、問題にした漢字語の読みが文脈上期待される日本語として最適とならないため、より適切な日本語を左振仮名で宛てる例として考えてみた。このような場合、漢字の読みとしての日本語と左振仮名として付した日本語とは位相的な違いがあることも多いと考える。近世中国語の漢文訓読ではこういうことが多く起こっているのではないか。

次にあげる三例は同じ笑話を複数の和刻本が取り上げている場合で、同じ漢字語に対する左振仮名の語が諸本で

違っている。(注15)

まずは右に引用の笑話の初めの部分にある「藁穪」の例。『刪笑府』は左振仮名の「コモ」の部分がこの漢字語に相当する。この同一箇所の漢字語を『半紙本笑府』では左振仮名で「ワラ」、『訳解笑林広記』は「稿穪」に作るが同じく左振仮名で「ワラムシロ」、『訳準笑話』は「藁薦」に作るが左に「コモ」とする。「藁」「稿」および「穪」「薦」はそれぞれ異体字関係にあるから、これらの漢字語を同一とみなしたとき、「こも」「わら」「わらむしろ」に何等かの位相があると考えるが、それを意識して語を選択して用いているならば、左振仮名だからこそ、その位相を示すことが実現しえたと言えよう。「藁穪」を漢文訓読として「コウセン」と音読するのではその位相は示すことができない。

右の笑話の最後の部分にある「被」の例。『刪笑府』のこの「被」に相当する左振仮名の語は「ヨギ」である。ここを漢文訓読として読めば「(メンジョウノ)ヒ」であるが、この意味での「ひ」という日本語はないと考えるから、「(メンジョウノ)ヒ」というのはやむを得ない仮の読みである。しかし「被」は意味的には、あるいは黙読的には「よぎ」である。この箇所は『半紙本笑府』『訳解笑林広記』のいずれにも「被」には右振仮名はないが、左振仮名は『半紙本笑府』では「フスマ」、『訳解笑林広記』では「フトン」(注16)とあって、漢文訓読としてはいずれもが「(メンジョウノ)ヒ」と同一であるが、文脈的な理解では「ヨギ」「フスマ」「フトン」である。この「よぎ」「ふすま」「ふとん」には何等かの言語的な違いがあると考えるのが妥当である。「ふとん」は当時、意味を拡大してすでに夜具の意味で普通に使われるようになっている語だが、「よぎ」は比較的新しいらしい。「よぎふとん」という言い方もあるから、「よぎ」が掻い巻のような上に掛けるもので、「ふとん」は掛布団、敷布団をともに言ったか。「ふすま」は三者の中で歴史が最も古い。当時における三者の違いを承知していないが、指しているものが微妙に違うとか、ことばの新旧の違いや、改まりや俗的な表現の違いといった、位相が認められよう。

類例を追加する。『刪笑府』「問令尊」（7丁オ）の中の漢字語「令尊」「没了」に付された左振仮名を見ると「オヤヂサマ」「ナクナリマシタ」である。同一笑話の同じ位置の同じ漢字語について『半紙本』（上8オ）は「ゴシンブ」「ナクナレリ」、『訳解笑林広記』（上42ウ）は「ト、サマ」「ナクナツタ」とある。ここから見ると、その左振仮名は『刪笑府』が丁寧な表現、『半紙本』は改まりや固さのある表現、『訳解笑林広記』が最も日常的で常体の表現かと推測される。このように左振仮名は各資料の文体的特徴をも露出する。(注17)

例を挙げて述べてきたことをまとめれば、左振仮名については、漢字語の意味を補助的に示す役割のほかに、位相や文体に関わって語を選択できるという効用を積極的に利用して、中国語文と日本語文との距離を縮めるための方策として、それは活用されたのかもしれないと考えるのである。

以上本稿では、左振仮名は漢文体資料のうちでどのような資料に多いのか、漢文笑話は左振仮名に関してどういう位置にあるか、その左振仮名の働きは何かなどを考察してきた。証明を欠いていたり、それが不十分であったりする事項も多いし、調査、検討すべきことがらを述べるにとどまるところも少なくない。日本文学の側からは、あるいはまた日本語学の側からは、周知だとされることも多いと思うが、漢文体資料での振仮名、とりわけ左振仮名についてはなお課題が多い。

注

1　校正の段階で、村上雅孝「訓訳いわゆる左ルビをめぐって」（『日本近代語研究　6』所収　ひつじ書房　二〇一七年）に接した。本稿と大いに関連のある示唆に富む論考であるが、本稿に反映させることができなかった。

2　例えば、『遊仙窟鈔』（元禄三年刊本）や『評苑文選傍訓大全』（元禄十一年刊本）は、左にも振仮名が多いが考察から除く。なお享保十三年刊『忠義水滸伝』には振仮名はない。

3　石崎又造『近世日本に於ける支那俗語文学史』附録の年表にある資料はできるだけ検討してみた。また、長澤規矩也編『影印日本随筆集成』『和刻本漢籍随筆集』『和刻本漢籍文集』、および『漢文体笑話ほん六種』『未翻刻狂詩九種』『未翻刻狂詩十一種』『天理図書館蔵　近世文学未刊本叢書　狂詩狂文篇』『太平文庫』『中村幸彦著作集』第七巻所収「日本人作白話文の解説」等にみる諸本も調査した。資料は実見した版本、複製本、ネットでの画像によった。

4　『鶴林玉露』（慶安元年刊本）や『困学紀聞』（寛文元年刊本）、『小窓別記』（寛文十年刊本）、『神異経』（貞享五年刊本）には少なからぬ右振仮名に加えて若干であるが左振仮名もある。本稿は享保年代以降を調査対象としたので、いずれもそれよりかなり古いので考察から除く。

5　その数については、例えば『日本古典文学大辞典』「開巻一笑」（中村幸彦）の項に「（岡白駒が）漢文体の『開口新語』を出版して以来、この類の書は近世を通じて写本・刊本合せて二十数部も誕生している。山本北山の如きは、漢作文の習練に笑話を課したという。」とある。なお、『前戯録』は注2の石崎又造の記述により漢文笑話とした。

6　このような「左右両振仮名」は、早く元禄十六年刊『通俗呉越軍談』にも見られること、既に指摘した。拙稿「『通俗列国志呉越軍談』の漢字語について」（『東京学芸大学紀要　第2部門　人文科学』平成十二年）。

7　太平文庫主人「新潟富史の書誌」（『新潟富史』所収　太平文庫52　平成十六年）による。

8　川上陽介「『四鳴蝉』の作詞法について―『玉簪記』との関係―」（『京都大学國文學論叢』13　二〇〇五年）に

よる。

9 本稿では刊本について考察しているが、参考のために『洒落本大成』（中央公論社　昭和五十三年）第一巻所収の写本『平安花柳録』の影印を見ると、初期洒落本としては例外的に、「右パラ」「左多い」である。これは写本ゆえのことと考えられ、極めて示唆的である。浜田啓介による「解題」に、「その白話は当時としては巧みといってよい」もので、これに「俗文体の訓訳語を付し、本文、訓訳相照合して興味のある所以であるが、高級の読者にとっては、付訓は鑑賞上必須の条件ではなく、白話の本文自体を以て愉快としたことであろう。」とある。現存する主たる写本四本のうち一本は付訓がないが、「付訓に関しては、大きな出入りが認められる。」ともある。それが左右いずれの振仮名かは記されていないが、『洒落本大系』所収本に右振仮名がほとんどない理由は、白話文体を「愉快とした」ということと関係して、読みの働きをする振仮名は不要であったためと解される。なお、洒落本『雑文穿袋』は漢字平仮名交じり文であるが左振仮名も多い。そういったこととも関連させながら洒落本の振仮名については考察が必要だと考える。

10 例えば中野三敏よる『北里懲毖録』の解説（『大東急記念文庫善本叢刊　洒落本集』汲古書院　昭和五十一年）には「文章は白話風の弄文に努めた形跡」があると記される。注9に引いた『平安花柳録』解題にも記述がある。

11 「日本古典籍総合目録データベース」では「狂詩」とするが、斎田作楽『狂詩書目』（青裳堂書店　平成十一年）には記載がない。なお、この書目では江戸期の狂詩は七十余を挙げる。

12 江戸期に関しては、例えば振仮名の歴史や機能について書かれている今野真二『振仮名《ふりがな》の歴史《れきし》』（集英社新書　二〇〇九年）の100頁に記載がある。また、鈴木丹士郎「読本における漢字語の傍訓―雨月物語と弓張月を中心として」（『近代語研究』第二集所収　一九六八年）も参照。明治初期の場合は、飛田良文『東京語成立史の研究』

（東京堂出版　平成四年）の「V　文字・表記」の第三章から第五章に記述されている。

13　飛田良文「永峯秀樹訳『富国論』の振仮名」（『東京語成立史の研究』所収）冒頭に「文明開化を反映する明治初期の文献、特に翻訳書においては、伝統ある漢籍や戯作と異なり、振仮名の役割がさまざまであって、本文を読むとき右側と左側のどちらの振仮名に従って読むのか判断に苦しむことがある。」とあるが、「伝統ある漢籍や戯作」でもさほど単純とは言えまい。

14　『小本笑府』が、このような形式をとっているのは白話体への対応を考えての策かと考える。なぜそこまでするかについては、白話文の学習のためにということが目的にあったのかと考える。

15　漢文笑話の諸本間で、ある話柄がどの本とどの本とに重複して取られているかを明らかにするのは大変な仕事である。今『笑府集成』（武藤禎夫編　太平文庫56　太平書屋　平成十八年）巻末の「関連一覧表」及び川上陽介氏作成の資料（未公開。ご厚意により使用させていただいた）を参考にした。

16　正確には、「被屑」に左振仮名「フトンクヅ」とある。

17　漢文笑話の文体に関しての一班は、「和刻小本『笑府』翻訳文の文体」（『東京学芸大学紀要　人文社会科学系Ⅰ』第59集　二〇〇八年。）で述べたところがある。

本稿を為すにあたって参考にした多くの先学の著書や論文を一々挙げていないが、学恩に深く感謝申し上げる。また本稿は二〇一六年八月に開催された、平成24～28年度科学研究費補助金（基盤研究C）「東アジアの笑話と日本文学・日本語との関連に関する研究」公開シンポジウム「東アジアの古典文学における笑話」（於　清泉女子大学）での発表原稿を改稿したものである。

【資料】（ジャンルを角括弧に略号で示した。漢文笑話には★を付した。）

①右ナシ・左ナシ
[笑話]★解顔新話（寛政六 1794 序）未蘆齋月風訳
[笑話]★囨談（文政七 1824）蛎洲翁

②右ナシ・左パラ
[笑話]★奇談新編（天保十三 1842 序）淡山子
[繁昌]新潟富史（安政六 1859 序）寺門静軒

③右ナシ・左多い
[笑話]★開口新語（寛延四 1751）岡白駒
[笑話]★小本笑府（明和五 1768）懞懂斎訳
[笑話]★巷談奇叢（明和五 1768）淡海口木子
[笑話]★開口新話（寛政九 1797）葭州先生
（『雞窻解頤』宝暦二の改題本）
[笑話]★胡盧百転（寛政九 1797）河原沢
[笑話]★訳準笑話（文政七 1824）津阪東陽
[明農業]天工開物（明和八 1771）都賀庭鐘校訂
[清法制]福恵全書（嘉永三 1850 序）小畑行簡訓訳

[繁昌]江戸繁昌記（天保三 1832 ～ 7）寺門静軒
[繁昌]都繁昌記（天保九 1838）中島棕隠
[狂文]白藤伝（安永年間）井上蘭台
[随筆]熙朝楽事（安永元 1772）田汝成・大沢弘訳

④右ナシ・左総ルビ
（なし）

⑤右パラ・左ナシ
[狂文]昔昔春秋（明和六 1769 ？）赤井東海
[狂詩]同楽詩鈔（文化十 1813 序）青木鼻垂
[狂詩]江戸名物詩（天保七 1836）梅庵道人

⑥右パラ・左パラ
[狂詩]唐詩笑（宝暦九 1759）玩世教主

⑦右パラ・左多い
[笑話]★半紙本笑府（明和五 1768）
[笑話]★前戯録（明和七 1770）河玄佑
[笑話]★善謔随訳（安永四 1775）霊松道人

［笑話］★訳解笑林広記（文政十二 1829）一噱道人訳
［小説］小説精言（寛保三 1743）岡白駒訳
［小説］小説奇言（宝暦三 1753）岡白駒訳
［小説］小説粋言（宝暦八 1758）沢田一斎訳
［小説］照世盃（明和二 1765）清田儋叟施訓
［小説］江湖歴覧杜騙新書（明和七 1770）五瀬鼂貞訳
［小説］虞初新志（文政六 1823）荒井公廉訓点
［繁昌］大阪繁昌詩（文久二 1862）田中楽美
［艶本］春巒拆甲（明和五 1768）活活菴主人
［狂文］演義侠妓伝（寛延二 1749？）烏有道人
［狂文］忠臣庫（文化十二 1815）鴻濛陳人重訳
［狂文］桜精伝奇（文政十三 1830）是亦道人
［狂詩］東海道中詩（天保八 1837）小畑行簡
［随筆］四時遊人必得書（文久元 1861）山田敬直

⑧右パラ・左総ルビ

（なし）

⑨右多い・左ナシ

［狂文］古文鉄砲前後集（宝暦十一 1761）桂井蒼八

［洒落］百花評林（延享四 1747 序）探花亭主人
［洒落］北里懲毖録（明和五 1768 跋）大堤道凹居士
［狂詩］寝惚先生文集（明和四 1767）大田南畝
［狂詩］太平楽府（明和六 1769 序）畠中観斎
［狂詩］茄子腐藁（明和七 1770）加兵衛先生
［狂詩］勢多唐巴詩（明和八 1771）滅方海
［狂詩］檀那山人芸舎集（天明四 1784）大田南畝
［狂詩］年中狂詩　正月（天保二 1831 序）中洲極堂
［狂詩］茶菓詩（天保四 1833）方外道人
［狂詩］天保佳話（天保十 1839）安穴先生

⑩右多い・左パラ

［洒落］両巴巵言（享保十三 1728）撃鉦先生
［洒落］幬陽英華（寛保二 1742？）南郭先生

⑪右多い・左多い

［笑話］★刪笑府（明和六 1769 序）風来山人
［笑話］★笑堂福聚（享和四 1804）山本北山
［笑話］★如是我聞（天保五 1834 頃）観益道人
［艶本］春風帖（安政三 1855）画餅道人

［狂文］阿姑麻伝（安永六 1777）大田南畝
［狂文］四鳴蝉（明和八 1788）都賀庭鐘
［洒落］南花余芳（享保十九 1734？-）未詳
［洒落］閑居放言（明和五 1768）玩世道人
［成句集］文草小成（天明六 1786）千葉芸閣編

⑫右多い・左総ルビ

（なし）

⑬右総ルビ・左ナシ

［狂詩］娯息齋詩文集（明和七 1770）闇雲先生
［狂詩］図惚先生詩集（安永五 1776）樗々羅坊（平仮名）
［狂詩］唐金義宝詩（文政二 1819）竹羅山人
［狂詩］諺志題（元治二 1865）宗蚊文々禄（平仮名）

⑭右総ルビ・左パラ

［洒落］史林残花（享保十五 1730）未詳
［洒落］瓢金窟（延享四 1747）近江屋源左衛門

⑮右総ルビ・左多い

［笑話］★開巻一笑（宝暦五 1755）都賀庭鐘訳。

⑯右総ルビ・左総ルビ

［狂詩］青楼叢書（宝暦十二序）桂井酒人

【図】

右 ／ 左	ナシ	パラ	多い	総ルビ
ナシ	①	⑤	⑨	⑬
パラ	②	⑥	⑩	⑭
多い	③	⑦	⑪	⑮
総ルビ	④	⑧	⑫	⑯

漢文笑話と左振仮名

韓日笑話に見る艶笑譚化と頓智譚化

琴　榮辰

一、笑いの眼目の相違

徐居正編『東国滑稽伝（太平閑話滑稽伝ともいう）』（一四七七年成立、四巻、二七一話）は、朝鮮最初の漢文笑話集である。日本最初の笑話集である安楽庵作伝編『醒睡笑』（一六二三年序、八巻八冊、一〇三九話）に匹敵する。そしてこの笑話集の第六十九話には朝鮮王朝第三代目の王である太宗の主治医として知られる、平元海なる日本人医者と関わる次のようなエピソードが見える。

ある由緒正しい家柄の男が腰痛を患っていたが、いくら薬を飲んでも効き目がなかった。若いころ、酒色にふける日々を送ったのがツケが回ってきたのである。ちょうどその頃、平元海という日本人の医者が朝鮮に来ていたが、その処方に効き目があることで評判だった。腰痛の男は大金を払い、平元海を招いては診てもらった。元海は診脈を終えてから微笑みながら次のように言った。「この病気は薬では治りません。灸をすえることで若干の効果はあるでしょう。但し、体の穴に灸をすえる方法がちょっと変なので失礼になるのではと心配しております。」主人は答えた。「腰痛が治るのであれば構わないから処方に従いますよ。」すると、元海は主人の妾たちを皆、部屋に呼びよせ、敷き布団を敷かせた。それからそのうちの一人に仰向く姿勢で横になるよう指示した。それから主人に言った。「これから私のいうとおりにしてください。」次いで主人には裸になって妾の体の上に上がってうつ伏せするよう指示した。その次は腰を動かしながら体を前後に動かす動作をさせた。主人がいわれるがままにすると元海は少し離れたところでこれを暫く眺めてはいった。「その遊びを断つと病気は自然と治ります。」そして、元海は裾を振り払ってそのまま帰ってしまった。A妾たちはお腹を抱えながら笑った。B人々は、元海はそれとなく諫言するコツを持っていると分かった。（注1）

もしこの話が実話とすれば、平元海は今から凡そ六〇〇年ほど前に朝鮮の人々を笑わせ、そのうえ、朝鮮最初の笑話集にまで名を載せた最初の日本人になるわけである。そして、この笑話には二つの笑いが存する。腰痛の主人に対する艶笑の笑い（A）と、元海の頓智に対する好意的な賞賛の笑い（B）がそれである。これはまた、笑話を受け入れる側の笑いの眼目の相違によって、全く同じ内容の話が艶笑譚にも頓智譚にもなり得ることを意味する。そしてその分かれ道にあるのがいわば、笑いの眼目である。こうした相違はさらに笑いにおける攻撃性の差にも影響を及ぼす。以下、本稿では、朝鮮の笑話に見られる「艶笑譚化」や日本の笑話に見られる「頓智譚化」の様子を検討し、もって両国笑話の間に存する笑いの眼目および攻撃性の相違をもたらした笑話享受環境の違いについて論じてゆきたい。

二、朝鮮の笑話に見る「艶笑譚化」の傾向

「和尚と小僧譚」なる話型の笑話がいち早く東アジアで流布していたことは周知の通りであるが、その中には「卵は白なす」というタイプの話が存する。そのあらすじは、①和尚がこっそりゆで卵を食べていて小僧に見られ、白茄子を食っている、とごまかす。②小僧は、和尚と檀家へ行く途中で鶏を見て、和尚に白茄子の親が鳴く、と皮肉るというものである。この笑話は日本中世の説話集である無住著『雑談集』巻二、第四話「妄語得失ノ事」にも見え、姜希孟編『村談解頤』（一四八三年以前成立、十話）なる朝鮮笑話集にもその類話が存することで知られる。（注２）

ところが、張漢宗編『禦睡新話』（一八一五年頃成立、一三五話、国立中央図書館本）なる朝鮮後期の笑話集に見えるその類話の場合、艶笑譚化しているのが分かる。そのあらすじだけを述べると次の通りである。

ある夫婦は下女に、明日は朝早くから墓参りに出かけるから早く起きて食事の用意をしておくよう指示する。ところが、翌朝、いくら待っても夫婦は起きる気配がない。そこで下女は部屋の中を覗いてみたが、夫婦は一義をしているではないか。やがて周囲は明るくなり、ちょうどそのとき、雄鶏と雌鶏が交尾をしていた。そこで下女は夫婦の前でこれ聞けよと言わんばかりに言った。「鶏よ。お前らも墓参りか。」これには夫婦も恥じ入って何も言えなくなった。（注3）

和尚を皮肉る小僧の頓智を賞賛する内容だったもともとの「和尚と小僧譚」が艶笑譚化しているのが分かる。「和尚と小僧譚」は和尚にやり返す小僧の頓智を賞賛する笑いが中心であるため、本来ならばこの話は下女の頓智を賞賛する頓智譚と見るべきである。ところが、ここでは下女の頓智よりは墓参りという慎むべき行事を前に、一義をしてそれを下女にばれてしまった夫婦の行動をあざ笑う艶笑が中心なのである。それは傍線部の、夫婦の恥じる姿で笑話を締めくくることからも十分に察せられる。そして、こうした艶笑譚化はとくに朝鮮笑話に目立つ。他の例を挙げよう。

周知の通り、笑話におけるもっともポピュラーな笑いは人間の愚かさに対するものである。たとえば、『醒酔笑』巻五、「人は育ち」第三十二話には幼い腰元が誤って亭主の硯箱を踏み割ってしまい、それに怒った夫をなだめる妻の話が見える。妻は、硯箱を「踏み割った」ことを意識し、「文書いた（踏み欠いたと同音）」のだからいいじゃないですかと夫をなだめる。これを見て感心した客は、自分の妻にもこのことを話す。これを聞いた女房はその後、子供が夫の硯箱を踏み割ったので「踏んぎゃあたれ」と言うが、これは人真似の失敗である。

このような人真似の失敗を扱った愚か話は他にもあり、武藤禎夫は『江戸小咄類話事典』（東京堂出版、一九九六年）の中でこのタイプの笑話を紹介している。たとえば、『きのふはけふの物語』（一六三六年刊、一三五話、寛永十三年刊本）上巻、第六十四話には、ある人が火事に遭って家が焼かれたので知人がお見舞いに行ったところ、その妻が「何にても惜しき物はござないが、古今、万葉、伊勢物語、この三色を焼きたるが何よりも惜しき」と返事する場面が見えるという。妻のこのような毅然とした態度は世間からも評判となり、この話を聞いたある愚かな妻は自分の家をわざと焼き払い、その真似をしようとする。ところが「古今」と言うべきところを「小杵」と、「万葉」というべきところを「窓菰」と、さらには「伊勢物語」というべきところを「伊勢擂鉢」といってしまい、人真似は失敗に終わる。

武藤によれば、この「こぎねまどごもいせすりばち」は『多聞院日記』では「こきんまどふさぎすりこばち」と見え、さらに『軽口大わらひ』（一六八〇年刊、三十五話、京都大学本）巻四、第九話「文盲なる女の事」では「五間まなかの伊勢ごよみ」と見えるという。言葉遊びを交えた愚か話といえる。そしてこうした人真似の失敗を題材にした愚か話は『古今笑叢』別本（一七二四年成立、五十四話、東洋文庫本）なる朝鮮笑話集の第十五話「前孔後孔」にも見える。ただし、同じく人真似の失敗を題材にしていても、この笑話は艶笑譚化している点で相異なる。そのあらすじを述べると大体次の通りである。

李某と金某は友人であるが、李の妻は字が読め、金の妻は字が読めなかった。ある日、李が妻の部屋にある『古文真寶』を持ってくるよう下女を通して言い伝えたところ、「奥様から前集なのか後集なのか確認してくるように」と言われましたという報告。これには感心した金は自分の妻にもそのことを話す。その後、金は客の前で妻の下女に『孔叢子』を持ってくるよう命じたが、戻ってきた下女は、「奥様から前孔なのか、後孔なのか確認してくるように」と言われましたと返事する。これには客も驚く、「前孔はいいけど後孔はひどいな。」といったので金は恥じ入ってしま

う。（注4）

金はこのことで赤恥をかいてしまうのであるが、人真似の失敗を題材にした愚か話が艶笑譚化しているのが分かる。そして、これと類似する話柄の話が『当世口まね笑』（一六八一年序、六十七話、天理大学本）巻五、第九話「古筆と後室と取違る事」にも見える。ところが、日本の笑話では艶笑譚化していない。

ある後家が少女に「古筆」を持たせて使いに行かせたところ、先の旦那が少女に「古筆」のことを聞く。少女は「後室」のことを聞かれたと取り違え、とんでもない答えをしてしまうという内容である。そして、『古今著聞集』巻十六「狂言利口」第五二八話には、女房が少年に薪の「小松なぎ」を持ってくるよう指示したのに、聞き違えた少年が、小松という六十歳の老女を寵愛して「こまつまき」というあだ名がついた兵庫の助則定を連れて来たという同じモチーフの話が見える。『古今著聞集』の話は 使いの少年よりは、むしろ、兵庫の助則定と老女のことを笑う艶笑譚の性格が強く、『当世口まね笑』の話はミスを犯した使いの少女を笑う愚か話としての性格が強いと言えよう。すなわち、従来の艶笑譚のモチーフを利用し、それを愚か話に変容した逆のケースなのである。

朝鮮の「前孔後孔」の話は最初、人真似の失敗を笑う愚か話の形を取っていたと想像される。それが伝承過程で人真似失敗の後半部分が艶笑の内容に変容されたであろう。このように、同じモチーフの笑話が朝鮮では艶笑譚化し、日本ではそうしなかったケースは他にもある。たとえば、『理屈物語』（一六六七年刊、九十四話、東洋文庫本）巻六、第七話「餅をくわんとて無言をする事」には、泥棒に入られたにも拘わらず、餅をかけた無言比べを続けたため多くの家財を盗まれてしまった愚かな夫婦の話が見える。そしてこの笑話の末尾には、次のような評語が見える。

「まことに少しの利を得んがために、つゐには命を滅ぼすほどの大損をするものあり。皆この夫婦に同じかるべし。」

夫婦の愚かさを教訓を交えて笑ったのが分かる。一方、朝鮮後期の笑話集である『破睡椎』(一八六四年以前成立、一二四話、国立中央図書館本)にも「理正貪欲」なる題目でその類話が見えるが、その話の場合、艶笑譚化している。

理正(里正―今日でいえば、町内会の会長程度の責任者)は餅を誰が食べるかで妻と無言比べをする。折節、町奉行所から役人が理正を呼びに来たが、部屋の外からいくら呼んでも答えない。そこでかんかんに怒った役人は夫を部屋の外に引きずり出そうとする。その勢いで、つい夫のへのこと金玉が部屋の敷居に引っかかってしまう。夫は気絶しそうになったが、でも我慢し、何も言わない。これにはさすがに心配になったので妻は「へのこと金玉を!」と言ってしまう。すると夫は餅は自分のものだというのである。(注5)

もともと、愚か話であった「無言比べ」の話が『破睡椎』では艶笑譚化しているのが分かる。ここでは主人の愚かさに対する笑いよりは、夫の一物のことを心配したあまり、声を出してしまった妻に対する艶笑が中心である。そして、こうした艶笑譚化が中国ですでに起きた可能性をも全く否定は出来まい。なぜならば、『破睡椎』は明の笑話集『絶纓三笑』(一六一六年成立、六〇〇余話)との関わりが指摘される朝鮮笑話集『鐘離葫蘆』(一六二二年成立、七十八話)とも深い影響関係を持つからである。実際、元来は愚か話であったのが伝承過程で艶笑譚化することは珍しくなく、日韓両国の共通の艶笑譚の中には、中国艶笑譚の影響と推定されるものが少なくない。(注6)次に挙げる、艶笑譚化した「鼠経」なる口承笑話もその点、例外ではない。

隠居夫婦が晩に「婆、久しぶりに仲良くしよう」と言っているときに泥棒が様子を窺う。「入ったが」と言うと、婆が「畝なりに寝ていた」と言う。泥棒が見つかったと思い、逃げようとすると、「ぬすびどーん」と屁をひり、婆が「ぶでぶで」とぶったので泥棒は逃げた。（『日本昔話通観』第4巻所収「鼠経」より。宮城県栗原郡若柳町川南にて採録）

そして、この話が艶笑譚化する以前のもともとの形は次の通りである。

昔、田舎に爺さんと婆さんがいた。爺さんが死に、婆さんは仏様に詣ってばかりいる。ある夜、坊さんが道に迷ったので泊めてほしいといってくる。婆さんは喜んで泊め、お経をあげてもらおうとする。坊さんは、お経を知らず困って考えていると、ネズミが1匹出てくる。坊さんは、その動作を「おんちょろちょろ、出て来られ候」「おんちょろちょろ、穴覗き」「おんちょろちょろ、出て行かれ候」と、次々にお経の節でとなえる。婆さんは、大変有難がって、毎日そのお経を読んでいる。ある晩、盗人が入る。婆さん、いつものお経で「おんちょろちょろ、出て来られ候」という。盗人は驚いて穴からのぞくと、「おんちょろちょろ、穴のぞき」という。いよいよ驚いて一人ごとをいうと「おんちょろちょろ、何やらささやき申し候」といわれ、こんなにいちいち見られては命が危ない、と思い、逃げ帰ろうとすると、「おんちょろちょろ、出て行かれ候」といい、盗人は大慌てして、何もとらずに帰って行く、という話。（稲田浩二他編『日本昔話事典』弘文堂、一九七七年、七一二〜七一三頁より）

稲田浩二『日本昔話通観研究編1日本昔話とモンゴロイド―昔話の比較記述』（同朋舎出版、一九九三年）によれば、この話は中国の漢族や外モンゴルなどにもその類話が見えるという。そして一見、こうした変容は日本におけるこの笑話の伝承過程で自生的に起きたかに見える。しかし、こうした艶笑譚化は中国ですでに起きていた可能性が高い。なぜならば、清の『譆談録』（一八八二年刊、二巻）下巻「偸児売杏」に見える類話に、この笑話の艶笑譚化の痕跡が見えるからである。

夫婦が夜のことをするのに、夫は妻の物が広すぎるのを嫌い、二個の玉ごと押し込む。左のを入れると右のがはみ出るし、右のを入れると左のがはみ出る。やっと両方とも納まったとき、二人の盗人が穴を掘って忍び込んだ。寝床で人の話し声が聞こえる。「両方ともみな入ったか」「両方ともみな入ったわよ」二人の盗人、覚られたと知って一人が先に穴から外へ這い出る。残る一人が聞いていると、「片方は外へ出たけれど、片方はまだ内にあるわ」二人の盗人、驚き慌てて逃げる。「この家は仙人様ではあるまいか。どうしておれらの暗がりの行動を知ってるのだろう」翌日、二人の盗人が杏売りに扮してこの家を探りにきた。ちょうど夫婦とも門前にいた。女房が杏売りを呼びとめ、二個の杏をつまんで夫に訊いた。「この二つは昨夜のあれに似てないかしら」二人は聞いてドキッとし、杏を放ったらかして一目散に逃げた。（注7）

また、「入ったか」という会話の意味の取り違えに合わせ、朝鮮の民間に流布している類話にも、『譆談録』のこの話に見える翌日のオチとよく似ている内容が見えるのは注目に値する。すなわち、翌日、泥棒は魚屋に化けて様子をうかがいに行くが、妻が魚を手にとって、「こいつを料理してやろう」と言ったので、盗人は驚いて逃げたというのがそれである。そしてこのモチーフは『三国志演義』第四回「漢帝を廃して陳留位に即き、董賊を謀らんとして孟徳刀を献ず」にも見られる中国文学の典型的なものである。董卓の暗殺未遂事件で追われていた曹操が起こした呂伯奢惨殺事件がそれである。身を託した呂伯の家で、「早く縛って、殺してしまえ」などという声が漏れ聞こえてきたので曹操は密告されたと勘違いし、呂伯の家族を皆殺しにしたのである。実際、縛って殺そうとしたのはもてなしの料理に使う豚であった。そして以上のことから、もとの「鼠経」だけでなく、その派生笑話もまた、中国内における伝承過程でこうしたモチーフを新たに取り入れ、艶笑譚化がすでに起こり、それが朝鮮と日本にそれぞれもたらされた可能性が推察できるわけである。

そして、こうした話柄の笑話が艶笑譚化したケースは朝鮮後期の笑話集である『陳談論』（一八一一年成立、五十話、笑林集説本）「驚怯一目客」にも見える。この話に出てくる旅籠屋の夫婦は一義をすることを二人だけの合言葉で「一目の奴を殺す」と言っていた。ここで一目とは男性の一物の見立てであるが、隻眼、あるいは独眼をも意味する。（注8）夫婦は泊まりの客がまだ寝ていないので、「明け方まで待って、一目の奴を殺しましょう」という。この話を聞いた客はたまたま隻眼であったため、驚いて旅籠屋から逃げ出したというのである。（注9）

人間の愚かさを笑うのは笑話の基本である。また、その笑話が伝承者の笑いの眼目によって、伝承過程で変容されることは自然とも言える。愚か話が伝承過程で艶笑譚化すること自体は決して珍しくはなく、どの国の笑話にでも艶笑譚化は起り得る。が、日本の笑話と比べ、朝鮮の笑話に艶笑譚化した用例が比較的多いということには注目すべきである。なぜならば、日本の笑話の場合、艶笑譚化するよりは頓智譚化するケースが相対的に目立つからである。そしてこれは日本笑話の一特徴とも言える。以下、次章では日本の笑話に見る頓智譚化について述べる。

三、日本の笑話に見る「頓智譚化」の傾向

お経を知らない旅人が婆の家に泊まり、亡くなった爺のためにでたらめなお経を読んであげるという「鼠経」型の話柄は、洪万宗編『蓂葉志諧』（一六七八年成立、七十六話、東洋文庫本）なる朝鮮笑話集にも見える。「鼠経」では婆が愚かであって騙されたとは見ていないが、『蓂葉志諧』第五十五話「宋莫皆中」に見えるその類話には、騙された婆の愚かさに笑いの眼目が置かれている。

白湖林悌は湖南（韓国の西南部。今の全羅南・北道）の人で、些細なことにはあまり拘らない人柄の持ち主であった。若い頃、都（ソウル）で遊んだ後、実家に帰る途中、旅籠に泊まることとなった。ちょうどその日、旅籠の主の姥は亡き夫の斎を設けていたが、巫女を呼べなかったので祭祀が祭られず困っていた。そこに林は言った。「我は鬼を呼ぶことができます。そんなに心配しなくても大丈夫です。」姥は幸いと喜び、料理を供えて林に頼んだ。林は巫女のやるような呪文ができないため、仕方なく『大学』の序を暗誦したが、「則既莫不為（ズキマクプルイ―幕の火事で死ぬという意味の韓国語「죽기막불」と同音）」の語句に到ると、姥は合掌して悲しげに泣き出しながら言った。「おっしゃる通りです。うちの亡くなった主人はマクプル（幕の火事）のため亡くなりました。」「莫（マク）」と「幕（マク）」は同音である。また、「火」の発音は「不（プル）」と同じだったため生じた誤解だった。続いて、「宋徳隆盛（ソンドクカンソン）」の句に到ると、姥はまたもや合掌して咽び泣きながら言った。「その通りです。私の幼い頃の名前が宋徳（ソンドク）だったんですよ。」姥はその霊験を賞賛し、林に厚く謝礼を出し、林は笑いを堪えながらその家を出た。（注10）

『大学』の序に見える「マクプル（莫不）」と、亡き亭主の死因「マクプル（幕の火事）」は同音である。また、『大学』の序に見える「ソンドク（宋徳）」と婆の幼い頃の名前「ソンドク（宋徳）」も同音である。しかし、それを知らない婆は、男が主人と自分の過去を当てたと思い込み、感激したあまり泣いてしまったわけである。ここに、『大学』の序を知るはずのない田舎の婆の無学と愚かさに対する嘲笑がこの話におけるメインの笑いと言えるのである。相手の勘違いなど、こうした重なる偶然によって助かるというモチーフを持つ笑話は朝鮮の他の笑話にも見える。泥棒の勘違いを題材にした『東国滑稽伝』第一五八話がそれである。その内容を要約すると次の通りである。

平上去入の声韻を常に意識する癖のある士の家に泥棒が入った。下女が来て「都賊（トチョク）―泥棒を意味する韓国語「盗賊（トチョク）」と同音」に入られましたと報告したところ、主人は「都賊」なのか「盗賊」なのか確認したいから玉篇を早く持ってくるよう指示する。これを聞いた泥棒は　玉篇はすごい武器だと思い込んで逃げてしまうのである。虎が「漏り」という得体の知れぬ存在を怖がって逃げたという「古屋の漏り」なる日本昔話とも類似する話である。そしてこの笑話には、玉篇も知らない泥棒の無学に対する笑いが見える。

このような話柄の話は、他にもある。『古今笑叢』別本第四話「奇中帯蝦」及び『於于野譚』万宗斎本第三二九話には、偶然に泥棒の名前を当ててしまったニセ占い師の話が見える。玉篇も知らない泥棒への嘲笑が見られる右の話と同様、この笑話から偶然の成功を頓智として見る視線は感得できない。すなわち、『古今笑叢』別本の話でも、盗難の被害に遭った王様の玉帯など、隠しておいた物を重なる偶然で当て続けたニセ占い師が登場するが、同話の評語ではこれを天の助けであると説明しているのみである。

一方、日本の「鼠経」の話では、どちらかというと、泥棒を追い出した婆の偶然の成功を賞賛するかのような笑いが主眼である。両国笑話の間に見られるこうした笑いの眼目の差は、落語「蒟蒻問答」でお馴染みの次の笑話からもなお確認できる。たとえば、『風流昔噺』（寛政頃写）巻頭話に見えるその類話からは蒟蒻屋の頓智に笑いの眼目が置かれているように見える。

僧は指を一本出して「心は?」と問いかけるが、蒟蒻屋が指を二本出したので「二つある。」と応じたと思い込んでしまう。また、僧は指で輪を作り、「世界は?」と聞いたら、蒟蒻屋は大きな輪を作り出しては「大海の如し。」と答え、最後に、右の目をあかべして「日本は?」と聞くと、蒟蒻屋は左の目をあかべして「一目で見る。」と答えたので負けてしまったという認識なのである。

ところが、蒟蒻屋の答えは違う。「蒟蒻は1文か?」と僧が聞いたので「2文する」と答え、「この位の大きさか?」と聞かれたので、「はて、この位な大きさ」と答え、最後に、「1文負けてくれ」と相手が無理を言うので、「あかべ」と断ったという報告なのである。

そしてこの話における笑いの眼目は、僧を馬鹿にしてやりかえした蒟蒻屋のことを賞賛するところにある。そしてそこからは僧の愚かさに対する笑いよりは、蒟蒻屋の頓智とも言うべき活躍への好意的な笑いがメインであることが言える。すなわち、誤解した僧の愚かさに対する笑いよりは、むしろ、相手をからかう蒟蒻屋の勝ちを賞賛する好意的な笑いが中心なのである。「あかべ」はその何よりの証明である。また、蒟蒻屋にやられてしまった僧の愚かさに対する笑いは蒟蒻屋への賞賛の笑いの裏に隠れてしまう現象がここに起こる。そのことは、この笑話における笑いの攻撃性の変化をもたらす。すなわち、やられてしまった僧の愚かさに対する攻撃的な笑いが、蒟蒻屋を賞賛する好意的な笑いの陰に隠れる現象が起こり、それは笑いの攻撃性が間接的になって弱まることを意味する。

もしこれが朝鮮笑話であったならば、蒟蒻屋よりはやられてしまった僧の愚かさをもっと笑ったはずである。当然、攻撃性もストレートで、強くなってくる。その証拠がここにある。たとえば、『古今笑叢』別本第三話「認庸為異」および、『於于野譚』万宗斎本第五十一話には中国使臣と朝鮮の餅好きの男の間に行われただんまり問答が見える。そのあらすじを『古今笑叢』別本の類話から紹介すると次の通りである。

中国の使臣は自分が指を丸くして「天は丸く」とだんまり問答を仕掛けたら、朝鮮のすごい人物が指を四角にして「地は四角だ」と答え、次に自分が指を三本曲げ「三綱と」と問いかけたら、相手は指を五本曲げ「五倫だ」と答えたと思い込んでいる。最後に、自分の服を指しながら、「天下を治めるには衣と」と問いかけたら、朝鮮の男は自分の口を指しながら「食だ」と答えたので自分は負けてしまったというのである。

ところが、朝鮮の餅好きの男の報告は違う。中国の使臣が「自分は丸い餅が好きだ」というので「俺は角餅が好きだ」と答え、また中国の使臣が「自分は一日三食食べる」といったので「俺は五食でも食える」と答えたというのである。最後に、中国の使臣が「自分は着ることが大事だ」と言ったので、「俺は食うことが大事だ」と答えましたという報告には朝鮮の朝廷の皆が大いに笑ってしまう。そして、この話における笑いの主眼は、餅好きの男の頓智ではなく、むしろ相手をすごい人物だと勘違いした中国の使臣の愚かさに向けられていると見てよい。それは、この笑話の末尾に見える次の評語からも推察できる。

これを聞いた朝廷の人々は皆笑った。使臣は誤解し、男をすごい人物と思い込んだのである。中国の使臣が男を畸人と敬ったのはその表だけを見て中身を見抜けなかったからである。後世まで笑いぐさになるはずである。（注11）

両国笑話におけるこうした笑いの眼目の相違は『禦眠楯』（一五三〇年前後成立、一五五〇年頃刊、二十二話、高麗大学本（＊ちなみに、民俗資料刊行会本にはより多い八十二話が納められてはいるが、漢文ではなく、漢文ハングル交じり文である。））および、『寒川入道筆記』（一六一三年成立、「愚痴文盲者口状之事」五十一話、宮内庁本）に見える同想の笑話を比較してみるとなお明らかである。まず、『禦眠楯』第一話「林郎敦篤」には愚かな婿がやっと花嫁との一義ができるようになったので、このことでずっと心配していた舅が喜ぶ姿が次のように描かれている。

喜んだ舅は部屋に倒れそうに入ってきては、興奮したあまり、言葉を間違えて妻に喋った。A「蝋燭にお酒を注ぎ、ちろりに火をつけなさい。のどが乾いたからいますぐ柿を持って来なさい。持って来なさいよ。」（中略）B史臣は評して云う。新婦の淫蕩ぶりや新郎の愚かさは甚だしい。（中略）そのせいで狂いかけたかに見える舅は言葉を間違って喋ったではないか。虚弱な姑は屁をひるに至ったのではないか。（注12）

舅は娘のことを心配していたが、無事に問題が解決されたので喜んだあまり、言葉を間違えてしまう。（傍線部A）そして、この笑話の末尾に見える評語では、そのことを右のように批判している。（傍線部B）ところが『寒川入道筆記』「愚痴文盲者口状之事」第五十話に見える同じタイプの言葉ミスを扱った話からはそうした批判的な態度は一切見当たらない。次を見てみよう。

又ある座頭、助音して平家をかたる。「一門の都落と所望ジヤ。あるひはとをきをわけ、さかしきを凌ぎ、駒に鞭うつ人も有、舟にさほさすものもあり、思ひ〳〵心心に落ちそゆく」といふを、大名の御前たるに依て、はひもうして、駒にさほさし、船に鞭うつとかたつたれば、是も平家の、あはてさはひたるゆへ成と付た。きとくじやと皆ほめた。座頭はみな利根な物じゃ。

傍線部に見る如く、ミスを犯した座頭が頓智を発揮し、かえって褒められる内容である。同じく言葉のミスを題材にしているにもかかわらず、朝鮮の笑話とは違って、頓智譚化しているのが分かる。こうしたモチーフの笑話が頓智譚化した例としては、さらに、『理屈物語』巻二、第十六話「石に漱ぎ流に枕する事―晋書」が挙げられる。

もろこしに、孫楚、字は子荊といふ人ハ、大原中都の人なり。才智卓絶にして群ならず。官馮翊の大守となれり。孫楚はじめ少かりし時、つねに隠居したくおもひて、王済といふものに、かたりけるハ、われまさに隠居して、石を枕とし、流に漱んとおもふ、といふ事を、あやまりて、いひそこなひ、石に漱ぎ流に枕せんとおもふ、といへり。王済がいわく、「ながれハ枕とはなるべからず、石にてハ漱事なるべからず、いかなればかくハの給ふぞ」といへば、孫楚がいわく、「流にまくらするゆへハ、わが耳をあらわんがためなり、石に漱ぐゆへハ、わが歯を磨むがためなり、しからばなんぞ、かくいふとも、くるしからざらんや」といひかへけるとなり。

中国の故事であるが、孫楚の詭弁を頓智に捉えることから、この笑話は一応、頓智譚と言える。そして日本の笑話にはこのように、中国の頓智譚の影響、あるいは頓智譚化の傾向を見せるケースが少なくない。日本の笑話における頓智譚化の傾向を紹介した、拙稿「笑話の頓知・愚人譚化と隠れる攻撃性―韓日笑話比較試論」『日本学研究』三十一、檀国大学校日本学研究所、二〇一〇年の内容の一部をここに再引用すれば次の通りである。

たとえば、無住著『雑談集』巻二、第四話「妄語得失ノ事」には、「鮎は剃刀」型と呼ばれる次のような「和尚と小僧譚」が見える。

或上人、鮎ノ白干ヲ、紙ニ裹テ、剃刀ト名テ、カクシヲキテ、食シケル。小法師、事ノ次ニ云ヒタク思ヒケルニ、主トトモニ河ヲ渡ルニ、鮎ノ河ニ見ヘケルヲ、「御房々々、ナマ剃刀見ヘ候。御足バシ、御アヤマチアルナ」ト云ケル。

上人がいつも鮎を独りで食べていることを傍線部に見るような言葉で弟子が皮肉っているが、『醒睡笑』巻三「自堕落」第二十話に見えるその類話には、小者にやり返す坊主の頓知溢れる図々しい返事が新たに付け加えられている。

坊主、いつも鮎の名を剃刀とつけて、箱に入もとむるを、常の事なれば小者よく知りたり。ある時、彼僧河を渡るに、鮎のおほくありくを見て、小者跡より、「御坊様、いつも秘蔵して、こなたの入物にある剃刀がありくに、足を切り給ふな」といひければ、坊主、「今は八月なり、剃刀がいかほどあると、錆びようほどに、足は切れまいぞといへり」

傍線部に見える、小者にやり返した坊主の頓知溢れる返事によってこの話は頓知譚化し、その結果、坊主に対するもともとの攻撃的な笑いは消え、坊主の頓知に対する好意的な笑いがメインとなる現象が起きるわけである。こうした頓智譚化の傾向は、両国に流布している共通の笑話「姑の毒殺（姑と毒餅）」を比較してもなお明らかである。まず、韓国の口承笑話に見える「姑の毒殺」を見てみよう。

ある村に仲の悪い姑と嫁がいた。息子は二人の間で板挟みになって困っていた。ある日、息子は妻にこう言った。「母の嫁いびりがひどい。死なせた方がいいかも」。A嫁はこの提案に喜んで同意した。すると、息子は市場から栗を一斗買ってきて妻にこう言った。「これを三個ずつ毎朝焼いて母に食べさせなさい。この栗が全部なくなる頃、母は死ぬだろう」。Bその翌日から、嫁は毎朝栗を焼いてはやさしい声でこれを姑に勧めた。そしてその結果、姑はだんだん嫁いびりをしなくなり、息子は姑と嫁を仲よくさせることができた。（原文ハングル）（『任晳宰全集』六「韓国口伝説話」―忠清北道・忠清南道篇―より。一九四三年九月、忠清北道永同郡にて採録。）

この話は日本、あるいは中国から伝来したものである可能性が高く、一応、頓智譚と見るべきである。ところが、韓国の人はこの話に登場する、騙された嫁の行動（傍線部A、B）をもっと笑ったかも知れない。一方、息子に代わって医者が登場する日本の類話では医者の頓智を賞賛する笑いがメインのように見える。霊松道人撰『善謔随訳』（一七七五年刊、一巻一冊）に見えるその類話を見てみよう。

ある家の姑と嫁はいつも争っていた。嫁は食べ物に毒を盛って姑を殺したいと医者に相談した。医者は言った。「姑を殺したいのは嫁いびりのためですな」。嫁がそうだと答えると、A医者は言った。「だったら、姑を殺すよりは薬でその嫁いびりを治した方がよいのではないか」嫁は頷き、薬の処方を所望した。医者は砂糖を薬袋に入れては言った。「この薬を餅に塗って朝晩にやさしい表情と声で姑にあげなさい。時間が経てばきっと効果が出るはず」嫁は喜んで医者から言われたとおりに朝晩これを姑にあげた。そして、まだ幾日も経たないうちに姑は嫁の孝行を喜び、嫁にやさしくなってきた。嫁もこれまでの自分の過ちを反省し、謹んで姑に接するようになった。二人はお互いに睦まじく慈愛と孝行をすることができたのである。B古より立派な医者は国の患いを治すという話がある。ここでも分かるように、この立派な医者は一家の抱えている患いを治した。すなわち、こうした知恵を国に用いれば、我が国の抱えている患いも治せるのではなかろうか。

医者の頓智や（傍線部A）、それに対する賞賛の笑い（傍線部B）が看取できよう。以上、両国の笑話における艶笑譚化と頓智譚化の傾向について検討してみた。では、なぜこうした笑いの眼目の相違が両国笑話の間に発生したのだろうか。

四、笑話享受環境の相違

もっともポピュラーな笑いは人間の愚かさに対する笑いであることはすでに述べた通りである。が、笑話を伝承する側の笑いの眼目によって、愚か話が艶笑譚にもなったり、頓智譚にもなったりする。また、艶笑譚が愚か話になったり、頓智譚になったりするその逆のパターンももちろんあり得る。問題は、朝鮮笑話の場合、どちらかというと艶笑譚化することが多く、日本笑話の場合は頓智譚化することが相対的に多い点である。

ではまず、朝鮮笑話における艶笑譚化の背景について見てみよう。まず、日本の『きのふはけふの物語』や朝鮮の『禦眠楯』などに見る如く、中国艶笑譚の影響が大きい笑話集は両国ともに存する。問題は、艶笑譚の割合が日本笑話と比べ、朝鮮笑話では相対的に高いことである。ではなぜ、中国の艶笑譚は朝鮮の笑話により大きな影響を与えたのだろうか。筆者は笑話の享受環境の違いによる笑いの眼目の差をその一因として挙げたい。

朝鮮は笑話が発達しにくい環境の国であった。『東国滑稽伝』を編んだことで徐居正が非難を受けたことは同書の序文に見る通りである。『東国滑稽伝』の序文が終始、自己弁明に走った所以ここにあると言える。これは、当時の朝鮮主流社会で笑話集を公に発表することがどれほど大変だったかを如実に物語ってくれる事実である。その結果、陰で流通しながら笑話の内容がだんだん大胆となり、公の場では普通許容できない内容の艶笑譚が笑話集のメインとなってきたのである。

また、朝鮮笑話集の編者は、若干の例外を除くと、そのほとんどが落ちぶれの知識人であったことも艶笑譚化と関係する。不遇の立場に置かれた彼らは、自分の身の鬱憤をもっとも赤裸々かつストレートな笑いを通して払ったと見られる。艶笑譚は性に対する人間の偽善を露骨的に暴くと同時にそれを密かに楽しむものである。彼らはそうした艶笑譚を通して何も憚らず、より自由に笑えたのであろう。そうした立場の人々が編んだ笑話集だけあって、朝鮮時代の笑話集には艶笑譚の割合が高い。朝鮮時代の主な笑話集十一種を集成した『古今笑叢』なる笑話集のタイトルが今日、Hな話の代名詞として認識されるようになったのもそのためである。

また、朝鮮笑話集に載っている艶笑譚の末尾には、決まって猥褻な行為をした笑話の登場人物を非難する儒教的な教訓が評語としてついている。これは邪道の書を編んだ後ろめたさが働いた結果であって、自分を弁護するための安全措置に他ならないのである。

一方、日本では儒教的な倫理に反する邪道の書というレッテルが笑話集に貼られることはまずなかった。それに加え、戦国時代以来の、支配層が抱えたおおぜいの御伽衆や咄衆、彼らに対する優遇ぶりからも分かるように、日本は笑話が発達しやすい環境を整っていた。そしてこのような環境を背景に、江戸時代を通して公の場でも咄せる内容の中国笑話が噺家たちによって紹介され、その改良バージョンの噺（New story）が次々と創作された。日本の笑話は公で享受される地位と自由を確保していたのである。

では、日本の笑話ではなぜ頓智譚化が相対的に進んだのだろうか。筆者は近世初期までの日本の笑話から看取できた人間の愚かさに対する攻撃的な笑いが、近世期を通してだんだん減っていく点に注目した。近世初期までの笑話の享受者といえば主に支配層の知識人たちであった。当然ながら、無学の非支配層を見下ろす愚か話の攻撃的な笑いがメインである。

ところが、経済力を持つようになった町人階級は笑いの新しい享受者として登場するようになる。笑いの主な享受層が知識層、支配層から一般民衆へと変わりつつあったのである。当然、笑話の中身も変わってくる。従来の、非支配層の無学を見下ろす内容の愚か話、あるいは高い知的レベルでないと理解できない「雅」の笑話よりは、誰にでも共感できる身近な、分かりやすい題材の「俗」の笑話が受けるようになったのである。

もちろん、公の場で語られる内容だから艶笑譚は困る。そして、従来の愚か話を洗練された形で再生した頓智譚はまさにそれに適したものであったと考えられる。また、日本人の言葉遊びに見られる頓智や、長い年月培われてきた話芸の伝統もこうした頓智譚化に一助したと見られる。なによりも噺家自身、瞬発力や頓智の持ち主でないと笑話を咄すことを生業とすること自体が困難である。頓智譚はまさにそれに適した笑話の形態なのである。

そしてこうした享受層の変化に伴う笑いの眼目の変化は、そのまま笑いの攻撃性にも影響したと見られる。近世初期までの笑話に見る日本人の笑いと、朝鮮笑話集に見る韓国人の笑いは、攻撃性においてそれほど大きな差はなかった。ところが、江戸噺本をはじめとする近世期の笑話集を見てみると、日本人の笑いの場合、以前とは比べ物にならないほど笑いの攻撃性が弱まってくるのが分かる。

このことについては、笑話に登場する笑われる人物の恥じる姿や泣く姿を攻撃的に笑う朝鮮笑話や、烏滸の喜ぶ姿や感心する姿を好意的に笑う江戸小咄の差に関する筆者の研究を通してすでに紹介したことがある。すなわち、従来ならば、烏滸は嘲笑の的になるはずである。ところが、近世期の噺本に登場する烏滸に対する笑いからは、近世以前の笑話と比べ、そうした強い攻撃性がそれほど多くは見当たらないのである。

拙稿に紹介した内容をここに再引用すれば次の通りである。たとえば、『醒睡笑』巻四「そでない合点」第十五話には、五百目で買った脇差を博打の勝負に負けて取られたにもかかわらず、かえって「悦ぶ」烏滸の姿が次のように滑稽に描かれている。

博打打ちが夜半過に宿に帰り、女房を起こし、「一世の間に、これほど嬉しい事に会はぬ」と、悦び、臥しまろひ、満足するまゝ、「さては、今宵ばかりは、博打に勝ちたる物よ」と思ひやり、「いかばかりの仕合にやはんべる」と問ふ。返事に、「今宵も、博打に負け事は負けた。されども、此前五百目に買うて持ちたる脇指を、二貫めにしかけてやりたるまゝ、一貫五百めの儲けをしたはと。」たゞ、しつつゐさうな。

博打に負けた男は、五〇〇目で買った脇指を、相手には二〇〇〇目で買ったものと嘘をつく。そして脇指を取られたのに、一五〇〇目を得したとかえって悦ぶ。しかし、五〇〇目であれ、二〇〇〇目であれ、男が自分の脇指を取られて損をしたという現実には何の変わりもないのである（たゞ、しつつゐさうな）。そしてここに、愚かな男のこの「悦ぶ」姿を好意的に見る微笑ましい笑いが感得できるのである。（注13）そしてその結果、愚かさに対する攻撃性が弱まる現象が起こるのである。

愚か話が頓智譚化することによって笑いの攻撃性が隠れてしまう現象についてはすでに触れた通りであるが、こうした笑いこそ元和偃武以来続いてきた平和の時代を生きた江戸庶民にも受けるものであったと考えられる。それはまた、他人に対し、出来るだけストレートでは怒らない、直接の衝突は避ける態度を取ることの多い日本人ならではの行動パターンにも合っている。頓智譚化の場合、攻撃性が以前と比べて弱まることがしょっちゅう起こる。朝鮮笑話と比べ、日本笑話における笑いの攻撃性がそれほど強くない背景にはこうした頓智譚化の事情があったわけである。

結局、笑話が公の場で成長できる環境が十分整っていなかった朝鮮では邪道の書と言わんばかりに、儒教倫理に反する艶笑譚が教訓譚の振り（カモフラージュ）をしながら笑話集に載せられては密かに享受されるようになった。一方、そうした縛りも比較的に少なく、笑話が公の場で自由に咄される環境が十分整っていた日本では、愚か話の頓智譚化が進み、こうした笑話は、烏滸をそれほど攻撃的には笑わない新しい愚か話とともに歓迎されるようになったわけである。

江戸時代に一千種を超える噺本が刊行されたのに対し、朝鮮時代に成立した笑話集が二十種前後にとどまるという量の格差は、結局、両国におけるこうした笑話享受環境の差をも克明に物語るのである。そしてこうした違いが両国の笑話における笑いの眼目の差にも影響を及ぼしたのではないかと考えられるわけである。両国における文芸と話芸の位置づけについて論ずるつもりは全くない。ただし、長い話芸の伝統のもとで、公の場で語られることが容認された日本の笑話享受の環境が、笑話の艶笑譚化よりは頓智譚化をより促したであろうことは否めない。両国笑話における笑いの眼目の差はこうした笑話享受環境の相違による点が大きいと言えよう。

徐居正は笑話集を編んだことで非難を受けた。朝鮮笑話が公の場から退場し、艶笑譚化がだんだん進んだ一因でもある。安楽庵策伝は京都所司代板倉重宗の要望を受け、これまで公の場で披露した笑話を八巻八冊の本にまとめた。日本最初の笑話集である『醒睡笑』が産声を上げるようになった背景である。そしてこれは、朝鮮最初の漢文笑話集である『東国滑稽伝』が産声を上げた途端に受けた批判とは程遠いものとも言える。笑話に外を出歩く自由と享受する環境が十分与えられていたか、いないかが両国笑話における「艶笑譚化」や「頓智譚化」をそれぞれ促す一因であったと見るのも決して無理ではなかろう。

付記

本稿は、日本学術振興会の科学研究費助成事業の基盤研究（C）、研究課題番号：24520244「東アジアの笑話と日本文学・日本語との関連に関する研究」（研究代表者：島田大助）に海外研究協力員として参加した成果の一部である。代表者の島田先生をはじめとする東アジア笑話研究グループの先生方にはこの五年間、多大な応援とご指導を賜り、大変お世話になりました。この紙面を借りて改めて感謝の御礼を申し上げる次第であります。長い間、ありがとうございました。

注

1　有貴家、少傷酒色、老発腰酸、百薬不效、日本醫平元海新到、薬術頗效、貴家激以千金、元海按脉笑曰、薬不可施、灸可稍験、但点穴異常、恐干尊厳、貴家曰、「疾可得愈、万事唯命」元海令衆妾、設褥枕於堂中東首、語貴家曰、「一如吾言、令貴家裸伏其上、俾之蹲席心、搖脊梁為屈伸之状、貴家如其言、元海郤立良久曰、「勿喜作此戯、疾當自愈」払袖徑去、衆妾絶倒、時人以為元海有譎諫風。朴敬伸訳『太平閑話滑稽伝1』国学資料院、一九九八年、三八七頁。

2 琴榮辰『東アジア笑話比較研究』勉誠出版、二〇一二年、四十三〜七十五頁を参照されたい。

3 一人欲作省帰之行、以暁食之意、分付于婢子、其夜、宿于内房矣、婢子、未明前造飯、而以待上典之起枕、則東方漸白、終無動静、暗聴窓外、則厥事方張、不敢做声、自嘆未眠、而早起独坐矣、天色已明、塒鶏下庭、雌雄交合、婢以老脣之曰、「鶏亦為山所之行耶」上典内外、相顧、慙然無言矣。金埈亨『조선후기 성소화 선집(朝鮮後期姓笑話選集)』한국고전문학전집、009、문학동네、二〇一〇年、二六三頁。

4 有李某金某、相友甚密、李妻能文、金妻不識一字、李与金将渡江、読書並轡、偕出行數十歩、李妻使女奴、持小紙、汗走呈路、中有書八字曰、「春氷可畏、慎勿軽渡。」金聞之不勝欽艶、一日、李与金対坐、使婢伝言于内、捜出古文真寶、妻又使婢問之曰、「前集耶、後集耶。」金又稱善、帰家責其妻曰、「李妻識字、李使捜出古文真寶、妻曰、前集耶、後集耶。」豈不奇哉。子不識字、昧冊題目。」遂以諺書表巻帙題目、後金対客、使妻捜出孔叢子、欲誇衆賓、妻使女奴、答報曰、「前孔耶、後孔耶。」主客俱默然、有一客曰、「前孔則好、後孔則醜哉、醜哉。」金大慙。鄭容秀訳『고금소총・명엽지해』국학자료원、一九九八年、五十七〜五十九頁。

5 金埈亨氏によれば、『破睡椎』は「国立中央図書館本」に一二四話、「日本東洋文庫本」に一一〇話、「六堂文庫本」に七十四話が載っているという。里正者、性既怪癖、且多食慾、適得一器餅、即欲没喫、而其婦在傍、亦感独喫、暗思一計、謂其婦曰、「我両人中、若有先言者、当不喫餅矣。」婦心知其計、愠而之、仍黙黙相。金埈亨前掲書一六八頁。

6 中国艶笑譚が日韓両国の笑話に影響を及ぼした例については、琴榮辰前掲書第二部「艶笑譚」および第三部「愚夫・妬婦譚」で詳しく紹介したので、それを参照されたい。

7 稲田浩二『日本昔話通観研究編1日本昔話とモンゴロイド―昔話の比較記述』同朋舎出版、一九九三年。

8 琴榮辰前掲書第二部「艶笑譚」第一章『古今著聞集』第五四七話と『禦眠楯』「研髓頭」では、男性の一物を一目に見立てた中国笑話の影響について論じている。

9 店婦毎欲行房、則必謔其夫曰、「当殺一目也。」一日、蓋指其陽物而謂也。一夜之三更時、其夫謂其婦曰、「今当殺一目者也。」婦曰、「上房諸客、尚未深宿、限四更、乗隙殺之、可也。」其時、上房客中、適有一目客者、聞此説、驚怯大発、打起同宿之諸客、高声叫之曰、「活我也、活我也」（後略）金埈亨前掲書一四〇頁。

10 白湖林悌、湖南人、豪宕不羈之士也、少遊洛城、徒歩還郷、至逆旅、主媼為亡夫設斎、而不得巫覡、林曰、我能設法迎魂、客主之間、何憚不為、主媼幸之、陳設懇請、林無話可説、遂誦大学序、至則既莫不為句、主媼合掌悲泣曰、斯言是矣是矣、吾夫因果幕火而死也、盖俗語莫与幕同音、又火字釈音為不故也、至宋徳隆盛之句、又合掌嗚咽曰、斯言亦是矣、吾小名乃宋徳也、仍盛称其霊験、厚賂糧資、林蔵笑而帰。

11 廷中聞之、皆大笑、而詔使不之知、以為奇男子、敬而礼貌之、噫、長鬚丈夫見敬於詔使、非徒相貌而失人也、曾慕我国礼儀之名、認丈夫為異、豈非萬世之一笑囮呼。鄭ヨンス前掲書三十七頁。

12 「灯盞酌酒、湯罐点火、即今做事做事、架上荊籠中紅柿、亦速取進取進。」（中略）史臣曰、「甚矣、景之女之淫。林之子之戇也。」（中略）至使狂男倒語、弱姑放気耶。柴貴善他『고금소총』한국문화사、一九九八年、二七二頁。

13 「江戸噺本の烏滸の笑い―笑いの方法および質の変化をめぐって―」『日語日文学研究』八十四（二）、韓国日語日文学会、二〇一三年、二月、一〇八～一〇九頁。

中國笑話の朝鮮と日本への傳播

―『絶纓三笑』と『鍾離葫蘆』を中心に

崔　溶澈

一．中國と朝鮮の笑話

中國の笑話は、はやくから発展した。『史記』「滑稽列傳」にては、古代中国にておもしろいことを上手く話す人の伝記を記録した。おもしろい話（笑話）を集めて本にしたもので、一番早いものは三国時代の魏の邯鄲淳が残した『笑林』である。続いて隋の『啓顔錄』、宋の『艾子雜說』などへと続くが、本格的に笑話書が書かれたのは個性が顕になり文学的風土が拡散された明代後期からだと言える。王利器輯錄の『中國歷代笑話集』（一九八一、上海古籍）に載った七十五種の笑話の中、多くは明清時代のものであるが、その中でも明代に出たものが三十五種と最も多い。これは明代後期が中國笑話史にて核心的な位相を有していることを傍証するものである。明代笑話書の編纂者のうち江盈科と馮夢龍が最も代表的である。馮夢龍は短編小説集「三言」の作者としても有名であるが、『笑府』と『廣笑府』、『古今笑』（つまり『古今譚概』）などの「三笑」を残して笑話の収集と刊行、及び伝播に大きな役割を果たした。

朝鮮王朝でも笑話は早くから刊行された。代表的なものに朝鮮王朝初期の徐居正が一四七七年に編纂した『太平閒話滑稽傳』がある。笑話二百四十一編のものである。十五世紀には姜希孟の『村談解頤』が書かれ、十六世紀には宋世琳の『禦眠楯』が世に出て広く影響を与え、十七世紀初期には成汝學が『續禦眠楯』を書いた。朝鮮王朝後期の文人たちは絶えず漢文の笑話を編纂したが、編纂者や時期を記録しないものが多い。最近、学界では二十三種の笑話書に載った笑話を総一五〇〇編ぐらいと把握している。[1] 朝鮮王朝時代の笑話を総合して朝鮮王朝末期に『古今笑叢』

1　**金埈亨『朝鮮後期 性笑話選集』**（文学ドンネ、二〇一〇）には朝鮮の性笑話二百三十四編を選び翻訳したものが載っている。付録には朝鮮王朝の「**稗說集**」二十三種を列挙した図表を提示している。

の名で世に出たことがある。ここに含まれた笑話書は『太平閒話滑稽傳』をはじめ『蓂葉志諧』、『禦眠楯』、『續禦眠楯』、『村談解頤』、『破睡錄』、『禦睡新話』、『奇聞』、『醒睡稗說』、『陳談錄』、『攪睡襍史』など十一種であるが、纂者を正確に知ることが出来ず、当時は刊行されなかった。後に一部が正音社から『朝鮮古今笑叢』（一九四七）として刊行され、一九五八年には民俗資料刊行会でこれを油印本（七百八十九編）として刊行した。一九七〇年、趙靈巖の『古今笑叢』が明文堂（三百七十九編）から出版され、一九七七年李家源の『滑稽雜錄』（三百七十編）が民衆書官から、二〇〇八年金鉉龍の『古今笑叢』の編訳本が自由文化社から五巻で出版された。中国に比して朝鮮王朝時代の笑話書は書名に直接「笑」の字を用いることは稀である。『古今笑叢』を除くと、その多くは眠りを覚ますという意味の「睡」や「眠」という字を用いた書名が多い。しかし、朝鮮王朝期の笑話の中には、中国から伝えられたものも少なくない。『蓂葉志諧』、『利野耆冊』、『破睡椎』、『攪睡襍史』、『禦睡新話』には、馮夢龍の『笑府』に入っているものと同様のものがそのまま、または変容されつつ収録されている事が少なくないのである。これに関して、既に多くの方面から研究されている。[2] しかし、私は『鍾離葫蘆』を発掘し、新たな方面から研究を進めるようになった。

2　**李石來**の「**韓中笑話比較研究**」（『誠心語文論集』第十六輯、一九九四）にて早くも議論された。**張美卿**の「**中韓笑話考察—受容と變異樣相を中心に**」（『**中國文學研究**』第二十七輯、二〇〇三．十二）には馮夢龍の『**笑府**』を中心に朝鮮王朝時代の**笑話書**に出てくる一部の作品を抽出して分析した。**徐大錫**の『**韓中笑話의 比較**』（ソウル大学出版部、二〇〇七）では類型別に韓中の笑話作品を比較し、韓中文人達の笑話に関する視点も対比して分析した。

二．明代笑話の朝鮮傳來

明代の笑話は朝鮮に広く伝えられた。その中で最も有名なものは馮夢龍の『笑府』[3]である。『笑府』の笑話は、朝鮮王朝期の笑話書に直接影響を与えている。この他にも『山中一夕話』の書名が朝鮮英祖在位の時、思悼世子により記録された『中國小說繪模本』の序文（一七六二）に書かれてある。また、同年に記録された尹德熙の「小說經覽子」（一七六二）にも『一夕話』の書名が確認できる。この本は『開卷一笑』とも呼ばれる笑話集であるが、李卓吾の名で以って英祖年間に朝鮮に伝えられたことが分かる。しかし、まだ、この本に関する研究は多くない。

ここからは近年発掘された朝鮮刊本『鍾離葫蘆』に関して見てみよう。朝鮮王朝中期の文人であった柳夢寅（一五五九―一六二三）は『於于野談』にて次のように『鍾離葫蘆』に関する記録を残している。

今年春，新刊中原書七十種，目曰『鍾離葫蘆』，自西伯所來，淫褻不忍覩聞．獨其二事可觀世教．其一曰：有一夫病且死，諸子請遺敎，曰我死猶著銅環四箇柩傍，爾輩聽風水言，這般那般不知幾遭．其一曰：有呆人癡也，失鋤於田，妻問在何所，高聲曰，在田第數畝．妻曰，如是高聲，或有人聞之，先取去何．其人往於田，鋤已亡矣．其人歸，附耳謂妻曰，鋤已亡矣（萬宗齋本『於于野談』三―八十一話）

3　**馮夢龍**の『**笑府**』は十三巻五百九十五編が載っているが、日本内閣文庫本が最も完全な形に近い。また、**馮夢龍**の『古今笑』は『古今譚概』とも言うが、二三三〇編に及ぶ笑話作品が三十六巻に渡って展開される。明朝末期の当時、伝播された古典文献のほとんどの笑話を網羅したと言えよう。

ここで「今年春」というのは一六二二年である。そして、「新刊中原書」七十種としたので、その間、中国から伝えられたものと思われる。『鍾離葫蘆』はその一種と見られ、内容は、「淫褻不忍覩聞」としたので、猥褻なものであると判断される。したがって、私も既に明末の『金瓶梅』や「淫詞小説」の朝鮮への伝播を論じつつ、上記の部分を引用したこともある。『鍾離葫蘆』の書名は、柳夢寅の記録が世に出て以来、数十年後の小説家鄭泰齊（一六一二—一六六九）が書いた『天君演義』の序文にて再度確認できる。

近世小説雜記，行於世者固多，而以其中表著者言之，來自中國者剪燈新話，艷異編，出於我東者鍾離葫蘆，禦眠楯等書，非鬼神怪誕之說，則皆男女期會之事，其不及諸史遠矣，況可與此書同日道哉，覽者宜有以取舍之矣」（『懸吐天君演義』、翰南書林、一九一七.）

しかし、当時流行した小説や笑話書に関して論じる時、中国からの作品としては『剪燈新話』と『艶異編』を論じ、朝鮮からは（出於我東者）『鍾離葫蘆』と『禦眠楯』を共に論じる点、注目に値する。柳夢寅が「新刊中原書」と指した物とは異なる立場であるためである。この間、韓国の国文学の研究界では、このような資料を引用するに止まり、当の『鍾離葫蘆』の所在は知らされていなかった。私は、この本がソウルの「アダン文庫」に木版本が実存していることを発掘し、調査したことがある。現存する『鍾離葫蘆』の実態は大体次の通りである。

本全体は三十張、六十ページに達しており、内向花紋魚尾で版心に「葫蘆」の二文字が薄く刻まれ、本文は太いフリム体の文字で刻まれた木版本である。本文の最初の行には題目『鍾離葫蘆』とあり、続いて短編笑話の作品七十八篇が載っている。しかし、最後の作品が完全に終わらないのを見ると、裏のページが欠落されているように見られ、現存本の表紙は後に装幀したものであると言える。巻頭にても、序文や目次などの記録が欠落している可能性が高い。現存本は相当久しく伝えられたことは明確であり、坊刻本の特徴を有している。このことを念頭に、柳夢寅が指摘する「新刊中原書」七十種は、実際に中国の本からの七十種余りの短いお話（つまり、笑話）を指している事が分かり、「淫褻不忍観聞」は、その中にある「性笑話」を意味するものと見られる。しかし、「自西伯所來」としているので、今は北朝鮮の平安道観察使等から持ってきたのではないかと考えられ、鄭泰齊に至り、朝鮮から出たものと見られたので、中国の笑話書を朝鮮にて刊行したものと判断される。そして、いよいよ、朝鮮王朝期の漢文笑話を研究する金埈亨が金烋（一五九七―一六三八）の『海東文獻總錄』に入っていた「鍾離葫蘆」という題目を確認し、資料を公開したのである。

自序其後曰：絶纓三笑，明人之笑具也．舊有四本，今余增損筆削去三而爲一，名之曰：鍾離葫蘆．凡七十八說，雖不關於謨王斷國，亦有裨於收斂精神．宰予免誅於朽木，邵子不勞於周步，此其大曆也，豈曰小補之哉．天啓壬戌〔一六二二〕春笑山子，壽于箕城之可村．

この文章は久しく知られなかったものであるが、ここでその前後を確認してみると、現存する『鍾離葫蘆』の序文に値するものである。本の裏に載っていたとされるので、後書、または跋文に値するものであろう。この文章には、この本が刊行された由来と過程、分量、意義などに関する内容が明確に記録されている。『鍾離葫蘆』の原典発掘とその序文を明らかにすることにより、その間の疑問がほとんど解かれたと言える。

明代の面白い話を集めた本である『絶纓三笑』は四巻であるが、そのうち四分の三ほどを除いて四分の一だけを選び出したものが『鍾離葫蘆』と見え、全七十八編である。現在発掘された『鍾離葫蘆』が前後の欠落はあるが、七十八編にいたるのでちょうど分量は同じである。このような笑話は、もちろん治世には直接用いられなかったが、精神を正すためには必要であると述べられている。刊行年度と地域も明確に一六二二年の春、平壌［箕城］と明らかにされ、この時刊行された本が早速柳夢寅に伝えられたものと考えられる。柳夢寅が「新刊中原書」としたのも、明代の笑話書である『絶纓三笑』の中から選び出したので、そのように表現したと見られ、七十種としたのも、実際七十編余りの笑話を指したものと考えられる。『鍾離葫蘆』が発掘される以前にこれを七十種余りと見て、明代の淫邪小説の数十種類が伝来されたと記録したものを利用したのは誤りである。しかし、序文にて刊行者を「笑山子」とだけ記している。まるで『金瓶梅』の序文に作者を「笑笑生」とだけ明かしているのと同様である。当時の小説のような通俗文学を論じる時、文人達は正式にその名を明かさないことが多いが、性笑話を多数含んでいる『鍾離葫蘆』を刊行しつつ編纂者の名を明かさないのも十分理解はできる。当時、この本をもらった柳夢寅は「自西伯所來」とし、すぐに編纂者として西伯（平安道観察使）を指した。その時の平安道観察使は朴燁であった。彼は柳夢寅と親しい仲であり、この本が世に出た翌年の仁祖反正の過程で同様の罪名で処刑された。このため、学界では『鍾離葫蘆』の刊行者を朴燁（一五七〇―一六二三）であると推定している。序文に書かれた可村という地名も調査されないままである。実際の地名であるか、または笑山子が任意に創った仮想の地名、または別号であるとも考えられる。

朝鮮の地で刊行された『鍾離葫蘆』に載っている笑話は、明代の『絶纓三笑』から選ばれているため、その由来は明代の笑話であるが、当時の朝鮮の文人の間で広く流行しつつ、この本は朝鮮の本として認識されていた。十七世紀の鄭泰齊の時代には、既に鄭泰齊の『禦眠楯』とともに、広く流行ったのである。『禦眠楯』は十六世紀の宋世琳により編纂された笑話書であるが、広く流行り、十七世紀初め成汝學の『続禦眠楯』も世に出てくる。ここに『鍾離葫蘆』

が加勢したのである。『鍾離葫蘆』に載った笑話は、いよいよ朝鮮王朝後期の漢文笑話書『破睡椎』などに影響を与える。[4]これに関して張美卿は、朝鮮の笑話書に入っているこのような笑話が、明の馮夢龍の『笑府』から直接影響を受けたと指摘した。しかし、一部の笑話作品は『鍾離葫蘆』に載っていたもので、当然ここから直接影響を受けたと見られる。

三．『鍾離葫蘆』からの受容と變容

朝鮮刊本『鍾離葫蘆』は、明代の笑話集『絶纓三笑』の内容を用いて朝鮮の地にて刊行した笑話集である。その多くは、「時笑」から持ってきたものであり、題目と内容をほとんど持ってきたが、一部内容を変え、本文の中でも一部修正、削除、補充した部分がある。内容を簡略化するための削除を除くと、修正や補充はそれなりの理由があるように見受けられる。

『絶纓三笑』「時笑・澹語」の最初の作品は「館師」（本文には「館師頻歸」）であるが載っておらず、二番目と三番目の作品である「初婚女」はそのまま『鍾離葫蘆』の最初と二番目に載っている。それぞれ題目を重ねて書かず「又」と表記する。『鍾離葫蘆』の「再醮處女」が、元の題目である「再醮」に處女を追加したのは読者の理解を助けるための編纂者の努力として見受けられる。「再醮」自体が再婚を意味し、未婚の女性ということは語弊があるかもしれないが、内容の中に未婚の女性であることを強調しながら自分の価値を高めようとする再婚した女性の話が、題目にそのまま露わになっている。『絶纓三笑』の「東邊伯母」（本文には「東家伯母」）と『鍾離葫蘆』の「東家叔母」を比較し

4　金埈亨「『鍾離葫蘆』と我国の稗説文学の関連様相」『중국 소설논총』、十八輯、二〇〇三．六．

てみよう。

【東家伯母】夫婦欲行事，碍其子在床．乃使之起曰：〝你可往東邊伯母家去，討些火來煮早飯．〟其子應而去．夫婦行事畢，揭帳而看，則其子立于床前．駭問曰：〝你爲何不去討火？〟子曰：〝我去討來，撞着東邊伯母也在家裏入肏（原文「尸皮肉」合成字）不得工夫．

【東家叔母】夫婦欲行事，嫌其子在床．乃使之起曰：〝汝可往東邊叔母家去，乞火來煮早飯．〟其子應而去．夫婦行事畢，揭帳而看，則其子立于床前．駭問曰：〝汝爲何不去乞火？〟子曰：〝我往彼家，則叔母亦行也房事，不省人事矣．

「東邊伯母」（「東家伯母」）の題目が「東家叔母」に変わったのは、比較的特殊な場合である。重要なのは伯母を叔母に変え、内容を朝鮮の文人が理解しやすいように漢文に変えたところにある。敢えて伯母を叔母に変えたのは、朝鮮の習慣上、年上の伯母に不名誉をもたらすよりは、相対的に若い叔母の性生活を暴露することがより適当であると考えられたからであろう。また、すばやく笑いを誘発するために、明代の笑話は白話的要素が強化されるが、朝鮮の文人たちには漢文調の表現がより自然であったであろう。妨害されるという「碍」の字を「嫌」の字に、火をもらってくるとの「討些火來」の白話的表現よりもやさしい漢文調の「乞火來」に、これに続く「你爲何不去討火」も「汝爲何不去乞火來」に変えた。原文では、房事の直接的行為を表す俗語「尸皮肉の合成字（肏と同義）」を用いているが、これでは朝鮮の漢字の上では分かりづらいので、「叔母亦行房事、不省人事矣」と変えている。

『鍾離葫蘆』の「獻臀」は、城の外に散らばった遺骨を埋め楊貴妃に出会ったという隣人の話を聞き、自分も遺骨を埋めると、その夜、武将の張飛が出てきて「私のお尻を差し出してあげよう。」との内容である。世の中に現れた霊魂がそれぞれ「妃也」、「飛也」と答えたのは、同音異義語を利用する中国語独特の発想である。『絶纓三笑』の元の題目は「學様」であり、まねをするという意味であるが、完全に変わった「獻臀」ほど、実感できる題目ではない。一部の文字を誤って、または故意に変えたようである。

【學様】⟶【獻臀】

有（有人）於郊外見遺骸暴露，憐而瘞之．夜間扣門聲，問之應曰，妃．再問曰，妾楊妃也．遭馬嵬之難（亂），遺骨未收，感君掩覆，來奉枕席．因與極歡而去．隣人聞而慕焉．因遍覓郊外，亦得遺骸瘞之．夜有扣門者，問之應曰，飛．曰，汝楊妃乎．曰，俺張飛也．其人懼甚，强應曰，張將軍何爲下顧．曰，俺遭閬中之難（亂），遺骨未收，感君掩覆，特以粗（麁）臀奉獻．

『絶纓三笑』の「外語」の「亡鋤」は『鍾離葫蘆』に基づいて『於于野談』でも引用され、早くから広く知られた話である。明代にも流行り、多くの笑話集に紹介されているが、『笑府』（明の馮夢龍）では兄弟の話として、『精選雅笑』（明豫章醉月子）と『絶纓三笑』では夫婦の話として変容され、『鍾離葫蘆』は『絶纓三笑』に倣ったのは確かである。

『絶纓三笑』の「噴嚏」と「各爨」は『鍾離葫蘆』からそれぞれ一文字ずつ変え「罵嚏」、「各餐」という題目を付け内容を補充し、理解しやすい文字に修正した。笑話は聞いた瞬間、すでに笑いが誘発されなければならず、内容上理解しづらかったり見にくかったりする文字があると効果は半減する。中国の読者が慣れている内容や文字であっても、朝鮮の人にとって慣れていないのであれば、これを変えねばならぬと編纂者は考えたであろう。

「不勧酒」と「討還春色」とは違う題目を用いたが、同一の内容である。二つとも本文より得た題目であるが、『鍾離葫蘆』の編纂者は単に「不勧酒」よりは特殊な題目で以って好奇心を刺激する「討還春色」と、新たに命名したのである。

「風語」の「春方」は「求春方」に題目に文字一つを付け、配列の順序も変えただけでなく、一部の内容も修正している。『鍾離葫蘆』で「求」の字を付けたのは、春薬処方を求めていた男の話をより詳細にしたものである。原文でも元来、叙述文であった「有恙陽萎而問春方者」の句を「一人曰：〝我陽萎近甚，何薬可治？〟」という対話体に変え、生々しく描いている。『絶纓三笑』で医者の答えは「麵觔荳腐二味絶勝」であり、その理由を聞くと単に、「只看這些和尚」と答えるだけである。麵觔は麵筋であるが、小麦粉を練ってモチモチとした食感にした中国の日常的な料理である。豆腐料理とともに肉食を禁じる僧侶の主食とされる。『鍾離葫蘆』では、これをより明快にした「菜蔬豆腐」に変えた。野菜を生で食べる朝鮮の食習慣が反映されたのであろう。また、僧侶を見れば分かるだろうとの言葉にも敷衍して、「只看東席坐的和尚，喫甚麼藥，如是强健．」と反問の形にしている。

また、「影語」の「齋字」は「齋字辨」と題目を付加している。文字を解くのは中国の笑話の重要な部分である。しかし、単なる文字であるとすれば、何を言わんとしているのかよく分からない。韓国式に「解く」（ここでは比較し理解するとの意味）に値する「辨」の字を入れ、より明確にこの笑話の意図を明確にしている。

「敍語」の「胖子」（pangzi）は中国語で太っている人のことである。体が肥大な人の性生活を面白おかしくしたこの笑話は、題目をさらに露骨に「後推行房」に変え、内容も一部変えた。元来「胖子不便行房」であった『絶纓三笑』の話を『鍾離葫蘆』では「有一肥漢不便行房」に変え、中国語に慣れていない読者のために漢文用語に変えてあげる親切さを見せている。

【胖子】胖子不便行房，使其妻仰坐椅上，身就之而婢從後推之，曰："推."曰："再推."即回顧婢而喘曰："住."

【後推行房】有一肥漢不便行房，使其妻仰坐椅上，自家立就之，令婢從後推之，曰："推."曰："再推."即回顧婢而喘喘曰："止了，止了."

『鍾離葫蘆』は総七十八編のうち、七十一編のだいたいが『絶纓三笑』の「時笑」からである。極わずかな作品を除けば配列の順序もそのままである。このように、明代の笑話書『絶纓三笑』は『鍾離葫蘆』を通じて直接朝鮮後期の笑話に影響を与えたと言えよう。

四．『絶纓三笑』とその他の笑話書の日本傳播

では、『鍾離葫蘆』を成した底本に当たる『絶纓三笑』はどのような作品であろうか。この点、中国の既存の研究からはあまり露わにならないものである。王利器が編纂した『歴代笑話集』（上海古籍出版社、一九八一）と『歴代笑話集續編』（春風文藝出版社、一九八五）にも入っていない。しかし、『絶纓三笑』が完全になくなったわけではない。この本は東京大學文学院に伝えられている。この本は一九七〇年代、東京大學文学院にて助手をしていた大塚秀高先生が古書店にて発掘されているものである。当時、巨額を準備することが出来なかった大塚先生は、当時の主任であった伊藤漱平先生に請い、文学院図書館に収蔵できるようにしたのである。『絶纓三笑』に関する研究は多くないが、最近のもののうち、いくつか注目すべきものがある。まずは、この本を発掘した大塚秀高先生が一九八三年に書

いた「絶纓三笑に関して」[5]がある。台湾にては、黄慶聲が二〇〇〇年に発表した「晩明笑話書〝絶纓三笑〟中之性別與情色意識」[6]がある。二〇〇四年には王國良が「中國笑話集在韓日越的流傳與保存」にて、『絶纓三笑』と『鍾離葫蘆』を詳細に述べている。台湾の天一出版社にては、この孤本笑話書を早く影印出版した。[7]ただし、一部欠落している部分があり、利用する場合は特別注意する必要がある。私は二〇〇一年、『鍾離葫蘆』の発掘を学界に報告して[8]以来、二〇〇二年に「朝鮮刊本 中國笑話 鍾離葫蘆の發掘」[9]を発表し、原典と翻訳を載せた単行本『鍾離葫蘆』[10]を刊行した。そして、『絶纓三笑』との関連性を調査し、二〇〇五年「明代笑話絶纓三笑と朝鮮刊本鍾離葫蘆」[11]を発表した。本稿の内容は、その論考を基に再整理したものである。

『絶纓三笑』は現在四巻であるが、一般に古書として区分する巻數の区分がない。この本の巻頭に胡盧生が書いた「絶纓三笑敍」と編纂者听然齋主人が記録したと見られる「輯三笑略」が収録されている。続いて「絶纓三笑目録」があり、その下段には曼山館徐孟雅梓行の署名がある。曼山館徐孟雅は当時の有名な出版家の徐象標を指す。ここで注目すべきは「絶纓三笑敍」が書かれた年代が丙辰年という点であるが、この一六一六年（萬暦四十四年）は『鍾離葫

5 **大塚秀高「絶纓三笑について」、『中哲文學會報』**八号、**東大中哲文学会**、一九八三．六．
6 **黄慶聲**の論は後に**『中國婦女史論集六集』**（**鮑家鱗編著、稻鄉出版社**、二〇〇四年、**臺北**）に収録される。
7 **『明清善本小說叢刊續編 第一輯 短篇・總集・傳奇・笑謔』、天一出版社**、一九九〇．
8 **崔溶澈「明代文言小說**의 **朝鮮刊本**과 **傳播」『民族文化研究』**三十五号、二〇〇一．六．の第一節「新しく発掘した**明代文言笑話集 鍾離葫蘆**」にて具体的に紹介した。
9 **崔溶澈「朝鮮刊本 中國笑話 鍾離葫蘆**의 **發掘」『中國小說論叢』**十六輯、二〇〇二．六．
10 **崔溶澈『鍾離葫蘆』、鮮文大學校中韓飜譯文獻研究所**、二〇〇二．
11 **崔溶澈「明代笑話 絶纓三笑**와 **朝鮮刊本 鍾離葫蘆」、『中語中文學』**三十六輯、韓国中語中文学会、二〇〇五．十二．

蘆』が刊行された一六二二年から六年の時間の隔たりしかないという事実である。当時、明と朝鮮の文化交流は頻繁であり、書籍の伝来と刊行がどれほど速く進んだことか分かるだろう。また、敍文を書いた人が胡盧生である点から『鍾離葫蘆』という書名と何らかの関連があると考えられる。胡盧は口を塞いで笑う姿、またはげらげら笑う姿を指す言葉である。『鍾離葫蘆』の自序に書かれた笑山子も同様に笑いと関連した筆名である。編纂者听然齋主人も笑いと関連した典故からの名前である。胡盧生は序文にて編纂者の編纂意図と方法を簡単に言及した。平常集めておいた笑話を編纂し六品に分け〔時笑〕、これとは別途に古人の笑話〔昔笑〕と四書に関連する笑話〔儒笑〕をその後に敷衍したとする。より具体的な内容は、続いて巻頭に載っている听然齋主人の「輯三笑略」に次のように詳しく見える。

『四書笑』の巻頭に「題四書笑」を書いた人も胡盧生と同一人物であり、『笑府』巻十三「閏語部」の「公冶長」には、胡盧生の名義で評語が載っているが、『絶纓三笑・儒笑』の「公冶長」には同一の評語が下士（つまり聞道下士を指す）の名義となっている。胡盧生と聞道下士が同一の人物であるかは未詳である。[12]

「輯三笑略」は総六つの項目であるが、最後は缺文であり、完全なものは分からない。しかし、当時流行した笑話書に関し詳細な批評をしているので、一方で優れた評論であるとも言える。ここで言及された明代末期の笑話書としては『笑林評』、『笑贊』、『笑府』、『廣笑贊』、『四書笑』などがある。『笑林評』は中国の笑話字研究では見られないが、日本の内閣文庫で萬曆三十九年（一六一一）序刊本が所蔵されていることが分かった。『絶纓三笑』はの「輯三笑略」で明らかにしたように、『笑林評』の内容は古今の雅俗を兼備したものである。この点は、巻頭の「笑林評凡例批

---

12 **天一出版社**影印本には「**夫子之道**」後半から「**公冶長**」、「**賜也何敢望回**」、「**又**」のところが影印が欠落されているが、**原本**にはある。当時、この分野の論文を**執筆中であった劉姍姍さんが確認してくれた。**

點法」で直接明らかにしている部分である。『笑贊』は趙南星（一五五〇―一六二七）が編纂したもので、七十二編の話が載っている。『笑府』は馮夢龍（一五七四―一六四六）が編纂した膨大な笑話書であり、全六百編に達する笑話を内容別に十三部に分けて整理した。『四書笑』は『絶纓三笑』の編纂者と同一の听然齋主人であり、巻頭に胡盧の「題詞」が載っていて、「開口世人輯，聞道下士評」の署名も同様である。『四書笑』と『絶纓三笑』の編纂者が同一であるとの事実は明末の笑話書編纂状況を鑑みるに意味するのも大きい。『絶纓三笑』の「儒笑」部分のほとんどが全て『四書笑』と重複されるのも理解できる。「時笑」多数は馮夢龍の『笑府』からである。『四書笑』は百一編あるが、『絶纓三笑』「儒笑」にはこれより三十四編多い。しかし、『四書笑』に載ったものも三編あるので、「儒笑」には総百三十二編が載っていると言える。「輯三笑略」では『四書笑』の「さらに二三十種を集めて」「儒笑」を作ったと言った方が正確な表現であろう。編纂者は『四書笑』を作ってから『絶纓三笑』をまた編纂したのである。

『四書笑』も日本の内閣文庫に筆写本が所蔵されているが、巻頭に胡盧生の「題四書笑」に続き、「四書笑目錄」が載っている。『絶纓三笑』の「儒笑」はこれとほとんど同様の順序で写している。筆写本の本文の中には日本の林羅山（一五八三―一六五七）の傍点表記と評語が一部見られ、「淺草文庫」所蔵本である。

『絶纓三笑』の所藏印は大塚秀高の考察によると、「尾張淺井氏記」、「蕙薫藏書」、「紫溪」などがある。これを通じて、十八世紀淺井圖南（一七〇六―一七八二）の蔵書であったことが分かった。この本の巻末には次のような文章が墨書で書かれてある。

此書□法堂所藏，雖非緊要之書，亦足發一粲，以療厭倦之病，近來貧不能收，將閑散之品，鬻之永樂東壁堂云，

永樂東壁堂は名古屋の有名な書店永樂屋（一七七六年から一九五一年まであった）であるが、この本が日本内でもいろんなところに流転していたことが分かる。

『絶纓三笑』の分類方式と分類名称の由来を見ると次の通りである。まず、『絶纓三笑』の「絶纓」は巻頭胡盧生が「絶纓三笑敍」で説いたように、〃仰天而笑，絶其冠纓〃（大笑いして帽子の紐が途切れた）との表現から来た。[13]「三笑」は、本文の三つの笑い、つまり時笑、昔笑、儒笑を指す。時笑は当時流行った一般的な笑話であり、昔笑は昔のもの、儒笑は儒教経典にあるものを利用した笑話である。

また、「時笑」の内容を六つに分類して澹語（淡々としたもの）、舛語（理に違うもの）、調語（扇動するもの）、風語（風刺するもの）、影語（影のようなもの）、敍語（解いたもの）に分け、それぞれ聞道下士[14]の文章で以って解説している。

「昔笑」は古典的であるが笑話であるが、それぞれ引用書目を明らかにし、七十四種に至る。そのうち、重複するものも多く、『艾子』（十二回）、『啓顔錄』（九回）、『歸田錄』（六回）、『朝野僉載』（六回）、『笑林』（五回）、『事文類

---

13 **楚**の**莊王**の**絶纓**故事とは**無關**である。

14 **『四書笑』**と**『絶纓三笑』**には、全て「**開口世人輯**」、「**聞道下士評**」の署名が成されてあるが、**大塚秀高**先生は『**莊子**』**盜跖**編に「**開口而笑者，一月中不過四五日而已**」とされる部分と関係あるだろうと指摘され、**聞道下士**は明朝万暦年間の**馬經綸**である可能性があるとされる。**馬經綸**（一五六二—一六〇五）の字は**一**、『**明史**』巻二百三十四に**本傳**、**萬曆**十七年（一五八九）に進士に及第、二十四年（一五九六）に**民籍**に**降等**され、**通州**に帰郷し隠遁して十年を過ごしたので、門人達は**聞道先生**と呼んだとされる。**李卓吾**を殊に尊敬し、自分の別荘に招き共に研究したりもした。**李卓吾**投獄以降、積極的に究明運動をし、死後には**通州**に葬られ、**馬聞道書院**を創建して**講學**したりもした。彼は、**李卓吾**の解放的な思想に影響され、『**四書笑**』を執筆し、礼教思想に通じていた可能性が高い。

聚』（五回）、『北夢瑣言』（五回）などである。引用書目のうち、比較的見慣れない書目もあるので精密な分析が求められる。書目は次の通りである。

嵐齊記，續世說，語林，唐世說，聖宋撤遺，歸田錄，聞見錄，艾子，北夢瑣言，志林，范蜀公東齋隨筆，遯齋閑覽，摭言，湘山野錄，后山叢談，詩話，倦游雜錄（倦游雜錄，倦游錄など同一），貢父詩話，廣記，易齋笑林，閑抄，墨客揮犀，（油）山錄，（戻）鮨錄，唐小說，會類說，事文類聚，南唐近事，筆談，北史，朝野僉載，江南（艸）史，本事記，荊湖遺事，雲溪友議，（侯）鯖錄，風俗通，啓顏錄，東軒筆錄，雞跖集，江南野錄，筆談，唐新語，鄭柴傳信記，王□（壹）淸談，談聞錄，涑水紀聞，百家詩，古今詩話，却掃編，詩史，泊宅編，魏王語錄，東軒雜錄，東軒筆錄，文酒淸話，聞見錄，事文類聚，藉川突梯，御史臺記，外紀，事林，楊萬理滑稽帖，墨莊，漫錄，資笑編，盧氏雜說，王直方詩話，嘉語錄，松窓雜錄，笑言，笑林，嶺南異物志，因話錄，國史補．

『絶纓三笑』の全体の笑話作品は総七百二十七編に至る。これを、さらに「三笑」別に見ると、「時笑」が四百四十五編、「昔笑」が百五十編、「儒笑」が百三十二編である。「時笑」が半分以上であり、中心を成していると言える。また、「時笑」の六語六品をそれぞれ見ると、「澹語」九十編、「舛語」百五十五編、「調語」五十五編、「風語」六十二編、「影語」七十五編、「敍語」八編である。

朝鮮の金烋が『海東文獻總錄』で引用した「鍾離葫蘆（後序）」で、『絶纓三笑』の三つを捨て一つを載せ本にしたとしたが、実際変数を数えると全体の九分の一ぐらいになり、「時笑」だけを取ると六分の一ぐらいである。

五．結　論

中国の明代後期は笑話書の収集と刊行が盛んな時期であった。大変多くの笑話書が、この時刊行された。馮夢龍の『笑府』や『古今笑』、開口世人の『四書笑』などは、そのうち有名なものである。また、胡盧生の『絶纓三笑』がある。「時笑」と「昔笑」、「儒笑」の三つの笑話を編纂したものである。その中でも「時笑」は『笑府』からその多くを持ってきて、「昔笑」は「古今笑」と似通っているものであり、「儒笑」は『四書笑』をほとんどそのまま活用したものとされる。この本は朝鮮に伝えられ、朴熚と推定される笑山子により『鍾離葫蘆』の名で刊行され、朝鮮の地にて流通されつつ漢文笑話の創作に影響を与えた。柳夢寅の『於于野談』で言及したこの本は、近年発掘され、いよいよその実態が世に現れ、『絶纓三笑』との具体的な関係が明らかになった。しかし、『絶纓三笑』の版本は中国と朝鮮にはなく、日本の東京大學に唯一本が残されている。馮夢龍の『笑府』は内閣文庫に最も完璧な版本（五百九十五編収録）を所蔵されていて、『四書笑』の場合も内閣文庫にその筆写本が伝えられている。殊に林羅山の傍点表記と評語が見られる浅草文庫本であり、早くから日本に影響を与えていると考えられる。明代の笑話書が早くから朝鮮と日本に与えた影響と変容を以上のように確認することができる。

［二〇一六―八，研笑房］

【附録】『絶纓三笑』と『鍾離葫蘆』の對照表

『絶纓三笑』	『鍾離葫蘆』	備考
□時笑		

▽澹語（一）		
二　初婚女	一　初嫁女	
三　又（初婚女）	二　又	
七　再醮	三　再醮處女	＊題目追加
八　醫乳	四　醫乳	
十二　寡欲	五　寡慾	
十八　性緩	六　性緩	
二十　自家說	七　自己說	＊題目修正
二十一　東邊伯母（本文は東家伯母）	八　東家叔母	＊題目修正
二十三　妙事	九　妙事	
三十四　夢酒	十　夢酒	
三十五　酒色	十一　酒後行房	＊題目修正
四十　三千客	十二　三千客	
四十六　公子	十三　公子	
五十五　拿屁	十四　拿屁	
五十九　蝦	十五　僧蝦	＊題目追加
六十五　易怒	十六　易怒	
六十八　着靴	十七　着靴	
七十三　學樣	十八　獻臀	＊題目改名
八十八　河純	六十一　食河豚	＊順序題目変更
▽舛語（二）		

一　初婚女	十九　初婚女	＊順序修正
十四　誇猪	二十　篩猪	＊題目改名
二十　跳窗	二十一　睡窗	＊題目修正
三十五　亡鋤	二十二　亡鋤	＊於于野談言及
五十九　睡妓	二十三　睡妓	
七十五　腿痛	二十四　腿痛	
九十一　作祭文	二十六　親家祭文	＊題目修正
九十四　餘姚先生	二十七　餘姚先生	
九十九　藥鬪	二十八　藥鬪	
百三　抄方	二十九　經驗方	
百十六　燒了	三十　燒父	＊題目修正
百十七　一字	三十一　一字兒	
百十八　愁文王	三十二　愁文王	
百二十二　凍水	三十三　凍水	
百二十三　穿肚皮	三十四　穿肚皮	
百二十四　守楊芋（附：戒馬尾）	三十五　戒馬尾	
百二十七　噴嚏	三十六　罵嚏	＊題目修正
百三十三　各爨	三十七　各餐	＊題目修正
百三十四　產兒	三十八　新婦產兒	＊題目補充
百三十五　餘慶	三十九　餘慶	
百四十一　請鬍子	四十　請鬍子＊	＊本文修正

百四十四　捜牛	四十一　捜牛	
▽**調語**（三）		
三　薄席	四十二　薄席	
十一　湘僧	四十三　湘僧	
十四　怕冷熱	四十四　怕放屁	＊題目修正
十六　弄童	四十五　弄童	
十七　送客	四十六　三盃送客	＊題目添加
十八　共席	四十七　犬客	＊題目改名
二十一　又（共席）	四十八　又（犬客）	
二十四　吃素	四十九　喫素＊	
二十六　請神	五十　請神	
二十八　擔僕	五十一　擔僕	
三十一　送匾	五十二　送匾	
三十四　妓夢	五十三　妓夢	
四十四　不勸酒	五十四　討還春色	＊題目改名
▽**風語**（四）		
一　囊螢（本文には名讀書）	五十五　捉螢	＊題目改名
七　遺命	五十六　遺命	＊於于野談言及
八　要大眼	五十七　要大眼	
九　造人	五十八　造人	
十二　孫眞人	五十九　孫眞人傳術＊	＊題目追加

十三　打尿鼈	六十　破尿鼈	＊題目修正
二十八　堵子	六十三　堵子神	＊題目追加
二十九　産喩	六十四　産喩	
三十六　豁拳妓	六十五　讓鴆酒	＊題目変更
三十八　夜啼	六十六　夜啼	
四十四　春方	六十二　求春方	＊順序　題目修正
五十四　射虎	六十七　射虎	
五十五　新裙	六十八　穿新裙	＊題目追加
五十六　節哀酒	六十九　節哀酒	
五十九　希網	七十　稀網巾	＊題目追加
▽影語（五）		
四十六　齋字	七十一　齋字辨	＊題目追加
▽敍語（六）		
五　胖子	七十三　後推行房	＊題目修正
□來源不明	二十五　泥鍾	
□來源不明	七十二　大小肚	
□來源不明	七十四　痔字解	
□來源不明	七十五　鎖妻寺中	
□來源不明	七十六　二人讓路	
□來源不明	七十七　溺門	

□來源不明	七十八　呂婦	
	*印は後人評語	

【参考文献】

笑山子『鍾離葫蘆』（雅丹文庫藏本）、朝鮮木版、一六二二、平壤刊本

崔溶澈『鍾離葫蘆』（原典影印、及び飜譯）、鮮文大學校中韓飜譯文獻研究所、二〇〇二

听然齋主人、『絶纓三笑』（東京大學藏本）、明代刊本、胡盧生序文

听然齋主人、『四書笑』（日本内閣文庫所藏）、筆寫本、胡盧生序文

明清善本小說叢刊續編『絶纓三笑』、臺灣天一出版社、一九九〇

大塚秀高「絶纓三笑について」、『中哲文學會報』第八號、一九八三

崔溶澈「明代文言小說の朝鮮刊本と傳播」、『民族文化研究』三十五号、二〇〇一

崔溶澈「朝鮮刊本中國笑話鍾離葫蘆の發掘」、『中國小說論叢』十六週、二〇〇二

崔溶澈「明代笑話 絶纓三笑와と朝鮮刊本 鍾離葫蘆」、『中語中文學』三十六輯、二〇〇五

金埈亨「『鍾離葫蘆』と我国の稗說文学の関連様相」『中國小說論叢』十八輯、二〇〇三

金埈亨「笑府，絶纓三笑，鍾離葫蘆の相關關係と韓國稗說への變容に関する考察」、『語文學教育』三十一輯、二〇〇五

夜食時分の浮世草子

――笑話性を中心に――

佐伯孝弘

はじめに

夜食時分は本名・伝記ともに未詳であり、大坂住の俳諧師だったかとされている。[1]『好色万金丹』（元禄七年〔一六九四〕刊。以後『万金丹』と略記）、『好色敗毒散』（同十六年刊。以後『敗毒散』と略記）の二作の浮世草子の他、噺本の『座敷ばなし』（同八年頃刊）が、夜食時分の作品として伝わっている。

浮世草子の両作とも書名に「好色」と冠する好色物ながら猥褻な描写は乏しく、遊里の描写に長けた、軽妙な笑話仕立ての短篇集である。

先行研究はあまり多くない。山口剛氏・市川通雄氏が西鶴との関係の深さ、特に『諸艶大鑑』（別名『好色二代男』、貞享元年〔一六八四〕刊）から夜食時分が大きく影響を受けていることを指摘。[2]

野間光辰氏は、西鶴諸作よりの趣向の模倣・利用を認めつつも、『諸艶大鑑』の踏襲・模倣はそれほど露骨ではなく、寧ろその短編構成の手法の上で、『諸艶大鑑』の流れに立つものとする。即ち、金言・警句あるいは故事・古語の引用に始まる前半の導入部に始まって、一転して話の核心に入り、最後は常に読者の意表を衝く〈落ち〉に終わる構成法を指摘。行文も俳諧的で軽妙であり、「西鶴以後の浮世草子中の佳作」と評価している。[3]

長谷川強氏は、『万金丹』を「技巧派で才気に満ち」「皮肉な目でよく世相を摑み出してゐる」、『敗毒散』を「面白さは世相・人情の矛盾をつき、常識を逆手にとるところから生ずる」と評価し、[4]『敗毒散』が江島其磧その他の後続浮世草子に影響した点、即ち出典として利用されている具体例を複数指摘している。[5]

篠原進氏は、其磧の『世間子息気質』（正徳五年〔一七一五〕刊）・『和漢遊女容気』（享保元年〔一七一六〕刊）が『敗毒散』を利用する箇所につき長谷川氏の論を補足し、其磧の代表作である気質物の創出に夜食時分の作が影響を与えたことを指摘。特に『万金丹』巻四の二〈金持の愚かな息子が初めて遊里で遊ぶが、端女郎の安さも分からず一歩金を渡し、釣りを渡そうと追い掛けられるのを不足分を取られるものと勘違いして逃げ、身投げして死んでしまう話〉が、『世間子息気質』の愚かな息子の生態を描くというテーマに繋がった可能性に言及する。(6)

その後、精力的に夜食時分につき論を発表したのが岡田純枝氏である。氏は、夜食時分の浮世草子が「西鶴の模倣」「奇抜な趣向」「筋立てから浮いた、品のないオチ」といった見方により低い評価に甘んじていることに異を唱え、一連の論考で、『万金丹』『敗毒散』が趣向本位・方法本位でなく主題を有する作品であり、高く評価すべき旨主張している。(7)

稿者は、夜食時分を再評価し西鶴とは異なる価値を認めようとする岡田氏の姿勢には大いに賛同し敬意を表するものの、両作を〈趣向・方法本位でなく、生き方や価値観に関わる明確な主題を持って書かれた作〉とすることは、過大評価的な部分を含み、やや無理があるのではないかと思う。後述の如く、作者の〈笑話仕立て〉の意図はかなりはっきりしている。やはり、〈浮世草子が趣向重視の方向に変化して行く〉小説史の流れの中で両作を位置付け、理解すべきではないだろうか。そもそも、明確な主題を持たなければ作品の価値が低いという見方は近代的な尺度である。近世文学には「何を書くか」でなく「どう書くか」、つまり表現主義・趣向主義のジャンル・作品も多い。また、作者の込めた意図は別にして、読者の側で作品をどのように読めるか、そこから何を読み取り得るか、という観点から作品を評価することもできると考える。

以上、夜食時分の浮世草子に関する主な先行研究を概観した。本稿では、先学の論の驥尾に付しつつ、主として両作の笑話性につき検証し、作品の文学史的位置付けについても若干の考察を加えてみたい。

一　作者の素性

先学により、前述の如く夜食時分が大坂に住む俳諧師の変名であろうことが指摘されている。作中に俳諧に関する箇所を散見する（『万金丹』巻三の二の、遊女達による歌仙俳諧など）ことが傍証になる。具体的には、『万金丹』巻四の四に登場する紫竹堂鸞栖という俳諧師が作者の自画像かと推定されている。鸞栖は自ら「紀貫之の後胤[8]」と名乗り、遠州浜松の生まれで、江戸で其角・一晶・立志、京で言水・似船・我黒、大坂で来山・才麿・由平らと交友し、今は大坂米屋町に住み俳諧点者を営むとする。他の章と違い、人物紹介が不釣り合いな程詳細であり、且つ実在の俳諧師の名を出すのが目を引く。これは作者の自画像の反映である可能性が高いと思われるものの、「鸞栖」なる俳諧師は現在のところ確認されていない。『万金丹』の改竄本『傾城太々神楽』（宝永二年（一七〇五）刊）では、埋木で「紫竹堂鸞栖」を「誹仙堂伴自」に、「遠州浜松の産」を「武州長井の産」に改めている。伴自は小西来山門の実在の俳諧師。これを「鸞栖」と同一人物で夜食時分の素性だと見る説もあるけれども、活動年代等から夜食時分とは別人とみる説の方が有力である。

その他、作者を知る手掛かりとしては、作中に多く和漢の古典が引用・利用されており、相応の知識人であっただろうと推測される。作中に歌舞伎役者の名を出したり、『万金丹』最終章に義太夫節の詞章（出典未詳）を長文に亘り引いたりしている点から、かなりの芝居通であったことも窺える。『万金丹』巻二の二に腕自慢の車力が多く登場する中の一人が「夜食の伝吉」という名であるのも、何か作者夜食時分と関係があるかもしれない。

『万金丹』巻五の三は遊里・遊女の実相を描く章だが、冒頭から末尾、オチの直前まで、ほぼ全体を友加なる人物が発句を交えつつ語る形になっているのは、作中で異色であり注目される。『〈日本古典文学大系〉浮世草子集』の当該箇所の頭注では、友加につき、「大阪の俳諧師か、未詳」とする。『元禄時代俳人大観』(9)で「友加」を探したところ、『誹諧生駒堂』（元禄三年〔一六九〇〕刊、月津灯外編、来山跋）という発句・連句集に友加の発句三句が入っている。同書の編者灯外は来山門とされ、「鸞栖」が俳友として挙げる其角と由平の句も載せる。友加も来山系の実在の俳人と思われ、「鸞栖」と実際に交友があった可能性がある。

「鸞栖」に名の似る「栖鸞」なる俳人の句が、「正徳二年謡初」（正徳二年〔一七一二〕刊、寿静楼主人編）、「享保十乙巳暦歳旦」（享保十年〔一七二五〕刊、寿静楼如夕編）という刷物(10)に載るのを見つけたが、やや年代が合わないか。

今のところ、「鸞栖」（作者の自画像）にはこれ以上近付けず、「紫竹堂鸞栖」が作者夜食時分の自画像の反映である可能性の高いことを追認するに留まる。

二　笑話としての性格

『万金丹』序文によると、薬めいた書名は「読めば気の尽きがはるゝ」という意味が込められているという。次作の『敗毒散』も同様である。ほぼ全章の末尾にオチが設定された笑話仕立てであることからも、読者に気晴らしの〈笑い〉を提供しようという作者の意図が窺われる。(11)

『万金丹』の幾つかの章のオチが当時の噺本などに類話を求め得るであろうことは野間氏の指摘があり、(12)岡田氏は『万金丹』巻四の三の無筆の人がそれを悟られまいと苦しい言い訳をする話が先行の噺本『当世手打笑』（延宝九年〔一六八一〕刊）と『軽口露がはなし』（元禄四年刊）に見えることを指摘している。(13)

『万金丹』『敗毒散』の多くの章は末尾にオチ（サゲ）を備え、噺本と似る面が大きい。例えば、『万金丹』巻二の一は次のような話。

大坂新町の堺屋の太夫小太夫は、ある夕暮れ、言い寄って来た二十五、六歳の美男を素っ気なくあしらう。男は「身なりの良い男に靡く君に対して、情けごかしは通じませんね」と立ち去ろうとする。小太夫は「遊女だからといって、金持にばかり靡《なび》くわけではない。身は売っても心までは売りません」と言って男を呼び戻し、一度だけの枕を交わす。男は自分が在原業平の化身だと明かし、小太夫を「真《まこと》の情け知り」と誉め、小太夫の今後の幸福を請け負う旨約し消え去る。その後、急に小太夫は身請けされることとなった。

　そもそも小太夫は日頃より心優しく、且つ歌道に心を寄せ、馴染み客が亡くなったのを悼んで歌を詠んだりしていた。ある時「遊女を『流れの身』と称するのは、どの歌書から出た言葉なのか」と尋ねられ小太夫は答えた、「遊女が内証の当てがはずれて手持ちの道具を質に置くと流れてしまう悲しい身ゆえ」。

遊女の「流れの身」と「質流れ」を掛けた秀句のオチである。

この「流れ」の地口オチは、噺本にしばしば用いられる。

　美濃の岐阜に、宗湖とて連哥の上手、家まどしかりし。堀池といふ福人のもとに質を置《おき》、毎年うくる事なく過し、此冬の小袖をば、なにとかせんとおもひつらね、

　　倉の内にいかなる河のあるやらん
　　　我がおくしちのながれぬはなし

是を送りあれば、堀池、詩つくつて酒をかはれたる盧山《ろさん》の遠公にも、心さまにたりといとおしがり、しちになにやらんそへて、もどしたるときく。[14]

（『醒睡笑』〈元和九年〔一六二三〕序〉巻五「婲心」の42）

『万金丹』より時代が下るが、『水打花』〈正徳・享保頃刊〉巻二・『近目貫』〈安永二年〔一七七四〕刊〉・『管巻』

（同六年刊）・『会席噺袋』（文化九年（一八一二）刊）中之巻・『新版一口ばなし』（天保十年（一八三九）頃刊）十三編・『噺の魁二編』（同十五年頃刊）等にも、「流れ」の同音による地口オチがある。

『万金丹』巻二の四のオチは、長老が破戒僧である寺の火事で、霊宝が皆焼けたのに遊女から長老宛の手紙だけが焼け残ったことを見舞い客が不思議がると、若い修行僧が「『濡れ』の文《ふみ》ゆえ、焼けぬが道理」。『万金丹』巻四の三のオチは、字の読めぬことを苦にした遊女が医者に何か無筆に効く薬があるかと尋ねると、医者が「土筆《つくし》を薬食いにせよ」。いずれも言語遊戯による軽妙なオチと言える。

秀句・地口をはじめとする言語遊戯によるオチは、落語のオチの典型的な形であり、元禄期の上方を中心に全盛を極めた軽口本（噺本の一種）では、言葉の洒落（秀句・軽口）を用いた所謂「地口オチ」が多い。『万金丹』巻二の一が、小太夫の台詞ですとんと下げる形になっていることも、落とし噺や落語と近似する性質の一つである。

下がかりのオチでは、『万金丹』巻二の三、火葬場の隠亡（死体を処理した賤民）が、火葬した骨の喉仏の形状から「尻からげしているような形は、駕籠舁きや酒杜氏の力仕事」というふうに生前の職業がぴたりと分かると自慢するものの、「松茸売りの喉仏と張形屋の喉仏は紛らわしい」。男性器と松茸の形が似ていることによる、下がかりの定番とも言え、『醒睡笑』巻三「清僧」の4・『近目貫』・『豆だらけ』（安永四年（一七七六）刊）・『御笑酒宴』（同八年刊）・『金財布』（同十年刊）など、噺本に多数見える。

オチではないが、『万金丹』巻四の三に、遊女の放屁を見咎めた男が、当該の遊女から口止めのため衣裳に加え「よい事」をしてもらう話が載る。遊女の屁も、タブーであるだけに噺本のネタになり易く、放屁した遊女が太鼓持に罪をなすり付けてごまかそうとするといった筋立てで、噺本の『楽牽頭』（明和九年（一七七二）刊）・『坐笑座』（安永二年刊）・『飛談語』（同年刊）・『近目貫』等にある。

その他、素材として、『万金丹』巻二の四の僧侶の好色は多くの噺本のネタとなっており、『敗毒散』巻二の三、生まれたばかりの赤子がしゃべって誕生前（母親の腹内）のことを覚えている話は、噺本『恵方棚』（文政二年〔一八一九〕刊）にある。いかがわしい骨董品が『万金丹』巻四の四（能因法師と加久夜節信《かくやせつしん》が出会った時に見せ合った、長柄橋の鋸屑と井手の蛙《かわづ》の乾物）・『敗毒散』巻三の二（業平が斎宮に逢った際に歌を書き付けた盃、源義経が島原に通った時に被った熊谷笠など）に出るが、『聞上手』（安永二年刊）・『再成《ふたたび》餅』（同年刊）など、インチキな小道具は噺本にしばしば登場する。

次に、『万金丹』巻三の三の話、

馴染みの大尽が急用で国元に帰ることになり、太夫は別れを悲しんで泣く。大尽も愛おしんで、置土産として壱歩金の雨を降らせる。その直後、太夫に言い残したことがあり大尽が座敷に戻って見ると、遊女はけろりとして金を数えていた。

は、『飛談語』「小粒」の、遊女が客の前で一歩金を見ても「これは薬か」と知らぬふりをするが、客が忘れ物をしたため部屋に戻って見ると、遊女は熱心に金勘定をしていた話と酷似。『敗毒散』巻三の二の話、

羽振りの良い大尽が太鼓持十人に手厚い世話をしてやっていたが、大尽が隠居して、太鼓持達は見放され手前不如意となってしまう。この大尽の惣領が成人し、元服と家督相続の祝宴が催される。太鼓持達は若旦那を廓遊びに引き入れて再び良い目を見るべく、各人様々な引き出物を持参して若旦那の御機嫌を伺う。ところが、息子は父親と違って吝嗇で、引き出物を貰っただけで、太鼓持達には何の音沙汰もなかった。

太鼓持の当てがはずれるのは、『鹿の子餅』（明和九年刊）「索頭持」の、国元へ帰る西国の大尽を太鼓持達が祝儀を期待して揃って見送るけれども、何の祝儀も出ない話と同想。『万金丹』巻三の三で、「反魂香の秘術」と称して、太

鼓持が茶漬け飯を供えると、その湯気の中に亡き太夫の姿が現れる。反魂香の煙を遊女の馴染む茶漬け飯の湯気に変えた点が面白みだが、反魂香のネタは『聞上手』（落語「立切れ線香」の原話）等に見える。

これらは、特に直接の影響関係を指摘したいわけではない。笑話は類話を繰り返し用いる場合が多い上に、書物からでなく咄の会など口頭・伝聞の形で咄が伝わる場合もあろう。問題としたいのは、夜食時分の浮世草子の持つ笑話性の強さである。

夜食時分自身、『座敷ばなし』という噺本も著している。これと『万金丹』『敗毒散』を比べてみる。

『座敷ばなし』

巻二の七・巻二の八、女郎の屁がネタに（本文の一部欠落）……『万金丹』四の三と共通。

巻二の十一、遊女同士が茶漬けの菜のことで喧嘩し不仲……『敗毒散』巻一の三と、遊女と茶漬けの縁深さに焦点を当てるのが同じ。

巻四の九、後生嫌いの親父に対して、息子は信心深い……『敗毒散』巻四の一、大富豪の孫が遊里通いを全く咎められないゆえ却って拍子抜けしてつまらなくなり、「気詰まりになるように、寺参りがしたい」と嘆くオチに似て、逆転の面白さが通う。

巻四の十一、いかがわしい寺宝（中将姫の針箱、元三大師の匂袋、役行者《えんのぎょうじゃ》の尺八、善光寺の如来の真筆）……『敗毒散』巻三の二、インチキな骨董品と共通。

巻五の七、馴染みの遊女が死んだことを嘆く男の夢に、遊女の幽霊が現れて冥途の有様を語り、男のことを懐かしむ……『敗毒散』巻一の三・同巻二の一にも、遊女の幽霊が登場（詳しくは後述）。

このように、複数の話柄・素材が共通する。『万金丹』『敗毒散』両作の笑話性の強さ、噺本への接近を示す証左の一つと言って良い。

更に、話柄全体の面から、夜食時分の浮世草子と噺本を比較検討してみよう。そのためにまず、噺本の話型について確認しておく。噺本のモチーフにつき、先学の複数の分類の試みがあるが、中でも浜田義一郎氏と武藤禎夫氏による分類は、最も細かく、且つ多くの噺本を対象にしている。そのモチーフ分類は次の通り。

Ａ〈愚人譚〉道理知らず・作法知らず・言葉知らず等、生来の愚人・低文化人に対する優越の笑い。（傍点稿者。以下同様）

Ｂ〈性癖譚〉吝嗇・粗忽・かつぎ屋・自慢・癖等、ある性質だけ常軌を逸した、いわば部分的愚人に対する笑い。

Ｃ〈状況愚人譚〉熱中興奮しての没合理な言行・苦しい言い訳・あて外れ・勝手な論法・あべこべ等、ある状況に際して不用意にまたは興奮狼狽して一時的にする愚人的言動に対する笑い。

Ｄ〈巧智譚〉頓智・洒落・見立て・狡猾者譚等による笑い。

Ｅ〈誇張譚〉非現実的なまでの誇張による笑い。

Ｆ〈雑〉Ａ～Ｅに収めにくい性・排泄の咄。[15]

この分類を、仮に夜食時分の浮世草子二作に当て嵌《は》めてみると、どうだろうか。勿論、笑いとは甚だ主観的なものであり、何をもって笑いの主たる対象と見るかは個人差が大きい。よって決して厳密とはなり得ないが、『万金丹』『敗毒散』の各章について、その話が笑いを齎《もたら》すと思える場合に右のＡ～Ｆのいずれかの話型に当て嵌められないか、試みてみる。

Ａ〈愚人譚〉『万金丹』巻四の二（金持の馬鹿息子が初めて色遊びをし、安女郎を買って一歩金を出す。釣り銭を渡そうと遣手が追い掛けるのを代金不足と勘違いし逃げた挙句、身を投げて死んでしまう）

B〈性癖譚〉『万金丹』巻二の二（大尽が馴染みの遊女を借りるための加勢に二十六人の車力を集め、各人に五十両ずつ褒美を撒く）、同巻三の三（薄情けで金目当てである遊女の内実が、客にばれる）、『敗毒散』巻一の三（反魂香ならぬ茶漬け飯の湯気で、亡き遊女の姿が現れる）、

C〈状況愚人譚〉『万金丹』巻一の一（美人の女房を持つ男が揚代不要で得をしたと思ったら、房事過多で腎虚となり却って治療費が嵩《かさ》む）、同巻一の二（遊客達が評判の占い師に気になる遊女の身の上を占わせたところ、自分達についても「どの遊女と逢うにしろ分不相応な遊びをすると必ず破産」と宣告を受ける）、同巻一の三（亡き太夫を供養するための諷誦《ふじゅ》の願文が高僧に詠まれることであの世へ届くと聞き、呉服屋が「太夫の未払いの呉服代も読み上げてもらったら、代金を徴収できるだろうか」と言う）、同巻三の一（遊女が身揚がりの大借金返済のため、全国の嘗ての馴染み客へ無心の手紙を出す。送料を惜しんで諸国奉加に回る老人に手紙を託したところ、大金が集まるものの老人が大仏への寄進と勘違い）、同巻四の一（遊女が嘗ての馴染み客と偶然再会し揚屋で過ごすが、男は「自分はこの世の者でない」と明かし、「幽霊で一文無しゆえ、揚屋代はそなた持ちで」）、同巻五の一（大尽が田舎へ帰る際、大坂新町の揚屋の庭の土を所望。訳を尋ねられ、「子の誕生時の胞衣《えな》をその土に埋めると、子は粋《すい》になる」）、同巻五の三（紙屑の焦げる匂いを火葬の匂いと勘違いして無常を観ず）、『敗毒散』巻一の一（馴染み客が実父だと知った遊女が、近親相姦の罪よりも痴話喧嘩で背中を踏んだ不孝を恐れる）、同巻一の二（男の病が治ったのは妻が愛染明王に祈願した御蔭と思いきや、「妻には二心《ふたごころ》があり、命拾いは誠ある遊女の願立ての御蔭」と愛染明王のお告げで露呈）、同巻二の一（好いた男を巡って取り殺し合った遊女と妻の幽霊同士が、あの世でさっぱりと恨みも消えて親しくなった上に、自分達の身上を芝居にして欲しい旨望む）、同巻三の一（船遊びする大尽が、貧乏で野暮な老人と侮り、蜆取りの老人に声を掛ける。これが実は恋文の封じ目に記す道祖神

で、逆に色道の奥義を教えられる）、同巻三の三（太鼓持達が若旦那へ献上品を捧げ廓通いに引き込もうとするが、若旦那はケチで祝儀すらもらえず）、同巻四の一（金持の若主人は、色遊びを全く咎め立てされないため逆に拍子抜けしてつまらなくなり、「気詰まりな寺参りがしたい」と嘆く）、同巻四の二（息子が遊興費に困り家の金を盗もうとして、泥棒と思った父が鑓で突く。息子は臨終の際、馴染みの遊女の明日・明後日の予約を破約してくれるよう遺言）、同巻四の三（慈悲ある破産調停が、遊女の口利きでうるさ型の債権者にも納得してもらえて実現。債務者はその遊女に礼を言おうと初めて色里に行って色に嵌まり、今度は完膚無きまでの破産）、同巻五の二（遊女の離魂病の治療を頼まれた医者は、「一方を太夫に、もう一方を曳舟女郎にすれば良いので、治療は不要」）

D〈巧智譚〉『万金丹』巻二の一（「流れ」の地口）、同巻二の四（遊女の「濡れ」の文のみ火事で焼けず）、同巻三の二（遊女達が集まって歌仙俳諧。執筆《しゅひつ》役の太鼓持が遊里に即した滑稽な新式目を定める）、巻四の三（無筆を直すため「土筆の薬食い」）、同巻四の四（雪女の禿《かむろ》は霰《あられ》）、『敗毒散』巻三の三（廓中で夜中に遊里絡みの色々な化物達が出現。金箱の化物を「金持の精霊」かと思ったら、実は「遊女達の借金の精霊」）

E〈誇張譚〉『敗毒散』巻二の二（遊蕩で破産した男が、吉祥天から伝授された縁切り薬を売り出し、評判に。客が減って困った色街の者達は男に対し「毎月大金を払うから薬を売らないでくれ」と懇願）、同巻二の三（遊女が種の異なる双子を産む。父同士が恋敵で意趣ある仲ゆえ、生まれたての子同士も名乗り合った末に喧嘩。負けた方は投げられて死に、勝った方も「人を殺めた上は」と産湯へ身を投げ自害）

F〈雑〉『万金丹』巻二の三（松茸と張形の似る下がかり）、同巻三の四（夫に孝を尽くす妻の功徳で、銀の尿瓶《しびん》を掘り当てる）

このように、ほとんどの章（『万金丹』は全二十話中の十七話、『敗毒散』は全十五話中の十三話）が笑話のいずれかのモチーフに分類でき、[16] 両作の噺本との距離の近さが窺い知れる。尤も、前述の通り笑いとは主観により見方が変わるもので、実際どのモチーフに分類すべきか迷う場合もあった。実はこの、複数のモチーフを兼ね備えるという点も重要である。

浮世草子の一章は、噺本の簡潔な一話（小咄）に比べると長くてストーリー性に富むため、一話の中により複数の笑いの要素を含んでいる場合がある。例えば、『万金丹』巻四の三の話。

　無筆の遊女が、ある客から目の前で起請文を書くよう要求される。字が書けないと言うのは恥ずかしく、困った末に「嘘のない証拠に」と小指を切って男に投げ付ける。客は遊女の無筆を笑い、「不器用な指は要らぬ」と小便擔子《たご》へ捨てて帰る。遊女も自分の無筆を悔やんで、字の書けるようになる薬はないかと医者に尋ねる。医者の答えは「土筆《つくし》を薬喰いにし給へ」。

「土筆」の用字による言語遊戯のオチは、D〈巧智譚〉に当たる。しかし、遊女が切羽詰まって事の軽重の判断を誤り、無筆を知られまいとして掛け替えのない指を切ってしまう話、あるいは、遊女が客をたらすはずなのに、逆に客に遊女がなぶられる、あべこべのおかしさの話と見れば、C〈状況愚人譚〉に当たる。それにしても、笑話にしては本話は後味の悪い話である。男は遊女の無筆を知っていて遊女を追い詰めて笑い物にしていると読め、馴染みの遊女をそこまで冷徹になぶる点は、異常性格のB〈性癖譚〉も兼ねるかもしれない。本章のみならず、幾つもの章がA～Fの中の複数の笑いの要素を合わせ持っている。[17]

　以上から、夜食時分の浮世草子の笑話性の強さ、及び噺本との距離の近さは明らかだろう。

三　気質物との関係

噺本と関係の深い浮世草子ということで言えば、江島其磧の気質物、特にその代表作である『世間子息気質』（正徳五年〔一七一五〕刊）・『世間娘気質』（享保二年〔一七一七〕刊）・『浮世親仁形気』（同五年刊）の三作が想起される。稿者は以前、其磧の気質物と噺本との近さを指摘する先学の論[18]に導かれ、其磧の上記三作や続く多田南嶺の気質物作品四作（『鎌倉諸芸袖日記』寛保三年〔一七四三〕刊）・『大系図蝦夷噺』（延享元年〔一七四四〕刊）・『教訓私儘育《わがままそだち》』（寛延三年〔一七五〇〕刊）・『世間母親容気』（宝暦二年〔一七五二〕刊）の諸作品の、ほぼ全ての章が先のA〜Fの噺本のモチーフのいずれかに分類でき、噺本と非常に近い関係にあることを検証した。[19]

噺本との近似の点で、夜食時分と気質物とは共通する。其磧が自作の典拠として『敗毒散』を多々利用していることは先学の指摘するところであり、其磧が気質物を創始する際に夜食時分から大きく影響を受けたことは確実である。まさに、噺本への傾斜の点で「夜食時分は其磧に先んじた存在[20]」であり其磧が夜食時分から受けた影響は大きいという、岡田氏の指摘は正しい。

しかし、『万金丹』巻四の二の愚かな息子を主人公とする笑話が、其磧気質物を生む直接の要因となったかとする見方は、肯んぜられない。『万金丹』巻四の二は、母親が茗荷を食す夢を見て懐胎した生来の愚か者の「近隣に隠れなき虚介《うつすけ》」が主人公。夜食時分の浮世草子両作中でも珍しい、A生来の愚者を笑う〈愚人譚〉である。

一方、気質物は噺本と異なり、A生来の愚者を笑う〈愚人譚〉は少ない。気質物の主人公達は、B何か一つ偏執と言うべき性癖を持つ人物〈性癖譚〉、あるいはCその場の状況で我知らず不合理・不条理な言動を取ってしまう人物〈状況愚人譚〉である。[21]

夜食時分の作もⒸ〈状況愚人譚〉が圧倒的に多いことや、其磧が『世間子息気質』にほぼ丸取りする『敗毒散』巻四の一がⒸ〈状況愚人譚〉であることからも、『万金丹』巻四の二ではなく、夜食時分の浮世草子全体の特徴、具体的には笑話性の高いモチーフと構成や、Ⓒ〈状況愚人譚〉を主とする笑いから、其磧は強い影響を受けたのだろう。

そもそも、世の中に生来の愚者というのはあまり多くはない。それに対して、何か人と異なる性癖（癖・志向・趣味・執着心・劣等感など）を持っていたり、時として不合理な行動を取ってしまったりする人物は多い。読者の身近にもいるだろうし、読者自身もそんな自己を自覚しているかもしれない。生来の愚人を笑うことの多い、一話が非常に簡潔な噺本よりも、浮世草子のⒸ〈状況愚人譚〉やⒷ〈性癖譚〉は、世間にありがちな笑いの中に人間の心のひだを描出可能である。

西鶴の強い影響を受けながら、八文字屋との抗争期に、読者を強く意識して新機軸の作を模索していた其磧は、噺本と近似しつつも噺本とは異なる笑いの要素を持つ点で、夜食時分に惹かれたのだろう。

では、夜食時分の作と其磧の気質物との違いは何だろうか。ここでは、夜食時分の作の側から、且つ笑話性に焦点を当てて考えてみたい。

細かな点を言えば、夜食時分の作には下がかりの笑いを含むが、其磧の気質物には見られない点や、夜食時分にはほとんど見られない誇張譚が其磧では増える点に気付く。夜食時分の二作が書名に「好色」と冠し、好色物の流れに属するためだろう。夜食時分の作は遊里・遊女の実態を穿つ描写を含む話も多く、大きく誇張してしまっては、実相から離れてしまう。

より大きな相違として、中国笑話との関係と怪異性の有無の二点を挙げることができる。まずは、前者、中国笑話の利用に関して。夜食時分の作には、管見の限り、明確に中国笑話に取材したと判断できる話が見当たらない。僧侶の好色（『万金丹』巻二の四）やインチキの古道具（『敗毒散』巻三の二）等の素材は『笑府』などの中国笑話に非常に多く見られるけれども、日本の笑話も同様であり、僧侶や医者がしばしばネタにされるのは、和漢を問わず笑話の特徴と言える。（同じ知識人でも中国と違い、日本では役人・学者はほとんど俎上に載せられない。）それに対して、其磧の気質物の中の複数の話は、明代末期成立の『笑府』(22)（馮夢竜撰。全十三巻）に代表される中国笑話を原話としており、（直接的か間接的かは俄に断じ難いが）影響関係が認められる。南嶺の気質物も中国笑話に取材しており、『五雑組』をほぼ丸取りする話もある。(23)

夜食時分は相応の知識人でもある俳諧師だったと想定されており、明代成立の類書である『琅邪代酔編』(24)（張鼎思編。全四十巻）から直接取材している（『敗毒散』巻五の二）旨の指摘がある。(25)神道や有職故実の講釈を行った南嶺はともかく、其磧に比べて夜食時分が教養・素養の面で劣っていた訳ではあるまい。だとすると、夜食時分と気質物の取材範囲の相違は、二十年程の時代差によるのか、作者の資質によるのか、興味深い。

次に、怪異性に関して。夜食時分の作には、幽霊・妖怪、神仏の霊験といった怪異性・奇談性を多く含む。これに対し、其磧の気質物に怪異性・奇談性は乏しく、あくまでも人間社会（世間や人間関係）に立脚した笑話である。

夜食時分の作の怪異性を挙げてみよう。

『万金丹』巻一の四（客の男の生き霊若しくは幽霊）、巻二の一（業平の幽霊）、巻三の四（呪詛の方法。妻の生き霊）、巻四の一（客の男の幽霊）、巻四の四（雪女）

『敗毒散』巻一の一（愛染明神による告知）、巻一の三（遊女の幽霊）、巻二の一（遊女の生き霊と幽霊、妻の幽霊）、巻二の二（吉祥天の霊験）、巻二の三（双子の鬼子）、巻三の一（恋文の封じ目に記す道祖神の精霊）、巻三の三（松の精、酒の精、吸物の精、延紙の精、下紐《ゆぐ》の精・借金の精など、遊里に縁ある色々な精霊）、巻五の二（黒猫の背中に文字、遊女の幽霊と生き霊、人面瘡、腹中でしゃべる虫、轆轤首《ろくろ》、離魂病）『万金丹』は全二十章中の五章、『敗毒散』は全十五章中の八章に、怪異色が見える。

このうち、二、三につき取り上げ、若干の考察を加える。一つは、『万金丹』巻四の四の雪女の話。

俳諧師の紫竹堂鸞栖は雪の降る晩に新町の西を散策。まだ振袖姿の遊女が禿《かむろ》一人を供《とも》として歩くのに出くわす。鸞栖が口説くと女は靡き、一夜を共にする。夜が明けて急ぎ立ち去る女は、自分が雪女だと明かして消えてしまう。禿も霰と名乗り消える。

本話は、主人公鸞栖の素性につき不釣り合いな程詳しく記す点や、取って付けたようなオチの前まで笑いの要素が薄く幻想的な点など、作中目立つ異色の話で、前述の通り「鸞栖」は作者の自画像を反映させた人物と見る説が有力である。

本話についてはまた、雪女の造型が先行する複数の雪女譚（能「雪鬼」、能「雪翁」（雪女とも）、仮名草子『雪女物語』）や、俳諧における雪女の美しくはかないイメージなどを採り入れつつ成ったものであることが、既に指摘されている。[26] 雪女譚の系譜を見ると、雪女が遭った男を取り殺す恐ろしいイメージは小泉八雲（ラフカディオ・ハーン）の『怪談』以降に固まったもので、元禄期より前は必ずしも人を害するイメージではなかったであろうことが指摘されている。[27] 元々雪女には「山の神」のイメージが重なっており、人に幸いを齎す性格も有していたという説も有力である。もしそうだとすると、「鸞栖」が雪女と幻想的な出逢いをする筋立てには、作者が自身の幸いを予祝する意図があったとも思える。

更に想像を逞しくするならば、能「雪鬼」に見える雪女が在原業平と契った説話は鎌倉末期にまで遡《さかのぼ》ることができ、室町期にはかなり広く行き渡っていたという指摘もある。[28] 『万金丹』巻二の一には業平の幽霊と契って幸いを得る遊女の話が載る。業平像が神格化され男女の縁を結ぶ陰陽の神、契った女を救う菩薩の化現といったイメージが当時かなり定着していたことに拠る設定とは言え、ひょっとしたら先に読者に業平を意識させておいて、雪女と契る「鸞栖」（自画像）に色男業平を重ねて見せる遊びを、作者はここで講じているのかもしれない。[29]

また、遊女の生き霊や幽霊の話が幾つも存在する（『敗毒散』巻一の三、同巻二の一、同巻五の二）ことは、注目される。近世の怪異譚に女の幽霊は多々出て来るけれども、遊女の幽霊はあまり多くない。それは、当時の遊女の性格やイメージ――一般に、〈男をたらし、誠の薄い存在〉とされたため、男に対して霊となって取り憑く程執着するようなイメージが乏しかった。プロの遊女は客の男に対して本気になってはならぬとされた。男の側から遊女と離れても良心の呵責をあまり持たずに済んだ――が、遊女の幽霊の少なさの原因だろう。[30]

遊女と幽霊が結び付きにくい中、これだけ多く遊女の怪異譚を採り込んでいることには、作者のかなり明確な意図が窺われる。遊里・遊女を扱う好色物である関係上、客の男の幽霊も作中に複数登場する（『万金丹』巻一の四、同巻四の一）。これらを通観すると、一般的な客と遊女の関係の逆転した笑話が多い。夜食時分が影響を受けたとされる『諸艶大鑑』の巻二の八「百物語に恨が出る」の客達の幽霊は、自分をたらした遊女を恨んで出て来ていながら、「揚屋の勘定の残りは」という遊女の一言で退散させられている。夜食時分の作中では、逆に客の幽霊から遊女がたらされたり、諭されたりという構図である。他にも逆転の設定は多く見られ、〈あべこべ〉の笑いという点でも、其磧気質物へ影響を与えた可能性が高い。

『敗毒散』巻三の三で廓で夜中に遊女絡みの諸道具の精霊が列を成して現れるのは、おそらく百鬼夜行のパロディーだろう。同話は金箱の化物が実は「借金の精」という、どんでん返しのオチ。同巻五の二は遊女を巡る様々な怪異や奇病を並べた末に、離魂病（影の病）は太夫と曳舟がセットになって却って得、という馬鹿馬鹿しいオチで下げる。いずれの怪異の話も、作品自体が笑話志向で成り立っているのだから当然のことながら、当時の怪異譚の持つ恨み・復讐・執着といった要素は払拭され、明るい笑い話となっている。

これを小説史の中で見ると、怪異と笑いの融合という点で重要である。近世後期の黄表紙や合巻の妖怪物で〈怪異の滑稽化〉が定着するより前に、浮世草子怪異物の中に笑いの要素を大きく採り入れた『怪談御伽桜』（俳諧師都塵舎雲峰作、元文元年か二年〔一七三六、一七三七〕刊）という作があり、怪異と笑いを融合させる結節点ともなった可能性のある作品として注目される。[31] 夜食時分の浮世草子は、笑いと怪異の融合を、『怪談御伽桜』に先行して試みた作と言える。

おわりに

以上、夜食時分の浮世草子の笑話志向の強さ、噺本との類似を検証し、其磧気質物と比較すると共に、怪異と笑いの融合に注目すべき点を述べた。

最後に、二作の作風について。稿者は『万金丹』『敗毒散』を区別せず同じ作風の作として扱って来たが、先学の論の中には、両作の刊行年時の開きもあることから、後に出た『敗毒散』の方が深まりや落ち着きの見える作とする見方がある。

稿者の今の考えでは、『敗毒散』には甚だしい現実離れの話（巻二の三、双子が誕生後すぐに決闘）などもあり、一概に作の深まりを認められるかどうか、判じ得ない。ただ、『万金丹』の特に後半、巻四の四以降や『敗毒散』は、筋立てにあまり関係なく取って付けたようなオチを末尾に添える構成は少なく、話全体の趣向・筋立てによって笑いを醸し出す話がほとんどになる。また、『万金丹』に比して『敗毒散』では怪異色が増す。

そして何より、『敗毒散』には巻四の三（ちょっとしたきっかけから遊蕩に嵌まってしまう、男の心のもろさ）や、巻五の三（男が不誠実と見せておいて、懸命に働き、恩義ある遊女と妻に恩返しする）といった、主人公像を通して人間のもろさや誠実さに触れる内容となり得ている話が存在する。このように、笑いの中に〈世の人心〉描出の可能性を垣間見せているところが、西鶴信奉者たる其磧が夜食時分に惹かれた大きな要因ではなかろうか。

作者の素性や、中国笑話への取材等の問題については、稿者の調査不足もあり、今後の課題としたい。

〔注〕

（1）野間光辰氏『〈日本古典文学大系91〉浮世草子集』「解説」（昭和41年、岩波書店）。

（2）山口剛氏『〈日本名著全集　江戸文芸之部9〉浮世草子集』「解説」（昭和3年、日本名著全集刊行会。『山口剛著作集第2巻』（昭和47年、中央公論社）等に再録）。市川通雄「『好色万金丹』について」（『文学研究』40号、昭和49年11月。『西鶴以後の浮世草子』（昭和58年、笠間書院）に再録）、同「『好色敗毒散』について」（『文学研究』57号、昭和58年6月。『西鶴以後の浮世草子』に再録）。

（3）注（1）に同じ。

（4）長谷川強氏『浮世草子の研究』（昭和44年、桜楓社。平成3年に再刊）58・249頁。

（5）長谷川氏『〈日本古典文学全集37〉仮名草子集　浮世草子集』「解説」（昭和46年、小学館。平成12年に『〈新編日本古典文学全集65〉浮世草子集』に改編し再版）。

（6）篠原進氏「『世間子息気質』論」（『弘前学院大学・弘前学院短期大学紀要』15号、昭和54年3月）、同

「変形運動《デフォルマシオン》としての〈仕掛け〉――『和漢遊女容気』の方法――」（『日本文学』31巻7号、昭和57年7月）。

（7）岡田純枝氏の「『好色万金丹』試論」（『二松』16集、平成14年3月）、「『好色万金丹』巻二の一の一考察――『好色一代男』の受容方法とオチの分析を中心に――」（『二松』17集、同15年3月）、「『好色万金丹』巻四の二の一考察――「むすこ」をキーワードとして――」（堀切実氏編『近世文学研究の新展開――俳諧と小説――』同16年、ぺりかん社）、「趣向としてのインセスト――『好色敗毒散』巻一の一に関する一考察――」（『二松』18集、同16年3月）等の論。岡田氏は複数の論の冒頭で先行研究の丁寧な整理を行っており、本稿もそれを参考にした。

（8）『万金丹』の本文の引用は、（1）の『〈日本古典文学大系91〉浮世草子集』に拠り、旧字体を新字体に改め、原則としてルビは省いた。以下同様。

（9）雲英末雄氏監修、佐藤勝明・伊藤善隆・金子俊之氏編『元禄時代俳人大観』全3巻（平成23年、八木書店）。

（10）どちらも愛知教育大学図書館所蔵。同館の機関リポジトリにより画像がインターネット上に公開されている。

（11）『万金丹』と『敗毒散』の作風について、野間氏は、両作の刊行年時に隔たりのあることに注目し、作者の作風の変化を認め、『敗毒散』は『万金丹』同様に才気立った軽妙さを示しつつも、「洗煉と落着きをさえ加え」、「同じ色の世界に取材しながら、むしろそこに集約せられた人間の愚かさ、世の中の物の哀れを描き出している」と評価している（注（1）の解説、19頁）。長谷川氏も『敗毒散』の方が「行文に磨きがかかり、皮肉味を増し人情味をも加える」とする（注（5）の解説、564頁）。しかし、本稿では、噺本との類似性という点が両作に共通して見られることから、両作の作風を一致したものとして扱っている。

（12）注（1）に同じ。

（13）注（7）の「『好色万金丹』試論」。
（14）『醒睡笑』の本文の引用は、『噺本大系第二巻』（昭和51年、東京堂出版）に拠り、一部のルビを省き、濁点を補った。
（15）浜田義一郎・武藤禎夫氏編『日本小咄集成』下巻（昭和46年、筑摩書房）「解説」354～359頁。
（16）『万金丹』巻一の四・巻五の四、『敗毒散』巻五の一・巻五の三は、笑話仕立てと思われない。『万金丹』巻五の二は、遊蕩の末零落した男が新町の片隅に店借りして、「好色七色」を五文で売る。その七品の中に「毛抜き」を含むと言うので、「毛抜きを五文で売っては割が合わぬ」と笑われ、「いや、損はしない。この毛抜きと申すは灰のことだ」。洒落かこじつけの言語遊戯のオチと思われるが、判然としない。
（17）比留間尚氏は「噺本の方法と表現技巧に関する一考察」（『国語と国文学』48巻10号、昭和46年10月）の中で、近世の小咄の滑稽の主題を次の如く分類される。
①社会的不適応・不調和が生む滑稽
②個人の性癖・性格から生じた滑稽
③洒落・頓才など文学的技巧から生じたおかしさ
④その他の滑稽
氏の分類に従っても、『万金丹』『敗毒散』のほとんどの章の中心的モチーフが①～③のいずれかに分類可能な点、また同時に、複数の章が①～③の滑稽の要素を併せ持っている点は変わらない。
（18）注（6）の篠原氏「『世間子息気質』論」、及び森耕一氏「『浮世親仁形気』論序説（2）」（『園田語文』4号、平成元年11月）。

(19) 拙稿「其磧気質物と噺本」(『国語と国文学』73巻12号、平成8年12月)、及び「南嶺気質物と笑話」(延広真治氏編『江戸の文事』同12年、ぺりかん社)。共に『江島其磧と気質物』(同16年、若草書房)に再録。

(20) 注(7)の岡田氏「『好色万金丹』巻四の二の一考察――「むすこ」をキーワードとして――」の論。

(21) 注(19)に同じ。

(22) 『笑府』は明代までの中国笑話を集大成した性格の笑話集。近世初期に日本に輸入され写本にして読まれたらしいが、大きく日本の笑話へ影響を与えるようになるのは明和五年〔一七六八〕に抄訳本が版行されて以降のこととするのが通説。

(23) 注(19)に同じ。

(24) 『琅邪代酔編』は、多くの先行書籍から故事等の記事を集めて分類し検索し易く編集した類書の一つ。延宝三年〔一六七五〕に和刻本が出ている。

(25) 神谷勝広氏「浮世草子における『琅邪代酔編』利用――『和漢乗合船』『好色敗毒散』――」(『同志社国文学』70号、平成21年3月)。

(26) 注(7)の岡田氏「『好色万金丹』試論」の論。

(27) 雪女譚の系譜については、高崎正秀氏「雪女の話」(『國學院雑誌』44巻2号、昭和13年2月。『高崎正秀著作集第七巻　金太郎誕生譚』〈昭和46年、桜楓社〉に再録)、岡住留美氏「「雪女」考――溶ける女の系譜――」(『宇部短期大学学術報告』27号、平成2年7月)、徳江元正氏「「雪鬼」の周辺」(国立能楽堂調査養成課編『国立能楽堂上演資料集〈4〉雪鬼』平成5年、日本芸術文化振興会)、古橋信孝氏「雪女の系譜」(同上)、星瑞穂氏「近世前期の雪女像」(『藝文研究』(慶應義塾大)99号、平成22年12月)等に拠った。

（28）前注の徳江氏の論。
（29）業平伝説については、美山靖氏「月やあらぬ――近世文学と伊勢物語と業平伝説と――」（『皇學館大学紀要』7号、昭和44年3月）、伊藤正義氏「謡曲「杜若」考――その主題を通して見た中世の伊勢物語享受と業平像について――」（『文林』2号、昭和42年12月）、山本登朗氏「吉田山の業平塚」（『礫』200号、平成15年6月）、拙稿「豆男物の浮世草子――浅草や業平伝説との関係など――」（一柳廣孝氏監修・飯倉義之氏編『〈怪異の時空2〉怪異を魅せる』（平成28年、青弓社）等に詳しい。
（30）拙稿「浮世草子に見る遊女の幽霊――主として「誠」の視点から――」（『江戸文学』33号、平成17年11月）。
（31）近藤瑞木氏「滑稽怪談の潮流――草双紙に於ける浮世草子『怪談御伽桜』の享受――」（『人文学報』（首都大学東京）402号、平成20年3月）、拙稿「『怪談御伽桜』の破戒僧」（『國學院雑誌』114巻11号、同25年11月）、宮本祐規子氏「『怪談御伽桜』とその周辺」（『近世文芸』99号、同26年1月）。

〔付記〕
本稿は、平成二八年度科学研究費補助金（基盤研究C、課題番号二四五二〇二四四「東アジアの笑話と日本文学・日本語との関連に関する研究」）による研究成果の一部である。

噺本における構成と表現

藤井史果

はじめに

「噺本」は近世の初頭から幕末にいたるまで、盛衰を繰り返しながらも板行され続けた短編笑話集の総称である。断続的にブームとなる話芸に比べ、世間の耳目をひきつける華やかさはないものの、長く愛好され、絶えず作品が生み出されたことは、それだけ「文字を読んで笑う」という営為を人々がいつの世も求めてやまなかったことの証ともいえよう。

噺本に収載される笑話は当然のことながら、読み手の笑いを引き出すことを主眼としている。では、噺本の作り手たちは読み手から笑いを引き出すために、咄にどのような仕掛けを施していたのであろうか。この点については、これまで文体、笑いの要素や対象、そして表現手法など、さまざまな観点から分類が試みられている。ただし、これらは時期や地域、作り手を限定したものである場合が多く、多彩な様相を呈する噺本全体に敷衍することの可能な分類はほとんど存在していないといってよいだろう。

そこで本稿では、具体的な分類に至る前段階の〝咄の構成〟に注目し、噺本における新たな分類を試みたうえで、噺本特有の表現手法について検討してゆくこととする。

一、咄の構成

噺本に収録されている咄は、時代や板行された地域によってその性質も少しずつ異なっており、一様に論じることはできない。また、短編形式であるうえに作り手が明確でないものが多く、笑いという主観的な要素の強い主題をもつことも噺本の分類や研究を困難なものにしている要因の一つといえよう。しかしながら、この一見短所とも思われる部分こそが、噺本の大きな強みといえるのではないだろうか。近世に編まれた約一千二、三百種にものぼる噺本に収められた数多くの咄は、短編であるがゆえに、長編小説や記録からは見いだすことの難しい、庶民の日常感覚に寄り添ったささやかな笑いの豊かさを今に生き生きと伝える貴重な〝記憶〟資料となっている。

そこで、こうした噺本の特色を解明するため、ここでは咄の土台ともいえる構成に着目し、大きく「状況説明文」と「発話（または対話）」の二点に分けて検討してゆくこととする(1)。文体の相違にかかわらず、噺本における咄をこの二つの組み合わせのパターンとして考えると、概ね次の五つに分類することができる(2)。

①状況説明文のみで成立
②状況説明文と発話の組み合わせ
③状況説明文ののち対話で進行
④対話のみで成立
⑤滑稽対象の言動の直前に状況説明文を挿入

この五つの分類を念頭に調査を行うと、次のような傾向を見いだすことができる。

近世前期、おもに上方で板行された軽口本において圧倒的に多く見られるのが①と②である(3)。①の「状況説明文のみで成立」する咄は、とりわけ仮名草子との境界が曖昧な時期の作品に多く見受けられ、客観的な視点からの描写が特徴的な構成といえる。②の「状況説明文と発話の組み合わせ」によって構成されるものに関してはさまざまなパターンが存在するが、もっとも一般的な形は、「状況説明文→発話」が複数回繰り返されながら咄が展開するものである。

一方、近世後期、おもに江戸で板行された小咄本において多く見受けられるのが③と④である。江戸小咄本の始祖とされる『鹿の子餅』（明和九〈一七七二〉年刊）の出板を契機として、次々に板行され隆盛を極めた江戸小咄の多くが、その会話体を生かした簡潔な文体を踏襲していった。そのため、④のように詳細な状況説明を伴わず、対話のみで完成する咄も各作品において一定数確認することができ、江戸小咄を代表する特徴的な型の一つとなっている。ただし、圧倒的にその数が多いのは、③のように簡単な状況説明ののち、余計な叙述を交えずに対話のみでテンポよくオチへと進み、最後の一文も会話止めの形で簡潔に着地するものである。

そして時代を問わず共通して確認できる構成が⑤である(4)。上方軽口本では、滑稽対象、すなわち笑いの対象（またはそれに類するもの）の言動の直前であれば、状況説明文が位置を問わず複数箇所に挿入されるのに対し、江戸小咄本ではオチに該当する末尾の文の直前にのみ挿入される形が多い。また、咄の締めくくりがこの構成となっている場合は、さらに二つの傾向に分けられる。状況説明文が、滑稽対象とは異なる人物（事物）の様子を説明する場合と、滑稽対象のまさにオチ直前の様子を説明する場合である。前者は「よくよく見れば」「と言へば」のように確定条件の形で受け、オチの笑いを引き起こす直接のきっかけとなるものが多く、状況説明文の動作主とその後の言動の動作主（または正体）の異なる点が特徴である。一方、後者は、単なる言動の詳述ではなく、滑稽対象の表情やしぐさを簡潔に描写するにとどめている点が大きな特色といえよう。ただし、前者は特殊な例であり、その数もさほど多くはない。対話のみで構成される咄を除き、噺本において、断然大勢を占めるのは後者のパターンである。

舌耕者の話芸とは異なり、噺本ではその表情やしぐさといった、本来身振り手振りで示すことのできるものを文字で生き生きと表現する必要があった。咄の中でそれらの描写を引き受けているのが、まさに「状況説明文」といえる。この状況説明文は、作り手によってその配置や分量も大きく異なるが、短編という形式をとる「咄」において、それらはむしろ彼らの意識や個性、そして表現手法を看取できる数少ない箇所の一つといえる。

そこで、次節ではこの状況説明文における表現、とりわけ滑稽対象の表情やしぐさに注目し、読み手の笑いを引き出すために作り手たちが凝らした趣向について具体的に検討してみたい。

二、オチへと導く過程

噺本において、滑稽対象を描写するにあたり、作り手たちはじつにさまざまな表現を用いている。先述したように、一話が短く、取り上げる主題も多様な「咄」において共通する表現を見いだすことは容易ではない。しかし、咄の構成という観点から文中の状況説明文に注目し、そこに描かれる表情やしぐさについてみてゆくと、時代や作り手の異なる幅広い作品に共通して散見される表現を確認することができた。それが〝顔〟に関連する言葉である。

ここでは『噺本大系』(5)および『江戸小咄集』(6)に収められている噺本を対象として、「顔(皃・かほ)」またはそれに準ずる表現について検討したところ、さまざまな用例を確認することができた。なかでも複数の咄において頻繁に用いられている語彙を抽出してみると、「何くわぬ顔」「しらぬ顔」「腹立顔」といった現代でも常用される語から「さはがぬ顔」「ぬからぬ顔」「さあらぬ顔」「そらさぬ顔」「しすまし顔」といったとっさに想起しづらい語まで、統一性はないものの、特定の表現が繰り返し使用されていることがわかる。これらの語はもっぱら「で」「にて」といった助詞によって、滑稽対象の言動へと繋がれている。また、こうした〝顔〟の語を直接含まないものの、同様に表情を描写する語彙の用例として「まじめになり」(真剣な顔つきになって、の意)「ぶつてうづらにて」(憮然とした表情で、の意)といった言いまわしを確認することができる。このように咄の作り手たちが顔の表情や様子を紙上に写す際、好んで選び取った表現は、笑話と相性の良い語彙として徐々に定着していったものと思われる。

一般的に「顔」に関する語、またはそれに連なる慣用表現は噺本にかぎらず肯定的なものから消極的あるいは否定的なものまで現在も数限りなく存在している。しかし、右に挙げた例から、笑話における用例には、何くわぬ、さはがぬ、ぬからぬ、さあらぬ、など、とりわけ打ち消しの語を伴ったものが多く用いられていることが分かる。言い換えるならば、こうした一見笑いとは対極に位置するようにみえる言葉や表現の使用こそが、笑いを成立させる重要な要素であったと考えられる。滑稽対象が自身の言動の愚かさに気づかず、真剣であればあるほど、そして完全であると思い込んでいればいるほど、その可笑味は際立つのである。

こうして明らかになった語彙のなかで上方・江戸の別なく、もっとも多くその使用が確認できた表現がある。それが「ぬからぬ顔で（にて）」である。

では、この「ぬからぬ顔」が笑話において頻繁に使用され続ける要因は一体どこにあるのであろうか。具体的な用例およびそれに関連する同想話を通して検討してみたい。

Ⅰ．吝嗇家を笑う

ここでは吝嗇家、すなわち〝ケチ〟な人物を滑稽対象とする類話を中心にみてゆきたい。

A『笑府』巻八「刺俗部」（明末頃、墨憨斎主人編）

有造方便覔利者、遥見一人掲衣知必小解、恐其往所對隣厠、乃偽出恭者而先踞其上、小解者果赴巳厠、久之其人不覺撒一屁帯下少糞、乃大悔恨曰為小失大

B『軽口大わらひ』（延宝八〈一六八〇〉年刊、山雲子序）

第二巻十一　辻雪隠《つじせっちん》の事

或者《あるもの》、辻《つじ》に雪隠《せっちん》をたてたが、こやしがたまりて、ぎやうさん銭《せに》をもうけると語《かたり》ければ、とつとしハき男聞て、是ハあれにせんをこされたと思ひ、其となりに又雪隠《せっちん》を建《たて》けり。彼者《かのもの》おもふやう、けふよりハわが雪隠へばかり入のあるやうにせんとて、人だちさへあれば、人の雪隠へはいりゐて、人来ればせきばらいをして、隣《となり》へござれといへば、ひた物わがのへ行《ゆき》けり。是手《このて》を隣《となり》の者《もの》しりて、さてもむさき心かなと腹立《ふくりう》して、夜の間《ま》に行《ゆき》て、わが雪隠の板《いた》をふめばおちるやうにしてをきたり。これをばしらず彼男、又明《あく》る日雪隠へはいりければ、とんとはまりて、くそまぶれになりてはいあがり、はう〳〵やどへかへりければ、女房《にょうばう》みて、さて〳〵見ぐるしきありさまかな。是といふも心からぞと、はぢしめければ、ぬからぬかをにて、両の袂《たもと》よりくそをとりいだし、けがをしてもたゞハもどらぬ。是をみよ。洗沢《せんたく》ちんほどハしてきたぞといふた

Aは『笑府』に収められている中国笑話であり、Bは『軽口大わらひ』に収められている上方軽口咄である。この二話は、吝嗇家が肥料として売れば金になる「糞」を我が物にしようと、隣の厠へ用を足しにきた者を自分の厠へと誘導するため、一計を案じ自ら隣家の厠に籠るという手段に出るが最終的に失敗してしまう、という点で共通している。Aは、うっかり隣家の肥料に貢献してしまい「小のために大を失う」オチであり、Bは、隣家に計略がばれ、逆に嵌められて雪隠に落ちるという散々な目にあってもなお、袂に便を詰めて帰り妻に自慢する、というオチとなっている。長さやオチも異なるため、まったく同様に扱うことはできないが、このA・Bを比較すると大きく異な

るのがオチへと導く過程である。Aでは滑稽対象の動作や心情に関する状況説明は確認できるものの、表情に関する描写は一切見受けられないのに対し、Bでは笑いの要素の中心となっている亭主の徹底したケチぶりを強調するのに、何より大きな効果を発揮しているのが表情に関する描写なのである。ここでは「ぬからぬ顔にて」が、それに該当するのだが、この一言を挿入することで亭主のまったく懲りていない様を強く印象づけるとともに、誇らしげな口調の滑稽味をより際立たせることに成功しているといえる。

このBはAの翻案と考えられているが(7)、このように中国笑話を日本の咄に作り変える際、リアリティーを演出するため、作り手たちが意を用いたことの一つが、オチの笑いを担う人物、すなわち滑稽対象の「表情」の描出だったのではないだろうか。

次に、Bの「辻雪隠《つじせっちん》の事」と同様のモチーフをもつ江戸小咄を見てみよう。

C『鹿の子餅』（**明和九〈一七七二〉年正月刊、木室卯雲作、勝川春章画、鱗形屋孫兵衛板**）

○借雪隠《かしせっちん》

不忍弁才天《しのはずべんざいてん》の開帳《かいてう》、参詣《さんけい》くんしゆ。此嶋《このしま》はむざと小便《せうべん》のならぬ不自由《じゆう》。そこを見込《みこ》んで茶屋《ちやや》の裏《うら》をかり、かし雪隠《せつちん》。わけて女中《ぢよちう》がたの用《よう》が足《たり》り、一人前《いちにんまへ》五文《もん》づゝ、ときわめ、おびたゝしい銭《ぜに》もふけ。是《これ》よい思《おも》ひ付《つき》。おれも借《かし》雪隠《せつちん》と地面《ぢめん》の相談《さうだん》。女房異見《によぼうゐけん》して、最《も》はや一軒出来《いつけんでき》た跡《あと》、今建《いまたて》たとてはやらぬは見《み》へてある。ひらによしにさつしやれと、いへども聞かず。建《たて》た日《ひ》からの大入《おゝいり》。今《いま》まではやつた隣《となり》の雪隠へは、行人怪我《ゆくひとけが》に一人《ひとり》もなく、こつちばかりの繁昌《はんじやう》。女房不審《にようぼうふしん》し、どうしてこつちばかりへ人が来ますと聞《きけ》ば、亭主高慢鼻《ていしゆかうまんはな》に顕《あらわ》れ、なんと見《み》たか。あれハそのはづ。隣《となり》の雪隠《せつちん》へハ、一日おれが這入《はいつ》て居《ゐ》る本話は、明和八年三月に行われた不忍弁財天の開帳を題材とした際物咄である(8)。開帳に参詣者が押し寄せたため、それに目を付けた者が貸雪隠をはじめ、大繁盛する。それを羨ましく思った男が妻の制止もきかず隣にもう一軒雪隠を建てる。ところが妻の予想に反して夫の雪隠が大繁盛し、最初の雪隠には誰も行かなくなったため、妻が理由を尋ねると、亭主は自慢げにその意外な真相を明かす。

場所や設定が大きく変わっているため、一見同想話とは見えないが、亭主に忠告する女房の存在と既存の雪隠に自ら籠ることで客を自分の雪隠へ呼び込むという大筋が一致することから、CはBの影響を受けて執筆されたものと考えてよいだろう。また構成面でもBと同様に、滑稽対象の言動の直前へ状況説明、すなわち表情の描写を挿入していることがわかる。ここでは、「ぬからぬ顔にて」から「高慢鼻に顕れ」へと表現はアレンジされているものの、「ぬからぬ顔」の言い回しがもつ滑稽味は損なわれておらず、亭主の表情を誇張することで直後のオチを際立たせる手法はたしかに受け継がれているといえよう。

このように同想話であっても設定をより身近なものに変更し、古さを感じさせないどころか、最新の話題を取り込んで新装していることから、作り手である卯雲の「笑い」に対する鋭敏な感覚と脚色の手腕をあらためて確認することができる。

この「借雪隠」は、普遍性をもつモチーフゆえか長く人びとに親しまれたとみえ、百年あまりのちにも上方でふたたび軽口咄として仕立て直されている。

D『軽口新玉箒』（寛政十〈一七九八〉年四月序、墨洲山人序、峨眉丸画）

巻之三　貸雪隠

浅草《あさくさ》観音《くわんおん》の開帳《かいてう》に、かし雪隠《せついん》御壱人前四文といふ所を初しに、御蔵前《くらまへ》十八町か間にハ、表《おもて》に雪隠小便所《せついんしやうべん》といふ物がなければ、参詣《さんけい》の女中ハ大ごまり故、殊の外はやりて、あじな事にて銭《せに》もうけ。隣《となり》の亭主がうらやましく、又かし雪隠をはしめた所が、古方《ふるいはう》へハ一向に人がはいらず、新《あたら》しき方はかりにぎやかなれバ、古方の亭主が不思議《ふしぎ》に思ひ、手前の雪隠を見た所が、はいらぬこそ尤《もつとも》。隣《となり》の亭主が朝《あさ》から這入《はい》ていて、人が来ると、ヱヘン

Dの「貸雪隠」を収める『新玉箒』は、先行研究でも指摘されているように安永期の江戸小咄の焼き直しが大半であり(9)、本話も咄の構成と設定、表現以外はほとんどCの「借雪隠」と同一であるため、A・Bの先行話から直接焼き直したものではなく、『鹿の子餅』を経由して制作された咄であることがわかる。ただし、客観的な状況説明文のみの構成へと改変されたことで、発話や女房の登場による咄の起伏が失われ、ほぼ同じモチーフの咄でありながら、Cはもちろんのこと、同じ上方軽口咄であるBと比較しても平板な印象が強く、感情移入のしづらい咄となっている。

とはいえ、オチの咳払いの直前には「人が来ると」という状況説明もなされているため、本話から⑤の「滑稽対象の言動の直前に状況説明文を挿入」する構成が消えたわけではない。にもかかわらず、どこか単調な印象を受けるのはやはり、B・Cのような先行話に見られた表情に関する誇張表現が本話では残されなかったからであろう。

以上の点から、滑稽対象の表情に関する表現は、その有無によって咄の印象を大きく左右する重要な構成要素のひとつであったことがわかる。

Ⅱ．綺麗好きを笑う

次に、滑稽対象の言動（ここではオチ）の直前に「ぬからぬ顔にて」の状況説明が挿入される笑話とその類話についてみてゆきたい。例として挙げる咄はそれぞれ、Eが京、Fが江戸、Gが尾張で板行された噺本に収められているものである。

いずれも、盗人に侵入された家の亭主が一旦は槍で追い払おうとするものの、なぜか実行に移さないまま盗人を見逃してしまう、という点で概ね共通するが、オチに関してはそれぞれ異なった結末が用意されている。

E『軽口へそ順礼』（延享三年〈一七四六〉刊、東鶴作・序）

間に合ぬきれひ好

○去ルきれひ好《すき》をする人ありけるが、つね〳〵用心《よふじん》きびしく、手鑓《てやり》小太刀《だち》などを家のうちにたしなミおきしに、ある夜《よ》ぬす人はゐりけるに、ていしゆやがて見付《つけ》、かけたる鑓をおろし、つきころさんとおもひしが、両《りやう》手のゆびさきにて、やりの柄《ゑ》をつまみ、ながめゐる。そのうちに、ぬす人おもてへにげていでければ、内義《ないぎ》出合《であい》て、ていしゆにむかひいふやう、さて〳〵今の盗《ぬす》人は、ざんねんなることをなされた。なぜつきとめハなされいで、とゐゑバ、ていしゆ

『軽口へそ順礼』巻三・五丁裏
（名古屋市蓬左文庫蔵本）

ぬからぬかほにて、この柄のほこりを見よといわれた

Eの「間に合ぬきれひ好」では、咄の主体となる人物の性格や性質が冒頭の「きれひ好をする人」の一言で簡潔に表現されている。これは説話体が主である上方の軽口咄の大きな特色である。読み手はその前提を共有したうえで読み進めてゆくことが可能となるため誤読を回避できる点が利点と考えられる。さらに日頃から「用心もきびしく」しており、盗人と相対してもすぐに鑓を手にして「つきころさん」と考えていることから、隙のない人物像が印象づけられる。それほど用心深い人物が、なぜかみすみす盗人を逃がしてしまう。不審に思った女房から理由を問われた亭主は、鑓についた埃が原因であったことを明かす。綺麗好きが仇となった形であるが、タイトルでもしっかりとそれが揶揄されており、〝作品〟として綿密に考え抜かれた咄といえる。丁寧な状況説明によって咄を進めつつも、その間に指先で鑓の柄を「つまみ、ながめゐる」といった、亭主の逡巡を想起させる描写をさりげなく織り込み、笑いを増幅させる伏線を周到に敷いていることがわかる。そして、ここでも本話のオチの発話を際立たせているのがその直前に挿入される「ぬからぬかほにて」であるといってよいだろう。この一言によって、埃よごれは盗人退治以上に優先されるべき問題であることを亭主がいたって真剣に述べている様子が強調され、オチへの急激な落差が生じていると考えられるのである。

江戸小咄における簡潔な会話止めに比べ、「〜といふた」「〜といはれた」という叙述がときに冗長とも評される上方軽口咄だが、ここでは「ぬからぬかほにて」の語をオチの直前に配置することによって、読み手の期待を十二分に高めることに成功しており、「といわれた」の文末表現もさして余分な印象は受けない。むしろ、ある程度の長さをもつ「状況説明文と発話の組み合わせ」であっても、対話のみで展開するものと同様のテンポで読み手をオチへと導

くことができることを示しており、上方軽口咄の長所がよくあらわれた例といえよう。ちなみに本話の挿絵を見ると、盗人はすでに家の外へ逃げ出しており、屋内には鑓を指で持つ亭主とそれに声を掛ける妻の姿が描かれていることから、オチの場面の再現を意図したものと考えてよいだろう。ここに描かれている亭主の表情はもしかすると、当時の人々が共通認識としてイメージしていた「ぬからぬ顔」に近いのかもしれない。

F『風流はなし亀』（安永三年〈一七七四〉年頃、富川吟雪画）

鑓《やり》

とうぞくがはいりましたといへば　〽こゝろへた、となげしにかけたる鑓《やり》おつとりいでむかへば後《あと》を見ずにげてゆく〽どろぼうとつてかへし、さて〳〵おどろきいつた。おてきハあやまりいりました。ちとうけたまわりたいぎが御座ります。たゞいま二ほんゆびてやりをおつかいなされましたが、あれハなに御りうぎでござります。〽あれかな。あまりよごれておるから

『風流はなし亀』「鑓」
（東京都立中央図書館蔵本加賀文庫本）

絵詞　（泥棒）わたくしもいぜんふしでござります／（亭主）それハきのとくな

本話はEを焼き直した絵入江戸小咄である。状況説明文ののち対話のみで咄が成立しており、江戸小咄の代表的な構成のパターンといえる。Eの「間に合ぬきれひ好」と異なるのは、家の亭主が長押の鑓を手にして盗人に立ち向かうと、盗人は一目散に逃げてゆくものの、ふたたび戻ってきて、丁寧な口調で亭主が鑓を二本指で持っていた理由について問う点である。Eで見受けられた説明的な叙述はみられなくなるものの、それらは会話体に取り込まれて言葉遣いや言い回しへと変換されていることがわかる。盗人という世間一般のイメージに反し、鑓の流儀に関心をもっている点、「ちとうけたまわりたいぎが御座ります」といった丁寧な言葉を発する点、「ほこり」という言葉を使ってはいないものの、二本指で使っていたことを盗人に語らせることで、いかに鑓が長い間使用されず長押にかけられたままであったか、いかに亭主がそれを握ることを嫌がっているかが如実に想起できる点など、さまざまな落差を咄全体に散りばめることで、読み手の笑いを引き出しているのである。

先行話にみられたような表情に関する表現（ぬからぬかほにて）は消えているが、「あれかな」という応対の発話こそが、それに相応する描写であり、しれっとして恥じ入るそぶりもみせない亭主の様子を読み手はありありと思い浮かべることができる。

本話は絵入である点が特徴的であり、意識がそちらに向きがちだが、このように咄自体も独自のアレンジがなされており、きわめて江戸小咄的な完成度の高い咄といえる。

そして、本話でもう一つ注目したいのは絵詞である。泥棒とは思えないほど丁寧な言葉遣い、そして危険を承知のうえで盗人が引き返してまで鑓の流儀を知りたがった理由がここで明らかになるのである。盗人が元は武士であったというどこか哀れみすら感じさせる、武家社会であった江戸ならではの咄といえよう。

G『新作咄土産』（文政七年〈一八二四〉年正月序、旭文亭序、尾州 味岡久次郎板）

盗人《ぬすひと》

きれい好《ずき》な者の所《ところ》へ盗人《ぬすびと》はいり、そこよ爰《こゝ》よとさわぎけれバ、盗人、椽《えん》の下へかくれけり。其侭《そのまゝ》亭主《ていしゆ》、鎗《やり》を持て出、ヤイ盗人。出ぬかといふゆへ、盗人《ぬすびと》、椽《えん》の下ゟ出て、ヤイ、其鎗《やり》の持《もち》やうハどうだ。にぎつて持ものじやといへば、亭主これ見よ。ほこりだらけじや

本話を収める『新作咄土産』は、噺本でも珍しい、尾張で板行された作品である(10)。本話もE同様、家の亭主が綺麗好きであることが先に明言されている。しかし、盗人は外へ逃げず縁の下に隠れている点、亭主が鑓をもって出てくると、縁の下から出て悪びれもせず、亭主の鑓の持ち方を非難する点が先行話とは大きく異なっている。盗人が鑓の用法に対して反応している点はFと同様だが、その言葉づかいの相違は明白である。登場人物のこうした口調は本作の他の咄にも散見されることから、庶民の生き生きとした口語とその勢いを可能なかぎり写し取ろうとする意識がうかがえる。亭主の「ヤイ」という呼びかけに対し、盗人も「ヤイ」と返しており、緊迫した場面になるかと思いきや、亭主の「これ見よ」という発話によって一気に力が抜けるオチとなっている。この言葉もまた亭主の盗人と対峙している緊張感よりも、綺麗好きであることの方が誇張されており、明らかに常識を逸脱したリアクションであるにもかかわらず、当の本人はいたって真剣に受け答えをしている点に可笑しさがあるのである。こうした表現にも「ぬからぬ顔」のイメージの反映を看取することができよう。

以上、本節では笑話の状況説明文において滑稽対象の表情を描写する際、時代を問わず使用され続けた「ぬからぬ顔にて」に注目し検討をおこなった。先述したように、表情や様子を修飾する言葉は他にも無数にある。しかしながら、噺本の作り手たちが類型的な滑稽対象を描く際、高い頻度で選んだのがこの言葉であった。

この「ぬからぬ顔」の用例は意外なことに笑話または滑稽味のある文章以外での用例がきわめて少ない。いくつかある用例もそのほとんどが「抜け目ない、計算高い」といったしたたか者の意味合いでの使用となっている(11)。

ではなぜこの「ぬからぬ顔」の語はこれほどまでに笑話との親和性が高かったのであろうか。その理由としては、この言葉がきわめて限定的な意味をもつ言葉に成長したことが挙げられる。他の表情に関する語、たとえば「知らぬ顔」や「まじめになり」といった表現は後に続く言葉の代替が可能であり、必ずしも笑いに関する語でなくとも文意が通る。しかし、「ぬからぬ顔」はその言葉と動作主の位相を目にするだけで、その後に引き起こされるであろう滑稽対象の言動までも予見して笑いを催すほど、滑稽の気配を内包した言葉として固定されていったものと考えられる。

仮名草子『悔草』(正保四〈一六四七〉年)には「物事ぬからぬふりして身の程をしらず、我ながら愚かさをつぶやきくやむ」という一節がみえる。これは自身を客観視した自省的な文脈での叙述だが、同時に、自身を客観視することなく、ぬからぬ顔でふるまうことが他者の目には愚かにうつるという認識を示してもおり、噺本においてしばしば滑稽対象となる代表的な類型的人物に対する笑いの本質を言い当てた興味深い言辞といえよう。つまり、笑話の作り手たちにとって、滑稽対象に対する主観と客観の落差によって生じる滑稽性を端的に言い表した絶妙な表現の一つが、まさに「ぬからぬ顔」であったと考えられる。

以上のように、噺本の構成を分析すると、読み手をオチへと導く過程、とりわけ状況説明文には作り手によるさまざまな仕掛けが施されており、彼らが好んで用いた言葉や表現は、ときに正確な描写を超えた可笑味をともなって読み手の笑いを引き出していたものと思われる。

おわりに

噺本における笑いは多様であり、その咄運びや文体、人物造型などさまざまな要因が絡み合って成立している。従来、こうした噺本を形成する要素を検討する際は、時期によって作品を大別し、その大きな傾向について分析するか、作り手が明確な個別の作品に焦点をあて、その特色について論じることが多かった。しかし、これらに「構成」というあらたな観点を加えてみてゆくと、その組み合わせには一定のパターンが存在し、どこに比重をおくかによって相違のあることが明らかとなった。こうして意識的、または無意識的に選択された構成に、各時代、地域、作り手の主観を反映した文体、表現、題材といったものが肉付けされることによって、〝咄〟の独自性が付与されていったのであろう。

なかでも滑稽の対象となる人物（ときに擬人化された人間以外の者も含む）の言動の直前に挿入される状況説明文に着目して検討すると、読み手の笑いを最大限に引き出すための作意が、オチや文体、題材だけでなく、表情をはじめとする表現にも凝らされていたことが明らかとなる。

笑話は大なり小なり、オチに対する期待をもって読み進める、あるいは話芸であれば集中して目を凝らし耳を傾けるものである。その先のオチ（サゲ）に笑いが待ち受けていることはすでに明白であるため、いやが上にもその期待は高まる。この期待と実際とのズレ、すなわち〝不適合〟の落差が大きければ大きいほどその笑いは増大する(12)。

噺本の作り手たちは、笑いとは一見懸隔のあるニュアンスの言葉や表現を選びとり、弓を引き絞るように、読み手をさりげなく笑いとは遠い位置へ導くことで、オチとの落差、すなわち「特異性（知識・常識との乖離）」を高め、笑いを増幅させていたといってよいだろう。

このように、多彩な特色をもつ近世の笑話を検討する際には、既存の大きな分類で分けきろうとするのではなく、まずそれらの型を構成の観点から明らかにし、そこに浮かび上がった笑いの要素の特徴を一つひとつ吟味してゆくことによってはじめて、噺本の作り手たちに寄り添った視点から、彼らが咄に施したさまざまな〝仕掛け〟を見いだすことが可能になるのではないだろうか。

注

1. ここでの「発話」は会話体に限らず、発話を含んだ叙述体の文も対象とする。
2. ここでは噺本の主眼ともいうべき咄のオチにおける笑いではなく、オチへと至る過程に焦点をあてて立項した。
3. 本稿では便宜上、総称した文芸名として「噺本」を、また、比較のため狭義の呼称として、近世前期、おもに上方で板行された噺本に「上方軽口本」、近世後期、おもに江戸を中心に板行された噺本に「江戸小咄本」を用いた。
4. ②の派生形であり、表現とも密接にかかわる構成であるため、①〜④とは幾分傾向が異なるが、この形は噺本の笑いを決定づけるうえで大きな意味をもつものと考えられるため、あえて立項した。
5. 『噺本大系』全二十巻（武藤禎夫氏・岡雅彦氏編、東京堂出版、一九七五〜一九七九年）
6. 『江戸小咄集1』『江戸小咄集2』（宮尾しげを氏編注、平凡社、東洋文庫一九二・一九六、一九七一年）

7. 『江戸小咄辞典』（武藤禎夫氏編、東京堂出版、一七六五年）
8. 『江戸小咄類話事典』（武藤禎夫氏編、東京堂出版、一九九六年）
9. 『噺本大系』第十三巻『軽口新玉箒』解題（武藤禎夫氏編、東京堂出版、一九七九年）
10. 現存する名古屋板の噺本は多くないが、表記や挿絵には上方の、内容や文体には江戸の影響が反映された形式をもつものも多く見え、当時の文化の流れとその実態がうかがえる点、そしてそのあわいに位置した地域ならではの特徴を有する点でも興味深い。
11. 「ぬからぬ顔」の慣用表現そのものについて『日本国語大辞典』では「油断のない顔つき。また、失敗などしないという顔つき」として、噺本の始祖でもある『醒睡笑』の用例を挙げている。ただし、初期の噺本の用例であり、また「ぬからぬかほしたる男」という表現がなされていて「したたかで計算高い」意味合いで用いられているため、今回の調査で多く見受けられた言いまわし、意味とはやや異なる。
12. 伊藤大幸氏「ユーモアの生起過程における論理的不適合および構造的不適合の役割」『認知科学』第一七巻第二号、二〇一〇年六月）

『訳解笑林広記』全注釈（三）

川上陽介

序

本稿は、「『訳解笑林広記』全注釈（一）」（『富山県立大学紀要』第二六巻、二〇一六年三月）及び「『訳解笑林広記』全注釈（二）」（『富山県立大学紀要』第二七巻、二〇一七年三月）の続稿であり、遠山荷塘施訓『訳解笑林広記』（文政十二年（一八二九）刊、全三〇五話所収）第二七話から第三六話までの日本語訳と注釈を掲載する。『訳解笑林広記』及び中国笑話関連資料の諸本、底本、凡例等については、第一稿を参照して頂きたい。なお、第一稿と第二稿は、いずれもWebサイトによる閲覧が可能である。

㉗ 澆《ぎょう》其《き》妻妾《さいしょう》（妻と妾《めかけ》に小便をかける）

現代語訳

とある家で、一人の家庭教師に（住み込みで）来てもらうことになった。先生の書斎は、奥さまの部屋のすぐ隣《となり》であった。

ある日の授業中、（『中庸章句』の）「譬ヘバ如シ二四時ノ之錯行スルガ一」（譬《たと》へば四時《しいじ》の錯行《さくかう》するが如《ごと》し＝（孔子の徳は）四季がそれぞれ互いに順序よく巡るようなものである）という一節を読んでいるとき、注（朱子『四書集注《ししょしっちゅう》』）に「錯ハ。猶ㇾ迭ノ也」（錯《さく》は、猶迭《なほてつ》のごとし＝この場合の「錯《さく》」という字は「迭《てつ》（たがいに）」という意味である）と書かれていた。（『中庸章句』の言葉は、孔子の徳は、四つの季節が「互いに順序正しく（錯＝迭）」巡るようなものである、という意味なのだが、夫人は何を思ったか、これを女性が夫のところへ取っ替え引っ替えやってくるようなものである、という意味に受け取ったらしい。教え子に向かって、そのような話をしている先生の声が、すぐ隣《となり》の部屋にいた）奥さまの耳に届き、これは自分を故意に侮辱《ぶじょく》したものであると考えて、奥さまは激怒し、主人にそのことを告げ口した。主人はと言えば、古典の解釈に通じていないため、（夫人の口車《くちぐるま》に乗せられて）先生をクビにしようとしたので、先生は言った。

「この書物には、そのように書いてあるのですよ。旦那さまが、その文章の意味を御存知ないだけです。いったい私に何の罪があるというのですか。」

そしてついに、先生の部屋は（夫人の部屋から遠く離れた）母屋《おもや》の二階に移され、妙な言いがかりや諍《いさか》いが起こらぬようにした。

ある日、主人の妻と妾《めかけ》が（母屋《おもや》の）一階で遊んでいたところ、先生は小便を我慢しきれなくなり、壁の隙間から尿を垂《た》らした。すると、豈《あ》に図《はか》らんや、妻と妾《めかけ》の頭の上に小便がひっかかってしまった。夫人はまたしても、主人に（あの家庭教師はとんでもない奴《やつ》だと）訴えた。

主人はと言えば、前回は（古典籍の文章を自分で確認もせず）先生のことをいい加減に責めてしまったので、今回は、古典籍の出典をしっかりと確認しておかなければならないと思い、あれこれ資料を調べ、右往左往《うおうさおう》、あらぬ思案を巡らしたところ、忽《たちま》ちハッと気がついて、こう言った。

「なるほどそうだったのか。ここに出典があったわい。あぶないあぶない。危うくお前たちの口車《くちぐるま》に乗って、しくじってしまうところじゃった。」

「何を根拠にそのようなことをおっしゃるのですか。」と訊《たず》ねると、主人はこう答えた。

「（『孟子《もうし》』離婁章句下《りろうしようくげ》に、先生の行為の典拠が見つかったのじゃよ。つまりこういうことじゃ。）『施施《しし》トシテ従《よ》リレ外《そと》来《きた》リ。澆《そそ》グ二其《そ》ノ妻妾《さいしよう》一ニ。』というわけじゃ。（訳者注…本来は「主人はウキウキと外から帰ってきて、妻と妾《めかけ》に向かって、御馳走《ごちそう》を食べてきたことを自慢した」という意味なのだが、ここでは「小便が外からシャーシャーやってきて、妻と妾《めかけ》にひっかかる」という意味に読んでいる。「澆《そそ》グ（小便をかける）」という文字は、『孟子』の原典では「驕《おご》ル（自慢する）」となっているのだが、中国語では「澆《ぎよう》」と「驕《きよう》」は同音［jiāo］であり、耳で聞いたときには区別がつかない。）」

原文

澆ス二其ノ妻妾一ニ

人家請フ二一館師一ヲ。書・房逼二・近ス内室一ニ。一日課スレ徒ヲ《デシニヲシヘル》。讀ム下譬ハ如二キノ四時ノ之錯行一スルカ句ノ上ヲ。註ニ曰ク。錯ハ。猶ヲレ迭ノ也。東・家ノ母聴・見。嗔リ三其ノ有ルレ意ヲ二戯狎《ワザトジヤウダン》一ニ。訴フ二于主人一ニ。主人不レ通セ二書ノ觧一ニ。怒テ欲スレ逐ントレ之ヲ。師曰ク。書ノ義如シレ此ノ。汝チ自《ミ》不ルレ觧セ耳。我レ何ンソ罪アラン焉。遂ニ遷ス二館ヲ于廳樓《サシキノニカイ》一ニ。以テ避ク二

書き下し文

其《そ》の妻妾《さいせふ》に澆《げう》す

人家《じんか》一館師《いちくわんし》を請《こ》ふ。書房《しよばう》内室《ないしつ》に逼近《ひつきん》す。一日《いちじつ》徒《と》を課《くわ》す。譬《たとへ》ば四時《しいじ》の錯行《さくかう》するが如《ごと》きの句《く》を読《よ》む。註《ちゆう》に曰《いは》く。錯《さく》は。猶《な》ほ迭《てつ》のごとし。東家《とうか》の母《はは》聴見《ちやうけん》し。其《そ》の戯狎《ぎかふ》に意《い》有《あ》るを嗔《いか》り。主人《しゆじん》に訴《うつた》ふ。主人《しゆじん》書《しよ》の解《かい》に通《つう》ぜず。怒《いかつ》て之《これ》を逐《おは》んと欲《ほつ》す。師《し》曰《いは》く。書《しよ》の義《ぎ》此《かく》の如《ごと》し。汝《なんぢ》自《みづか》ら解《かい》せざるのみ。我《われ》何《なん》ぞ罪《つみ》あらん。遂《つひ》に館《くわん》を庁楼《ちやうろう》に遷《うつ》す。以《もつ》て囉唣《らさう》

囉唣《ヤカマシキ》ヲ一。一‐日東家ノ妻‐妾遊フ二于樓下一ニ。師欲シテ二小便セント一不レ得。乃チ従リ二壁間《カベノスキマ》一溺《ヒル》レ之ヲ。不‐意《オモヒガケナク》ニ淋《ヒリカケル》スレ在ニ二妻妾ノ頭上一。復訴フ二于主人一ニ。主因テ思フ前‐次ハ孟‐浪《メツソウニ》怪ムレ他ヲ。今番《タヒハ》定テ須《シ》クレ攷三‐証ス書‐中有ルヲ二何ンノ出‐典一ニ。乃チ左‐右翻繹《ヒツクリカヘシテ》シテ。忽チ大悟シテ曰ク。原来在リレ此ニ。不レハレ然ラ幾ント被トス二汝ノ等ニ所一レ誤マラ矣。問フ有ル二何ノ憑據一。主曰ク。施施トシテ従リレ外ト来リ。驕《ヒリカケル》ル二其ノ妻妾一ニ［澆仝音］［迭字。要對看妻妾］

を避《さ》く。一日《いちじつ》 東家《とうか》の妻妾《さいせふ》 楼下《ろうか》に遊《あそ》ぶ。師《し》 小便《せうべん》せんと欲《ほつ》して得《え》ず。乃《すなは》ち壁間《へきかん》より之《これ》を溺《でう》す。不意《ふい》に 妻妾《さいせふ》の頭上《づじやう》に淋《りん》す。復《ま》た主人《しゆじん》に訴《うつた》ふ。主《しゆ》 因《よつ》て思《おも》ふ 前次《ぜんじ》は孟浪《まうらう》として他《かれ》を怪《あやし》む。今番《こんばん》は 定《さだめ》て須《すべから》く 書中《しよちゆう》 何《なん》の出典《しゆつてん》に有《あ》るを攷証《かうしよう》すべし。乃《すなは》ち 左右《さいう》 翻繹《ほんえき》して。忽《たちま》ち大悟《たいご》して曰《いは》く。原来《ぐわんらい》 此《ここ》に在《あ》り。然《しか》らざれば 幾《ほとん》ど 汝等《なんぢら》に誤《あやま》られんとす。問《と》ふ 何《なん》の憑拠《ひようきよ》 有《あ》る。主《しゆ》 曰《いは》く。施施《しし》として外《そと》より来《きた》り。其《そ》の妻妾《さいせふ》に驕《おご》る［澆《げう》と同音《どうおん》］［迭《てつ》の字《じ》。妻《さい》妾《せふ》に対看《たいかん》するを要《やう》す］。

注

○『訳解笑林広記』巻之上・腐流部（九丁表～裏）。『新鐫笑林広記』巻之二・腐流部（第一一二話、一二丁裏）。○澆ス二其ノ妻妾一ニ＝『孟子』離婁《りろう》章句下の一節「驕《おご》ル二其ノ妻妾一ニ」を誤読したもの。本来は「（主人が）その妻や妾《めかけ》に自慢する」という意味だが、「澆《そそ》グ二其ノ妻妾一ニ」は「（小便を）その妻と妾《めかけ》にひっかける」意となる。「驕《きよう》［jiāo］」と「澆《ぎよう》［jiāo］」

は同音。なお、原本『新鐫笑林広記』（乾隆二六年（一七六一）宝仁堂刊本、京都大学附属図書館蔵）は、タイトル文字を二字下げで刻しているが、和刻本『訳解笑林広記』は、この一話のみ、一字下げとなっている。書肆《しょし》による翻刻ミスと思われる。○課徒＝弟子を相手に講義を行う、子どもに教える意。左訓「デシニヲシヘル」（弟子に教へる）。○讀ム下譬ハ如キノ二四時ノ之錯行スルカ一句ノ。註ニ曰ク。錯ハ。猶ヲ上レ迭ノ也。＝『中庸章句』第三〇章「辟ヘハ如ク二四時ノ之錯ニ、行ル、カ一」に対する朱子の注「錯《サク》ハ。猶レ迭也」（この訓点は、和刻本『四書集注《ししよしっちゅう》』元禄五年（一六九二）刊、巻一・三一丁裏による）を読んでいると、という意味。和刻本『訳解笑林広記』の施訓はやや読みづらいので、私《わたくし》に読み下した。『中庸章句』の言葉は、「（孔子の徳は）四季がそれぞれ互いに順序よく巡るようなものである」という意味であり、朱子の注（『四書集注《ししよしっちゅう》』）は、「『錯《さく》』は『迭《てつ》（たがいに）』と同じである」という意味。○聴見＝聞いて〜と分かる、耳に入る、聞き取る意。ここでは「見」は「見る」「見える」意ではなく、動詞の後に置かれ、耳で聞いた結果、その音声や言葉の意味を「認識した」という意味を表す。現代中国語における結果補語の用法と同じ。訓読する場合は、「見る」意ではないため、「聴見」を「きき、みる」と訓読することはできない。和刻本は訓点が抜けているため、送り仮名「シ」を補い、「聴見《ちやうけん》シ」と訓《よ》んでおく。○嗔リ三其ノ有ルヲレ意二戯狎ニ一＝一般的な施訓方法とは異なる。通常は「嗔リ二其ノ有ルヲ一レ意二戯狎ニ一」と訓点を附す。○戯狎［xìxiá］＝「調戯［tiáoxì］」、女性をからかう、ふざけたことをする意。ここでは、「互いに順序よく巡る（『経典余師』の訓読によれば「錯《たがひ》ニ行《めぐ》ル」）」という『中庸章句』の言葉を、「（数多くの）妻たちが互いに順序よく主人の相手をしている」という意味に曲解している。この家の奥さま（「東家母」）は、夫が妾《めかけ》を囲っていることにわだかまりを感じていたため、先生の何気ない経典解釈が、自分への当てこすりに聞こえたのである。『中庸章句』の一節全体をどのように曲解したかについては、推測の域を出ないが、「譬《たとへ》バ如《ごと》シ二四時《しいじ》ノ之錯行《さくかう》スルカ一」という句を、中国語として音の近い言葉「譬《たとへ》バ如《ごと》シ二四十《しじふ》ノ妻《つま》ノ錯《たがひ》ニ行《めぐ》ルガ一」（例えば、四十人の妻たちが互いに順序正しく取っ替え引っ替え主人の相手をするように）というような意味に勘違いしたと考えておく。「戯狎」、左訓「ワザトジヤウダン（ニ）」（わざと冗談に）。〇廰樓＝母屋《おもや》の二階。「廰（庁）」は、母屋《おもや》の真ん中の部屋。「樓（楼）」は、二階建て以上の建物。左訓「サシキノニカイ」（座敷の二階）。〇囉唣［luózào］＝騒ぎ立てる、因縁をつける。『水滸伝』などの白話小説に用例がある。左訓「ヤカマシキ」。〇溺［niào］＝「尿」、小便をする、放尿する。左訓「ヒル」（放る）。〇不意＝思わず。左訓「オモヒガケナク」（思ひがけなく）。〇淋［lín］＝（液体を）たらす、注《そそ》ぐ。ここでは「小便をかける」意。左訓「ヒリカケル」（放りかける）。〇孟浪［mènglàng］＝「鹵莽［lǔmǎng］」、そそっかしくも、軽率にも。左訓「メッソウニ」（滅相に）。〇攷証［kǎozhèng］＝「考証［kǎozhèng］」、幅広く資料を調査し、検証する。ここでは、文献（漢籍）に見える用例を調査し、出典を突き止めた上で、その言葉の意味を確定すること。和刻本『訳解笑林広記』は「發証」と誤刻している。今、原本『新鐫笑林広記』（乾隆二六年（一七六一）宝仁堂刊本、京都大学附属図書館蔵）により改めた。〇翻繹［fānyì］＝「推演［tuīyǎn］」、推断し演繹する。あれこれ思索を巡らし、より深い思念を導き出すこと。ここでは、『孟子』離婁《りろう》章句下に先生の行為の出典を見出《みいだ》し、奇妙奇天烈《きてれつ》なこじつけ解釈を捻《ひね》り出す、という意味。『朱子語類』巻一九に「如老蘇輩。只読孟韓二子。便翻繹得許多文章出来。」（例えば、老蘇の輩《やから》は『孟子』『韓非子』の二書を読んだぐらいで、デタラメに数多くの文章を捻《ひね》り出している（拙訳））という用例がある。左訓「ヒツクリカヘシテ」（ひっくり返して）。左訓の解釈は、書物のページを「ひっくり返す」意であり、原文の意味と異なる。〇原来［yuánlái］＝なるほど（そうだったのか）。意外なことを発見したときの、驚きの気持ちを表す副詞。現代中国語と同じ。日本語の「元来《がんらい》」とはやや異なる。〇不レレハ然ラ幾ント被二トス汝ノ等ニ所一レ誤マラ矣。＝さもなくば（もしも『孟子』の出典が見つからず、先生の言葉をまた誤解してしまったとしたら）、お前たち（妻と妾《めかけ》）に危うく騙《だま》されるところであった、という意味。「被（為）～所…」は、「～に…される」意。「被」の代わりに「為」が用いられていれば、「～の…する所《ところ》と為《な》る」「～の為《ため》に…せらる（所）」と訓読することもできるが、「被～所…」の場合は、一般に訓読不能である。遠山荷塘がどのように訓読するつもりだったのか未詳だが、今仮に「所」を置き字として読みとばし、「汝等《なんぢら》に誤《あやま》る」と読み下しておく。なお、和刻本『訳解笑林広記』は、「汝等《なんぢら》」を「汝ノ等ニ」と施訓する。「汝《なんぢ》の等《やから》に」と読ませた可能性はあるが、一般的な読み方ではない。また、「誤」は、原本「悞」に作る。意味は同じ。○施施トシテ従リレ外ト来リ。驕ル二其ノ妻妾ニ一＝『孟子』巻八・離婁《りろう》章句下の一節（和刻本『四書集注《ししょしっちゅう》』第四冊、孟子巻八・一六丁裏、『経典余師（四書）』巻八（孟子三））・三九丁表）。『孟子』原文は、「（主人が）ウキウキと外から帰り、自分の妻と妾《めかけ》に（バレているとも知らず、外で御馳走を食べてきたと嘘《うそ》をついて）自慢する」という意味である。ところが、主人は「驕［jiāo］（自慢する）」という語を、同音語の「澆［jiāo］（そそぐ）」と勘違いし、先生が自分の妻と妾《めかけ》に小便をひっかけたことを、『孟子』離婁《りろう》章句下の一節「驕（澆）其妻妾」に基づいた行為である（＝しっかりした典拠にもとづいた立派な行いである）と、解釈したのである。和刻本は、「驕」字に左訓「ヒリカケル」を附す。○［澆仝音］（割注）＝「驕（自慢する）」は「澆（そそぐ）」と同音［jiāo］である、という意味（原注）。和刻本『訳解笑林広記』は、この割注に訓点を施していない。○［迭字。要對看妻妾］（割注）＝「迭（たがいに）」という字は、妻と妾《めかけ》を当てこすったものと見なさなければならない、という意味。この割注にも、和刻本は訓点を施していないため、私《わたくし》に書き下した。本文最後に附されたこちらの割注は、和刻本の施訓者・遠山荷塘による訳注であり、原本にはない。『中庸章句』の一節を、妻と妾《めかけ》への当てこすりとして、彼女たち二人が「たがいに順序正しく（「迭」）」主人の相手をする、という意味に取るべきことを指摘しているのである。

補注

この話は、原本『笑府』『絶纓三笑』、和刻本『笑府』などに類話はない。

余説

珍しく、家庭教師本人ではなく、教え子の親、家の主人の粗忽《そこつ》さを笑った話となっている。『孟子』離婁《りろう》篇の一節「驕《おご》ル二其《そ》ノ妻妾《さいしょう》ニ一」を「澆《そそ》グ二其《そ》ノ妻妾《さいしょう》ニ一」と読み替えることによって、主人は家庭教師が妻と妾《めかけ》に小便をひっかけたことを許している。妻と妾《めかけ》にしてみれば、仮に『孟子』にそのような出典があったとしても、雇《やと》われの家庭教師ごときが、主人の家族に小便をひっかけてよい道理があろうかと、さらに文句を言いたいところではなかろうか。

とはいえ、この話の面白さは、実は中国語による同音語を用いた古典籍の珍解釈にこそある。経典《けいてん》の本来の意味を正しく知っている中国の教養人ならば、下ネタ絡《がら》みの最後の一句に、思わず失笑してしまうところであろう。

㉘ 夢《む》周公《しゅうこう》（夢に周公を見る）

現代語訳

ある先生、自分は昼寝をするくせに、弟子が居眠りをするのは許さなかった。弟子が文句を言うと、先生は、

「わしは周公を夢に見ておるのじゃ。」

と嘘《うそ》を吐《つ》いた。

次の日の午後、（今度は）弟子も先生を見習って昼寝をした。先生は、戒尺《かいしゃく》（座禅の際、和尚が活《かつ》を入れるために修行者の肩を叩《たた》く細長い板）でピシャリと叩《たた》き起こし、

「このザマは何じゃ。」

と言うと、弟子は、

「私も周公に会いに行っただけです。」

と言う。先生が、

「それでは周公は何と言うておった。」

と訊《たず》ねると、弟子は答えた。

「周公は、昨日は先生なんぞに会わなかったと仰《おっしゃ》いました。」

原文

夢二周公一

一師晝寝ス。而シテ不レ容サ二學生磕《ウタ、ネ》・睡ヲ一。學生詰《タツネル》スレ之。師謬《イツハツテ》・言シテ曰ク。我レハ乃チ夢ム二周公ヲ一也。明《アスノヒル》・晝其ノ徒亦效フレ之ニ。師以テ二戒方《ウチボウ》ヲ一撃チ醒シテ曰ク。汝チ何ンソ得ルレ如クナルコトヲレ此ノ。徒曰ク。

書き下し文

周公《しゅうこう》を夢《ゆめ》む

一師《いちし》 昼寝《ひるね》す。而《しか》して 学《がく》生《せい》 磕睡《かふすい》を容《ゆる》さず。学《がく》生《せい》 之《これ》を詰《きっ》す。師《し》 謬言《びうげん》して曰《いは》く。我《われ》は乃《すなは》ち周《しう》公《こう》を夢《ゆめ》む。明昼《みやうちう》 其《そ》の徒《と》 亦《また》 之《これ》に效《なら》ふ。師《し》 戒《かい》方《はう》を以《もつ》て 撃《う》ち醒《さま》して 曰《いは》く。汝《なんぢ》 何《なん》ぞ 此《かく》の如《ごと》くなることを得《う》る。徒《と》 曰《いは》く。亦《また》 往《ゆき》て 周公《しうこう》を

亦往テ見ルノミ二周公ヲ一耳。師曰ク。周・公何ノ語カアル。答テ曰ク。周・公説ク。昨日並《ケツシテ》ニ不曾テ會《オメニカヽラヌ》二・見セ尊師ニ一。

見《み》るのみ。師《し》曰《いは》く。周公《しうこう》何《なん》の語《ご》かある。答《こたへ》て曰《いは》く。周公《しうこう》説《と》く。昨日《さくじつ》並《ならび》に曽《かつ》て尊師《そんし》に会見《くわいけん》せず。

注

○『訳解笑林広記』巻之上・腐流部（九丁裏）。『新鐫笑林広記』巻之二・腐流部（第一一四話、一三丁表）。○晝寝＝和刻本『訳解笑林広記』は、「寝」の「宀」（うかんむり）を「穴」（あなかんむり）に作る。今、原本『新鐫笑林広記』（乾隆二六年（一七六一）宝仁堂刊本、京都大学附属図書館蔵）に従い、「宀」（うかんむり）とした。ただし、『絶纓三笑』『李卓吾先生批点四書笑』所収話は「穴」（あなかんむり）に作る。○磕睡［kēshuì］＝「瞌睡［kēshuì］」、うたた寝する、居眠りする。「磕」とは、「こつんとぶつける」意、転じて「頭をこくりこくりと打ち付けながら居眠りをする」意となる。現代中国語では通常「瞌睡」と表記する。左訓「ウタ、ネ」。なお、孔子の弟子・宰我《さいが》がうっかり昼寝をしてしまったために、師の孔子に激しく怒鳴《どな》り散らされるという、有名な逸話がある（『論語』公冶長篇一〇）。津阪東陽による漢文笑話『訳準笑話』所収話は、『論語』公冶長篇に見える宰我《さいが》のエピソードを踏まえた表現が用いられている（補注参照）。○詰＝なじる、問い詰める、詰問する。左訓「タツネル」（尋ねる）。『絶纓三笑』『李卓吾先生批点四書笑』所収話は「請曰」に作るが、「詰曰」（教え子が先生に問い質《ただ》す、先生をなじって文句を言う）の誤りであろう。○謬言＝嘘《うそ》を吐《つ》く。左訓「イツハツテ」（詐って、偽って）。○我レハ乃チ夢ニ二周公ヲ一也＝わたしは夢のなかで周公に会っているのじゃよ。「周公」とは、春秋戦国時代の人、孔子の生まれた魯の国の始祖であり、周王朝を開いた武王の弟、周公旦のこと。孔子は、日夜 周公に憧れ、若い頃は毎日のように夢に見ていたという。『論語』述而篇五に「子ノ曰。甚シ矣。吾カ衰タル也。久シ矣。吾レ不三復タ夢ニ見二周公ヲ一」（訓点は『経典余師』による）とある。〇明晝＝明日の昼、次の日の昼間。「晝」は「昼」の本字。左訓「アスノヒル」（明日の昼）。〇戒方［jièfāng］＝「界方［jièfāng］」「戒尺［jièchǐ］」、学童に体罰を加える際に使用した、木製の定規《じょうぎ》。伊丹椿園は『笑林広記鈔』の左訓に「ケサン（卦算・圭算＝易の算木に形た似ている文鎮のこと）」と注し、遠山荷塘は『訳解笑林広記』の左訓に「ウチボウ」（打ち棒）と注記する。〇並不［bìngbu］＝［并不［bìngbu］］、決して（特に、さほど）〜しない。副詞「並（并）」は、「不」の前に置かれ、否定の気持ちを強める。古典的な和訓「ならびに」とは意味が異なる。遠山荷塘は「ならびに」と訓読しながらも、左訓により「ケツシテ」（決して）の意であることを指摘している。〇會見＝（〜に）会う、お目にかかる。「會」は「会」の本字。左訓「オメニカ、ラヌ」（お目にかからぬ）。

補注

この話は、『笑府』巻二（第五五話「昼寝」）、『絶纓三笑』第六四七話「夢見周公」（巻四、儒笑五三）、『李卓吾先生批点四書笑』に類話があり、和刻本『笑府』（明和五年（一七六八）九月、京都刊、半紙本二巻一冊、第五話、上巻二丁表）に訓訳がある。また、伊丹椿園『笑林広記鈔』（安永七年（一七七八）刊、第六話「夢ミル二周公ヲ一」、三丁表〜裏）に和文訳、『笑顔はじめ』（天明二年（一七八二）頃序、第五話「先生」）に『笑林広記鈔』に基づく小咄《こばなし》が備わる。そしてさらに、津阪東陽編『訳準笑話』（文政七年（一八二四）刊、第一三〇話、二四丁裏）に、文言体の漢文笑話に書き換えられた類話が収録されている。

『笑府』の日本語訳は、松枝茂夫・武藤禎夫編訳『中国笑話選　江戸小咄との交わり』（東洋文庫24、平凡社、

一九六四年、一四〜一五頁）、松枝茂夫『全訳笑府（上）』六三〜六四頁、大木康『笑林・笑賛・笑府他〈歴代笑話〉』（中国古典小説選12、明治書院、二〇〇八年、二四六〜二四七頁）を参照。

『笑府』『李卓吾先生批点四書笑』『絶纓三笑』、和刻本『笑府』『笑林広記鈔』『笑顔はじめ』『訳準笑話』の原文は、以下の通りである。『絶纓三笑』（『李卓吾先生批点四書笑』と同文）と『訳準笑話』には、現代日本語訳（拙訳）を添えておく。

『笑府』第五五話（巻二・腐流部、一一丁表）

　晝寝

一師晝寝。及醒。謬言曰。我乃夢周公也。明晝。其徒効之。師以界方撃醒。曰。汝何得如此。徒曰。亦往見周公耳。師曰、周公何語。荅曰。周公説 昨日並不曾會尊師

『李卓吾先生批点四書笑』（国立公文書館蔵、写本）

一學究時時戒子弟勿晝寢 一日子弟見學究方睡。請（ママ）曰。先生戒人而自蹈之。何也。曰 是非爾所知。我夢周公耳 次日弟子故睡 先生蹴之起。曰吾亦夢周公 先生曰。且道周公有何言。曰 亦無他話。只道昨日實不曾會先生

周公甚苦。孔子之時。已有宰我。宰我之後。有邊孝先。孝先之後。又有此師徒 眞是應接不暇。至陳圖南。索性周家去住過日子了。

『絶纓三笑』第六四七話（巻四・儒笑五三、一二丁表～裏）

○夢見周公

一學究時時戒子弟勿晝寢。一日子弟見學究方睡。請（ママ）曰。先生戒人而自蹈之何也。曰是非爾所知。我夢周公耳。次日弟子故睡。先生蹴之、起曰。吾亦夢周公。先生曰。且道周公有何言。曰亦無他話、只道昨日實不曾得會先生周公甚苦。孔子之時。已有宰我。宰我之後有邊孝先。孝先之後。又有此師徒。眞是應接不暇。至陳圖南索性周家去住過日子了

○夢に周公を見る。

ある私塾の教師、いつも教え子に昼寝をしてはならぬと言い聞かせていた。ある日、教え子は、先生がちょうど居眠りしているところを見つけ、文句を言った。「先生、人には昼寝をしてはならぬと言っておきながら、自

分が昼寝をするとはどういうことですか。」先生は言う。「お前ごとき者の知ったことではないわ。わしは夢で周公に会っておるだけじゃ。」次の日、教え子がわざと昼寝をすると、先生は弟子を蹴り起こした。弟子は言う。「わたしも周公の夢を見ていたのです。」先生は言う。「ならば周公が何と仰《おつしや》っておったか言ってみろ。」弟子は言う。「特に何も仰《おつしや》ってはおりませんが、ただ、昨日断じて先生とはお会いしていないと仰《おつしや》っておりました。」

周公は本当にたいへんである。孔子の時代には、すでに宰我《さいが》（という、昼寝をして孔子に叱《しか》りとばされた人間）がいたし（『論語』公冶長篇一〇）、宰我《さいが》の後には、辺孝先《へんこうせん》（という、やはり昼寝をして、夢で周公に会い、孔子と同じ思いを感じたというような人間）もいたし（『後漢書』巻八〇上「文苑列伝上・辺韶《へんしよう》」）、辺孝先《へんこうせん》の後には、またこのような先生と弟子が現れた。まことにもって応接に暇《いとま》がないと言うべきである。陳図南《ちんとなん》（という、仙人になって一一八歳まで生きたような）人物に至っては、（一度寝たら百日以上は起きなかったという逸話があるくらいだから、もはや夢のなかで周公にちょっと会うというレベルではなく）いっそのこと周公の家へ行き、そこでともに暮らしたとでも言うべき話であろう（『宋史』「隠逸上・陳摶《ちんたん》伝」）。

和刻本『笑府』（半紙本、明和五年（一七六八）京都刊、A本）第五話（巻上、二丁表）

一師晝寐ヌ及レ醒ニ謬《イツハリ》言テ曰我乃夢ニ周・公一ヲ也明晝其ノ徒効フ
レ之ニ　師以ニ界方《ケイサン》一ヲ撃チ醒シテ曰汝何ンソ得ンレ如レ此徒曰亦往キテ見ニ周
公一ヲ耳師曰周・公何ヲ語ル答曰周・公説昨・日並不三曾テ會ニ
尊・師一ニ。

『笑林広記鈔』第六話（三丁表～裏）

夢《ミル》二周公一ヲ

先生 晝寝《ヒルネ》シテ 書生ニハ 更ニ睡《ネム》ルコトヲ許《ユル》サズ 諸生 其ユヘヲ問ハ 我ハ是 夢《ユメ》ニ周公ニ逢《アフ》ナリト 謬《イツハ》リ答《コタ》ヘケレハ 翌日書生 晝寝《ヒルネ》ヲナシケルニゾ 先生 怒《イカ》リ 界方《カイハウ》ニテ 撃《ウチ》ヲドロカシ 汝《ナンチ》イカンソ如此《カクノゴトク》ナルヤト叱《シカ》ル 書生 曰 我モ又 周公ヲ夢ミルノミ 先生曰 汝 實《シツ》ニ周公ヲ夢ミシナラハ 何ヲ語リタマヒシソ 書生ノ曰 周公ハ 更《サラ》ニ先生ト夢中ニ逢《アフ》タルコトナシト語《カタ》リタマヒシナリ

『笑顔はじめ』第五話（東京大学総合図書館霞亭文庫蔵本、四ノ五丁表～六丁表）

先生

先生《せんせい》 昼寝《ひるね》をして 小僧には昼寝をさせす 小僧 おまへ様ばかり昼寝をなさるハ どうしたことてこさります 先生 おれは 夢に周公《しゅうこう》に逢ふわさ といふ 其翌日 小僧 ひる寝を しけれハ 先生

大きにいかり　杖にて　打おどろかす
さて〳〵 にくきやつかな 昼寝ハ な
らぬといふこと 毎度いましめ置たに
とうした事じや 小そう イヤ 私も
周公を夢にミます 先生 おのれ
口ごうせうなるやつ哉《かな》 実《まこと》に周公《しうこう》
に逢たら 何《なん》といわれた 小そう 周
公は 夢中《むちう》に ついそ先生《せんせい》にハ
逢《あふ》ふたことハないと申されました

先生の言葉「おのれ口ごうせうなるやつ哉《かな》」とある「口ごうせう」とは「口巧者（くちがうしや＝口が達者なやつ）」の転。『笑顔はじめ』は『笑林広記鈔』の和文訳を、さらに咄本《はなしぼん》らしい文体に磨き上げていると言えよう。

『訳準笑話』第一三〇話（二四丁裏～二五丁表）
塾師好二晝寝一ヲ。而シテ禁スルコトレ人ヲ太ハタ嚴ナリ。曰 我ハ乃夢ニ見ル二周公一ヲ也。生徒有二犯ス者一。大ニ怒ル。罵テ為二糞牆朽木一ト。生曰。吾モ亦夢ニ見ル二周公一ヲ。師詰リテ曰。實ニ夢ミハ二周公一ヲ。所レ說ク何事ソ。答テ曰。小生以二先生ノ弟子一ヲ請レ見ンコトヲ。周公曰。吾未下嘗テ有中與二汝カ先生一夢ニモ見上タルコト也。

私塾の教師、よく昼寝をするくせに、人には厳しく昼寝を禁じた。そして、「わたしの場合はだね、夢のなかで周公に会っているのじゃよ。」などと言う。

（ある日）教え子が昼寝の禁を犯した。先生は激怒し、（『論語』公冶長篇一〇に出てくる、孔子が昼寝をした弟子の宰我を罵るときの言い方を踏まえながら）「糞土《ふんど》の壁《かべ》（上塗り＝修正できない馬鹿者）」だの「腐った木（彫り直して、やり直すことのできない馬鹿者）」だのと言って、（その教え子を）罵った。すると教え子は言った。

「わたしだって、周公に会いに行ったのですよ。」

先生は、（それを聞いて）問い詰めた。

「ほんとうに周公に会いに行ったと言うのならば、周公が何と言うておったか、言ってみろ。」

教え子は答えて言う。

「わたしは、先生の教え子ですと言って、周公にお目通りを願ったのですが、周公は、わたしは、未《いま》だかつて、お前の先生には、夢の中でもお目にかかったことはない、と申しておりました。」

余説

昼寝をして下手な言い訳をした先生を、昼寝をした教え子が上手に言い負かすという笑い話。笑いのツボは、弟子の最後の一言にある。夢で周公に会うために昼寝をしたと嘘《うそ》を吐《つ》いた先生を、いやわたしが夢で周公に会ったときには、周公は先生なんぞには会わなかったと仰《おっしゃ》いましたと、夢の嘘《うそ》を夢の嘘《うそ》で逆襲したというわけである。

さりげなく『論語』のエピソードが踏まえられている点、インテリ好みの話柄《わへい》と言えよう。「四書」関連の笑話は、

『絶纓三笑』『李卓吾先生批点四書笑』に多数収録されている。

㉙改対《かいつい》（対句《ついく》の手直しをする）

現代語訳

初学の子どもに教える先生、二字の対句《ついく》を作る課題を出した。（先生がまず）「馬嘶《ばし》（馬《うま》が嘶《いなな》く）」と言ったところ、一人の教え子は、それに「鵬奮《ほうふん》（鵬《おおとり》が奮《ふる》い立《た》つ）」と付けた。先生は、

「よろしい。非の打ちどころがない。」

と言った。そこで教え子は、拱手《きょうしゅ》の礼をして退席した。

また、別の教え子は、「牛屎《ぎゅうし》（牛のクソ）」という対句《ついく》を作った。先生は怒って「狗屁《くひ》（バカモンが！）」と言った。すると、この教え子は、さきほどの教え子と同じように、拱手《きょうしゅ》の礼をして退席しようとした。先生は、これを制止して言った。

「おまえは対句《ついく》もきちんとできていないのに、どうしてそのまま行ってしまおうとするのじゃ。」

教え子は、言った。

「あれ。ぼくの作った対句《ついく》が『牛屎《ぎゅうし》（牛のクソ）』でしょ。そして、先生の手直ししたのが『狗屁《くひ》（イヌのプー）』ではなかったの。」

原文

改對

訓・冡先・生。出二シテ両字課《二字ダイ》一ヲ與二テ學生一ニ對セシム《ツイヲツケサスル》曰ク。馬嘶ク。一・徒對シテ曰ク。鵬・奮フ。師曰ク。好シ。不レ須二ヒ改メ浔一ルヲ。徒揖シテ而退ク。又一徒曰ク。牛・屎ト。師叱シテ曰ク。狗屁《アホウメ》。徒亦タ揖シテ而欲レス行ント。師止メテ之ヲ曰ク。你對モ也タ不二曽テ対シ好一カラ。如何ンソ便《チキニ》走《ユク》。徒曰ク。我ノ對ハ的是レ牛屎《ウシノクソ》。先生改ル的ハ是狗・屁《イヌノヘ》。

書き下し文

改対《かいつい》

訓蒙先生《くんもうせんせい》。両字課《りやうじくわ》を出《いだ》して学生《がくせい》に与《あたへ》て対《つい》せしむ。曰《いは》く。馬《うま》嘶《いなな》く。一徒《いつと》対《つい》して曰《いは》く。鵬《おほとり》奮《ふる》ふ。師《し》曰《いは》く。好《よ》し。改《あらた》め得《う》るを須《もち》ひず。徒《と》揖《いふ》して退《しりぞ》く。又《また》一徒《いつと》曰《いは》く。牛屎《ぎうし》と。師《し》叱《しつ》して曰《いは》く。狗屁《くし》。徒《と》亦《また》揖《いふ》して行《いか》んと欲《ほつ》す。師《し》之《これ》を止《とど》めて曰《いは》く。你《なんぢ》対《つい》も也《ま》た曽《かつ》て対《つい》し好《よ》からず。如何《いかん》ぞ便《ぢき》に走《ゆ》く。徒《と》曰《いは》く。我《われ》の対《つい》は是《これ》牛屎《ぎうし》。先生《せんせい》改《あらたむ》るは是《これ》狗《く》屁《し》。

注

○『訳解笑林広記』巻之上・腐流部（九丁裏～一〇丁表）。『新鐫笑林広記』巻之二・腐流部（第一一八話、一四丁表）。○改對＝（学生の作った）対句《ついく》を（先生が）手直しすること。「對」は「対」の本字。○訓冡先生＝子どもを教え導く先生。『訳解笑林広記』第二五話「於戯左読」には「冡訓者」とあり、「コドモジシヤウ（子供師匠）」という左訓を附す（前出）。「冡」は、「蒙」の異体字。○両字課＝二字の対句《ついく》を付けさせる課題（第二〇話「師賛徒」の語注を参照）。左訓「二字ダイ」（二字題）。○與テ㆓學生ニ㆒對セシム＝学生に対句《ついく》を付けさせる。「與（与）」は、現代中国語の前置詞（介詞）「給［gěi］」（〜に）に相当し、動詞としての意味（与える）は薄れている。和刻本は、「對」字に左訓「ツイヲツケサスル」（対を付けさする）を附す。○揖［yī］＝「拱手［gǒng shǒu］」、両手を胸の前で組み合わせて、御《お》辞儀《じぎ》をする。○鵬奮［péng fèn］＝（伝説上の巨大な鳥である）鵬《おおとり》が（羽を大きく広げて）奮い立つ。「奮［fèn］」は、「糞［fèn］」と同音字であるため、次に登場する学生は、「鵬糞（鵬《おおとり》のウンチ）」に対して、「牛屎（牛のウンチ）」という二字句を付けたのである。『絶纓三笑』第三八四話「改対」の注に「（牛屎）誤以奮爲糞」（誤《あやま》つて奮《ふん》を以《もつ》て糞《ふん》と爲《な》す）、つまり「『奮』を『糞』と誤解した」と書かれている。○如何ンソ便走《チキニユク》＝どうしてそのまま立ち去ろうとするのか。「便［biàn］」は、現代中国語の話し言葉「就［jiù］」に相当する。「すぐに」「そのまま」の意。『絶纓三笑』第三八四話は「如何就走」に作る。和刻本『訳解笑林広記』は、「便走」に右傍訓「チキニユク」（直《ぢき》に行《ゆ》く）を附す。○牛屎［niúshǐ］＝牛のクソ。左訓「ウシノクソ」（牛の糞《くそ》）。○狗屁［gǒupì］＝イヌのおなら。中国語の話し言葉では、デタラメなもの、取るに足りないもの、下手な文章などを罵る言葉としても頻繁に用いられる。つまり、この言葉を発した先生は、「クソ！」「アホか！」という意味で口走ったのだが、それを聞いた学生の方は、自分の作った「牛屎（牛のクソ）」という二字句を、先生が「鵬糞（鵬《おおとり》のウンチ）」に対するより適切な表現「狗屁（イヌのおなら）」に修正してくれたのだと勘違いしたのである。「狗屁」、左訓「イヌノヘ」（犬の屁）。

補注

この話は、『絶纓三笑』第三八四話「改対」（巻三、時笑・影語二二）に類話がある。和刻本『笑府』三種その他に類話はない。

『絶纓三笑』収録話の原文は、以下の通りである。『笑林広記』とほぼ同じだが、部分的に本文に異同がある他、的確な割注と編者による気の利いた対句《ついく》仕立ての五言二句のコメントが加えられている。拙訳を掲げる。

『絶纓三笑』第三八四話（巻三、時笑・影語二二、一一丁裏～一二丁表）

改對

訓蒙者出二字對句曰馬嘶。一徒對曰鵬奮。師曰。好。不須改。徒揖而退。又一徒曰牛屎。［誤以奮爲糞也］師叱曰狗屁。徒亦揖而欲行。師曰。你對也不曾對得。我改也不曾改得。如何就走、徒曰吾對的是牛屎。先生改的是狗屁。

先生捷于改。學生捷于悟。

対句《ついく》の手直しをする。

初学の子どもに教える先生、二字の対句《ついく》を作る課題を出した。（先生がまず）「馬嘶《ばし》（馬《うま》が嘶《いなな》く）」と言ったところ、一人の教え子は、それに「鵬奮《ほうふん》（鵬《おおとり》が奮《ふる》い立《た》つ）」と付けた。先生は、

「よろしい。非の打ちどころがないぞ。」

と言った。教え子は、拱手《きようしゆ》の礼をして退席した。

また、もう一人の教え子は、「牛屎《ぎゅうし》（牛のクソ）」という対句《ついく》を作った。［（原注）「奮［fèn］」を「糞［fèn］」と勘違いしたのである。］先生は怒って、

「狗屁《くひ》（バカモンが！）」

と言ったところ、この教え子は、さっきの教え子と同じように、拱手《きょうしゅ》の礼をして退席しようとした。先生が、

「おまえは対句《ついく》もちゃんとできていないし、わしはまだ、おまえの対句《ついく》を手直ししてもいない。それなのに、どうしてそのまま行ってしまおうとするのじゃ。」

と言うと、教え子は、こう言った。

「ぼくの作った二字句が『牛屎《ぎゅうし》（牛のクソ）』でしょ。そして、先生の手直ししたのが『狗屁《くひ》（イヌのおなら）』じゃなかったの。」

（編者のコメント）先生は瞬時に（「バカモンが！」と）手直しし、教え子は瞬時に（「イヌのおなら」と）理解した。

なお、中国原本（乾隆二六年（一七六一）宝仁堂刊、京都大学附属図書館谷村文庫蔵）と和刻本『訳解笑林広記』に附された句点（読点）の位置は、微妙に異なっている。文意に深く関わるものではないが、中国語で音読する際のリズムを確認するために、以下に中国原本に附された句点（読点）の位置を示しておく。これまでは、和刻本の句点を「。」、中国原本にのみ存する句点を「、」で示してきたが、本話に関しては、和刻本に附された句点の方が多く、原本の姿が判別しづらくなっているため、このような形で別掲する。言うまでもなく、中国原本の切り方に従って音読した方が、中国語としては読みやすい。

『新鐫笑林廣記』第一一八話（巻二・腐流部、一四丁表）

改對

訓蒙先生。出兩字課與學生對曰馬嘶。一徒對曰鵬奮。師曰好。不須改得。徒揖而退。又一徒曰牛屎。師叱曰狗屁。徒亦揖而欲行。師止之曰。你對也不曾対好。如何便走。徒曰。我對的是牛屎。先生改的是狗屁。

余説

掛け合い漫才を聞いているような、リズミカルな展開の一席である。

「ウマがヒヒーン（と嘶《いなな》き）」「トリがバタバタ（と奮《ふる》い立《た》つ）」、そして「トリがバタバタ（と奮《ふる》い立《た》つ）」を「トリのフン」と聞き違えた教え子が、「ウシのクソ（牛屎）」という二字句を付け、さらにそれに対して先生が「このバカモンが（「狗屁」）！」と罵ったのを「イヌがプー（イヌのおなら）」と聞き間違えた、というやりとりである。

特に最後の「狗屁《バカモンが》［gǒupì］」という語は、中国語の日常的な罵り言葉として極めて多用される語彙であるだけに、中国語ネイティブの心を激しく揺すぶること請け合いである。

㉚ 咬餅《こうへい》（パンのような中国式の「餅《もち》」をガブリ）

現代語訳

初学の子どもたちに教える先生、教え子が手に（中国式の小麦粉料理である）「餅《もち》」を持っているのを見て、冗談半分に、

「そら、三日月型《みかづきがた》に噛《か》みきったるでぇ。」

と言いながら、一口ガブリとかぶりついた。そしてさらに、

「そらもういっちょ、（杭州《こうしゅう》名物の腰がくびれたお菓子）『定勝餅《ていしょうもち》』みたいに噛《か》みきったるでぇ。」

と言ったところ、教え子は（もうこれ以上）食べられまいとして、手で「餅《もち》」を覆《おお》い隠したので、（先生は）間違って教え子の指をガブリと噛《か》んでしまった。先生、大声を上げて、こう言った。

「別に大したことない、大したことないんやでぇ。今日はもう、お前は勉強せんでええわ。家の人がなんか聞いてきたら、イヌが『餅《もち》』を取って食おうとしたので、咬《か》まれて怪我《けが》してしもうたとだけ言うとけぃ。」

原文

咬レ餅［嘲二館師一為レ狗］

一蒙師見テ三徒ノ手ニ持スルヲ二一餅ヲ一。戯レテ之ニ曰ク。

我レ咬ンテ二個ノ月湾《ミカツキナリ》ヲ一與ニレ你看セン。既ニ咬ム二一口ヲ一。

書き下し文

餅《もち》を咬《か》む［館師《くわんし》を嘲《あざけつ》て狗《いぬ》と為《な》す］

一蒙師《いちもうし》徒《と》の手《て》に一餅《いつぺい》を持《ぢ》するを見《み》て。之《これ》に戯《たはむれ》て曰《いは》く。我《われ》個《こ》の月湾《げつわん》を咬《かん》で你《なんぢ》に看《み》せん。

又曰ク。我レ再《マタ》咬二テ個ノ定勝《シキシナリ》一與ニレ你看セン。徒不レ捨テ。乃チ以レ手ヲ掩レフ之。誤テ咬二ム其ノ指一ヲ。乃チ呵《イキフキカケル》シテ曰ク。没・事没・事《ダマレダマレ》。今・日不レ要二セ你カ念《ヨム》一レスルヲ書ヲ了。家・中若シ問レハヾ你チニ。只、說ヘ是狗奪レテ餅ヲ吃セントシテ咬傷メタル的ト。

既《すで》に一口《ひとくち》を咬《か》む。又曰《またいは》く。我《われ》再《また》個《こ》の定勝《ていしょう》を咬《かん》で你《なんぢ》に看《み》せん。徒《と》捨《す》てず。乃《すなは》ち手《て》を以《もっ》て之《これ》を掩《おほ》ふ。誤《あやまっ》て其《そ》の指《ゆび》を咬《か》む。乃《すなは》ち呵《か》して曰《いは》く。没事没事《ぼつじぼつじ》。今日《こんにち》你《なんぢ》が書《しょ》を念《ねん》ずるを要《えう》せず。家中《かちゅう》若《も》し你《なんぢ》に問《と》はば。只《ただ》説《い》へ是《これ》狗《いぬ》餅《もち》を奪《うばひ》て吃《きっ》せんとして咬傷《かみいた》めたると。

注

○『訳解笑林広記』巻之上・腐流部（一〇丁表）。『新鐫笑林広記』巻之二・腐流部（第一二四話、一五丁表～裏）。○餅［bǐng］＝小麦粉をこねて円盤状にしたものを、焼いたり蒸したりした食べ物。餅米を用いて作る日本の「餅《もち》」とは全く異なる。焼いたものを「焼餅［shāobǐng］」、蒸したものを「蒸餅［zhēngbǐng］」と言う（『水滸伝』では、蒸したものを「炊餅［chuībǐng］」と言う（『水滸伝』第六回）。特に、中秋節（旧暦八月一五日）に食される、「満月」の形に見立てた「餅［bǐng］」を「月餅［yuèbǐng］」と呼び、今もなお中華文化圏に息づいている食文化の一つである。○［嘲二館師一為レ狗］（割注）＝家庭教師のことをイヌだと言って馬鹿にする、という意味。この割注は、遠山荷塘による訳注であり、中国原本にはない。○黌師＝「訓黌先生」（第二九話「改対」）、初学の子どもを教え導く先生のこと。ただし、文脈によっては「蒙昧な（バカな）先生」という意味にもなる。「黌」は、「蒙」の異体字。○一黌師見三テ徒ノ手ニ持二スルヲ一餅一ヲ＝和刻本は「見三テ」を「見二テ」と（訓点を）誤刻している。○月湾［yuèwān］＝「月弯［yuèwān］」（『笑府』）、弓なりに（三日月のように）湾曲しているさまを言う。左訓「ミカツキナリ」（三日月形）。○與ニレ你看セン＝お前に見せる。「與（与）」は、「〜（のため）に（…する）」という意味の前置詞。現代中国語の「給［gěi］」に相当する。古典的な漢文訓読では、「與（与）」を一律に「ト」と読むが、「你《なんぢ》と看《み》る」と訓読した場合、「お前に見せる」という文意とは、かなりズレが生じるので、注意が必要である。和刻本『笑府』三種における「與（与）」という語の訓読上の「揺れ」については、拙稿「和刻本『笑府』三種比較攷（下）」（『国語国文』第六八巻第二号、一九九九年二月）に詳しい。○定勝［dìngshèng］＝「定勝糕」、両端がふくらみ、中央部分がくぼんでいる中国南方の菓子。現在も杭州《こうしゅう》の名産品として伝わるが、その由来については、「一定勝（きっと勝利する）」という験担《げんかつ》ぎの菓子として流布したなど、諸説ある。『笑府』所収話は「錠勝［dìngshèng］」に作る。『笑府』の編者（馮夢龍《ふうぼうりゅう》）は、［dìngshèng］という語を「馬蹄型の銀貨」と理解していたものと考えられる。左訓「シキシナリ」（色紙形）。「色紙」とは、和歌などを書き込む細長く四角い厚紙のこと。腰のくびれた「定勝」の形とは、やや異なる。○不捨［bùshě］＝「捨不得［shěbude］」、手放したくない、もったいなくて人に食べられたくない。現代中国語と同じ。訓読語「捨てず（捨てない）」とはニュアンスが異なる。○呵［hē］＝大声で叱《しか》る、責める意（原義）。ここでは、間違って教え子の指を噛《か》んでしまったことにびっくりし、慌てて大声をあげてその場を取り繕おうとした、という気持ちを表現したものであろう。左訓「イキフキカケル」（息吹きかける）。「呵［hē］」という語には、寒いときに「ハーッ」と手に息を吹きかけて暖める、という意味もありうるが、この場面の解釈として、この左訓に示された遠山荷塘の解釈には無理がある。○没事没事［méishì méishì］＝大したことはない、大丈夫だ。現代中国語と同じ。左訓「ダマレダマレ」（黙れ黙れ）。この左訓の解釈も、原文の意味とは、やや異なる。○念書［niànshū］＝勉強する。原義は「本を読む」。「念［niàn］」とは、本来、声に出して読み上げること。「念」、左訓「ヨム」（読む）。

補注

この話は、『笑府』巻十二（第五四三話「熟荳（旧話）」）に類話がある。『笑府』の日本語訳は、松枝茂夫『全訳笑府（下）』一九二〜一九三頁参照。ただし、松枝訳には微妙な誤訳が散見される。なお、和刻本『笑府』三種に類話はない。

『笑府』収録話の原文は、以下の通りである。『笑林広記』本文と対校すれば、わずかに文字の異同がある。

『笑府』第五四三話（巻十二・日用部、一二丁表〜裏）

熟荳

有師徒同遊街上。見熟荳一粒。徒俯拾之。師曰。衆人属目之地。奈何如此。其徒不覺面赤。比歸。悶坐室中。少焉。聞扣門聲甚急。徒問何人。師曰。頃所拾荳。可出共享。難道獨自受用

舊話云。蒙師見徒手持一餅。誘之曰。我咬箇月弯與你看。既咬一口。又曰。再咬箇錠勝與你看。徒不忍。以手掩之。悞咬其指。乃呵曰。没事没事。今日不要你念書了。家中若問時。只云狗咬便罷

余説

この話の「笑いのツボ」は、間抜けな先生が、こともあろうに自分のことを「イヌ」だと言ってしまったところにある。現代風に言い換えれば、この話の主人公である「小学校の先生」が、自分のクラスの子のパンを、冗談半分に勝手にガブリと齧《かじ》ったり、さらにもう一口齧《かじ》ろうとして誤って子どもの指を咬《か》んでしまった、というだけでも、十分に笑える話なのではあろうが、ただでさえ人間以下の存在だと思われがちな、それを中国では「狗《いぬ》」並《なみ》の脳みそを持ったバカ教師などという言い方をするのだが、その「狗《いぬ》」並《なみ》ではないかと疑われている当の本人の「ぼんくら教師」の口から、自分が咬《か》んだ子どもの傷を家の人には「狗《いぬ》」がやったと言っておけと言っているところが、一番の笑わせどころなのである。和刻本の施訓者・遠山荷塘が標題下の割注に「嘲㆓館師㆒為㆑狗」（家庭教師のことをイヌだと言って馬鹿にする）と、わざわざこの話のテーマを説明しているのも、この謂《い》いである。

和刻本『訳解笑林広記』第一七話「狗頭師」、第一八話「狗坐館」、第三二話「是我」、いずれも教師を「狗《いぬ》」扱いして馬鹿にする、というテーマが共通している。「ぼんくら教師」に関する中国笑話の「笑いのツボ」を解くキーワードは、実は「狗《いぬ》」である。

㉛ 叔叔《しゅくしゅく》（おじさん）

現代語訳

（家庭教師として雇われている）先生、自分の子どものことを、おっとりしていて聡明であり、文字をよく知って

いるから、御子息さまと御一緒に勉強することが十分にできますると、口を極めて褒《ほ》めちぎった。主人は（それを聞いて）、

「それはとても良いことじゃ。」

と言った。先生は、家に帰って自分の子どもに、こう言った。

「年が明けたら、お前も一緒に（家庭教師先に）連れて行き、（初学の）勉強を始めることにするぞ。わしはもう、御主人さまの前で、お前のことを自慢しておいてやった。ただなぁ、お前ときたら、一字も知らぬ、生まれつきのアホじゃからのう。」

そこで、「被《ふとん》」「飯《ごはん》」「父《ちち》」という三つの文字を書いて、息子にしっかりと覚えさせ、御主人さまの口頭試問に備えた。

家庭教師先の家に着くと、主人はしきりに数字を知っているかどうか訊《たず》ねてきたが、（息子は）一つも答えることができなかった。先生は言った。

「息子は人見知りをしているのでございましょう。私が（文字を）書いてやりましたら、パパッと答えることができましょう。」

そこで、（先生が）「被《ふとん》」という字を書いて、「これは何の字じゃ」と質問すると、息子はなんと、それでもさっぱり分からぬ様子であった。先生が、

「お前、ベッドの上に掛けてあるものはなんじゃ。」

と聞くと、息子は、（「被《ふとん》」ではなく）「稾《わら》の蓆《むしろ》です。」と答えた。

先生は、こんどは「飯《ごはん》」という字を書いて、これが分かるかどうかを訊《たず》ねたが、やはり何とも答えない。

「お前が家で食べているのは何なのじゃ。」

と聞くと、息子は、（「飯《ごはん》」ではなく）「麦糟《むぎかす》です。」と言った。

さらに、「父《ちち》」という字を書いてこれが分かるかと訊《たず》ねてみると、息子は「分かりません。」と言う。しまいに先生はカンカンに怒り、

「お前の母《かあ》ちゃんは家で誰と寝とるんじゃ。」

と訊《たず》ねたところ、息子は、（「お父さん」ではなく、あろうことか）「おじさんです。」と答えた。

原文

叔叔

師向テ二主人一ニ。極・口《オモフサマ》ニ賛二・揚《ホメル》ス其ノ子一ヲ沈・潜《モノシツカニ》聰慧《ハツメイテ》。識リレ字ヲ通・透シ。堪タリレ為スニ二令郎ノ伴讀一ヲ。主曰ク。甚タ好シ。師帰テ謂テ二其ノ子一ニ曰ク。明・歳帯ヒテレ你ヲ就クレ學ニ。我レ已ニ在ヲヒテ二東翁前一ニ誇奨《ジマンスル》ス。只是レ你稟・性《ウマレツキ》痴・呆《アホヲ》ニシテ。一・字不レ識ラ。因テ寫シテ二被飯父ノ三字一ヲ。令二

書き下し文

叔叔《しゆくしゆく》

師《し》 主人《しゆじん》に向《むか》て。極口《きよくこう》に 其《そ》の子《こ》を賛揚《さんやう》す 沈《ちん》潜《せん》 聰慧《そうけい》。字《じ》を識《し》り通透《つうとう》し。令郎《れいらう》の伴読《はんどく》を為《な》すに堪《たへ》たりと。主《しゆ》 曰《いは》く。甚《はなは》だ好《よ》し。師《し》 帰《かへつ》て 其《そ》の子《こ》に謂《いひ》て曰《いは》く。明歳《みやうさい》 你《なんぢ》を帯《おび》て学《がく》に就《つ》く。我《われ》 已《すで》に 東翁《とうをう》の前《まえ》に在《おい》て誇奨《こしやう》す。只《ただ》是《これ》 你《なんぢ》 稟性《へいせい》 痴呆《ちはう》にして。一字《いちじ》 識《し》らず。因《よつ》て 被《ひ》飯《はん》父《ふ》の三字《さんじ》を写《うつ》して。其《それ》をして 熟記《じゆくき》せしむ。

其ヲシテ熟記一セ。以テ備二フ問對一ニ。及レテ到レルニ館ニ後チ。主人連リニ試二ム数字一ヲ。無二シ一モ知ル者一ノ。師曰ク。小児ハ怕レ生《ミナレヌユヘ》。待二《ナセハ》我レ写シ来一ルコトヲ。自・然ニ《ツイブン》會・識ス《ワカル》。随テ寫二シテ被・字一ヲ問レフ之ニ。子竟ニ茫然タリ。師曰ク。你床・上蓋フ的ハ是レ甚《ナニ》・麼ソ。答テ曰ク。草・薦《ムシロ》ナリ。師又タ寫二シテ飯字一ヲ與ヘテ認セシム。亦不レ答ヘ。曰ク。你カ家・中吃スル的ハ是レ什麼ソ。曰ク麦・粞《ムギカス》。又寫二シテ父字一ヲ與テ識セシム。子曰ク。不レ知。師忿・怒シテ曰ク。你娘《ハヽ》在レテ家ニ同二ク何人一ト睡《ネルゾ》リ・的《ウル》。答曰ク。叔叔《オヂサン》。

以《もつ》て問対《もんたい》に備《そな》ふ。館《くわん》に到《いた》るに及《および》て後《のち》。主《しゆ》人《じん》連《しき》りに数字《すうじ》を試《こころ》む。一《いつ》も知《し》る者《もの》無《な》し。師《し》曰《いは》く。小児《せうに》は生《せい》を怕《おそ》る。我《われ》写《うつ》し来《きた》ることを待《なせ》ば。自然《しぜん》に会識《くわいしき》す。随《したがつ》て被字《ひじ》を写《うつ》して之《これ》に問《と》ふ。子《こ》竟《つひ》に茫然《ばうぜん》たり。師《し》曰《いは》く。你《なんぢ》床上《しやうじやう》蓋《おほ》ふは是《これ》甚麼《なに》ぞ。答《こたへ》て曰《いは》く。草《さう》薦《せん》なり。師《し》又《また》飯字《はんじ》を写《うつ》して与《あたへ》て認《にん》せしむ。亦《また》答《こたへ》ず。曰《いは》く。你《なんぢ》が家中《かちゆう》吃《きつ》するは是《これ》什麼《なに》ぞ。曰《いは》く麦粞《ばくせい》。又《また》父字《ふじ》を写《うつ》して与《あたへ》て識《しき》せしむ。子《こ》曰《いは》く。知《し》らず。師《し》忿怒《ふんど》して曰《いは》く。你《なんぢ》が娘《はは》家《いえ》に在《あつ》て何人《なんびと》と同《おな》じく睡《ねむ》りたる。答《こたへ》て曰《いは》く。叔叔《しゆくしゆく》。

注

○『訳解笑林広記』巻之上・腐流部（一〇丁裏～一一丁表）。『新鐫笑林広記』巻之二・腐流部（第一二六話、一五丁裏～一六丁表）。○極口［jíkǒu］＝口を極めて、思いっきり、存分に。左訓「オモフサマ」（思ふさま）。○賛揚

[zànyáng] ＝「称賛[chēngzàn]」、褒《ほ》め称《たた》える。左訓「ホメル」（褒める）。和刻本は「賛楊」に作るが、「木偏」と「手偏」は、書体上しばしば通用するため、ここは文意により「賛揚」とする。なお、中国原本は「賛揚」に作る。○沈潜[chénqián] ＝（性格が）静かで、落ち着いている。左訓「モノシツカニ」（物静かに）。○聰慧[cōnghuì] ＝「聡明[cōngmíng]」、賢い、聡明である。「聰」は「聰（聡）」の異体字。左訓「ハツメイテ」（発明で）。「発明《はつめい》」は、利発である意。○東翁＝「東家」（雇い主）の敬称、御主人さま（前出）。第二〇話「師賛徒」の左訓に「シユジン」（主人）とある。○誇奨[kuājiǎng] ＝褒める、推奨する。現代中国語と同じ。左訓「ジマンスル」（自慢する）。○秉性[bǐngxìng] ＝天性、本性、生まれながらに持っている性質のこと。左訓「ウマレツキ」（生まれつき）。○痴呆[chīdāi] ＝ぐず、間抜け、ぼんやりしている意。左訓「アホヲ」（阿呆）。○冩[xiě] ＝書く。現代中国語と同じ。「冩」は「写」の本字。日本語の「うつす」とは意味が異なる。○熟記[shújì] ＝しっかりと記憶する。「記[jì]」は「覚える」「記憶する」意であり、「しるす」という意味ではない。現代中国語と同じ。○怕生[pàshēng] ＝人見知りをする、知らない人の前でびくびくする。現代中国語と同じ。左訓「ミナレヌユヘ」（見慣れぬ故）。○自然[zìrán] ＝ひとりでに、自然に、本来の力を発揮して。左訓「ヅイブン」（随分）。○會識[huìshí] ＝分かる。「會（会）」は「できる」意を表す助動詞、「識」は「認識する、識別する」意の動詞。「識」は、後に出てくる「認」（＝「認識[rènshi]」）と同様に、（それがどのような漢字であるのか）「それと分かる」意。左訓「ワカル」（分かる）。○草薦[cǎojiàn] ＝藁《わら》で作った蓆《むしろ》。左訓「ムシロ」（蓆）。○麥粞[màixī] ＝麦の籾糠《もみぬか》。通常は人間の食料としてではなく、家畜の餌《えさ》として使用する。「麥」は「麦」の本字。左訓「ムギカス」（麦糟）。○娘[niáng] ＝母ちゃん、お母さん、母親のこと（口頭語）。現代中国語と同じ。日本語の「むすめ」という意味ではない。和刻本の施訓者・遠山荷塘は、右傍訓「ハ、」（母）を附す。○叔叔[shūshu] ＝おじさん。自分の父親と同年配か、やや年下の男性を指す呼称。父親よりも年上

の男性を指す「伯父［bófù］」という語も存するが、年上の男性一般に対する呼称としては「叔叔［shūshu］」を用いるのが普通である。左訓「オヂサン」（叔父さん）。なお、和刻本『訳解笑林広記』は「叔叔」の一字目に、「叔」の俗字「尗」を用いている。

補注

この話は、原本『笑府』『絶纓三笑』、和刻本『笑府』などに類話はない。

余説

ふとしたバカ息子の口から、ぼんくら教師の妻の浮気が発覚する、という話である。

血は争えぬもので、ぼんくら教師の子どもは、やはりぼんくらなガキであり、その子の口から、ぼんくら教師の家で普段使っている布団は、ふっくらした気持ちのよい羽毛布団などではなく、イヌの産所を見るような、または土左衛門を覆い隠すときにでも使用するような「稾《わら》の蓆《むしろ》」であり、普段食しているものは、ふっくら美味《おい》しい炊きたての白御飯などでは決してなく、家畜の餌《えさ》にすぎない「麦糟《むぎかす》」であり、普段お母さんが一緒の布団で寝ている相手というのは、ぼんくら教師のお父さんではなく、なんともはや、どこの馬の骨とも知れぬ浮気相手の「おじさん」であったという、人には決して見せてはならぬ家庭の事情が、次から次へと暴露される、という笑い話である。

㉜是我《ぜが》（それは私である）

現代語訳

ある先生、（日本で言うお盆とピクニックを兼ねたような節句である）「清明節《せいめいせつ》」の日（四月五日頃）、学校は休みなので、教え子たちを連れて、郊外へピクニックに行くことにした。先生は先頭を歩きながら、たまたま一発、屁を放《こ》いた。教え子は（先生をフォローしてあげようと思ったのか）、

「先生、（お盆の行事である）清明節《せいめいせつ》だけに、（御先祖さまの）幽霊が鳴き声を上げたようですね。」

と言った。ところが、先生は（教え子のフォローには一向に気がつかず）、

「アホなことを抜かすなボケ。（「放狗屁」）」

と言った。（訳者注…「アホなことを抜かすなボケ。」という意味の中国語「放狗屁［fàng gǒu pì］」は、「さっきのおならは、イヌが放《はな》ったものである。」という意味にもなることから、先生のおなら＝イヌのおなら、つまり、先生＝イヌ＝人間以下のバカモノ、ということを、先生自ら口にしてしまったことになるのである。）

しばらくして、バケツをひっくり返したような大雨が降ってきて、田んぼに落ちていた一枚の瓦《かわら》が、水に埋もれて、わずかにその背中だけを露《あら》わしていた。教え子は、その瓦《かわら》を指さして、また先生にこう言った。

「これ、カメみたいですね。」

すると先生は、「それは（カメではなく）、瓦《かわら》（＝ワシ）じゃよ。」と言った。（訳者注…蘇州方言では、「瓦［wǎ］」（かわら）と「我［wǒ］」（わたし）は同じ発音、またさらに「烏亀［wūguī］」には「カメ」という意味と「妻を寝取られたバカ亭主」という意味もあることから、先生の言った［shì wǎ］という言葉は、「是瓦［shì wǎ］」（それ（＝カメの

ようなもの）は、瓦《かわら》である。）という意味と、「是我［shì wǒ］」（それ（＝バカ亭主）は、私である。）という意味の両方に聞こえてしまうのである。）

【和刻本頭注】「放屁［fàng pì］」（「屁をこく」）という語は、「あれやこれやと、あることないことを言い散らすな」という意味である。そして、これに「狗［gǒu］」（イヌ）という語を加え（「放狗屁［fàng gǒu pì］」とすることによって）、ますます（罵りの）語気が強くなる。ここでの先生の応答は、図らずも（屁を放《はな》った）自分を「狗［gǒu］」（イヌ）と言ってしまったことになり、（さらにまた）自分を「烏亀［wūguī］（カメ＝妻を寝取られたバカ亭主）」と言ってしまったことになるのである。

原文

是我

一師値フテ二清明一ニ放學《ヤスム》ス、率テレ徒ヲ郊・外踏・青ス。師在テレ前ニ行ク。偶ミ撒《ヒル》ス二一屁一ヲ。徒曰ク。先生。清・明・鬼叫キ了ル《ユウレイガナク》。先生曰ク。放二狗屁一《アホウイフナ》《イヌノヘダ》。少・頃アッテ大・雨傾クレ盆ヲ。田・間ノ

書き下し文

是《これ》我《われ》

一師《いちし》 清明《せいめい》に値《あふ》て放学《はうがく》す。徒《と》を率《ひきゐ》て 郊外《かうぐわい》に 踏《たう》青《せい》す。師《し》 前《まへ》に在《あり》て行《ゆ》く。偶《たま》たま 一屁《いちひ》を撒《さん》ず。徒《と》曰《いは》く。先生《せんせい》。清明鬼《せいめいき》 叫《な》き了《をは》る。先生《せんせい》 曰《いは》く。狗屁《くひ》を放《はな》て。少頃《せうけい》あつて 大雨《だいう》 盆《ぼん》を傾《かたむ》く。田間《でんかん》

一瓦。為二ル水ニ淹没一セ。僅ニ露二ス其ノ背一ヲ。徒又指シテ謂二テ先生一ニ曰。這レ像《ニタリ》二是レ個ノ烏亀《ドロカメ》《アホヲ》一ニ。師曰ク是レ瓦《カハラ》《ワシジヤ》［瓦我仝音］。

（眉批）放屁莫レレ為二スコト胡言乱語一ヲ之意ナリ而シテ加二ヘ狗字一ヲ越・發深・意 今先生ノ之對。不レ覺喚レテ己ヲ為レシ狗ト為二ス烏亀一ト

徒《と》の一瓦《いちぐわ》。水《みづ》に淹没《えんぼつ》せ為《ら》る。僅《わづか》に其《そ》の背《せ》を露《あらは》す。徒《と》又《また》指《ゆびさ》して先生《せんせい》に謂《いひ》て曰《いは》く。這《これ》是《これ》個《こ》の烏亀《うきつ》に像《にた》り。師《し》曰《いは》く是《これ》瓦《かはら》。［瓦《ぐわ》我《が》同音《どうおん》］
（眉批《びひ》）放屁《はうひ》、胡言乱語《こげんらんご》を為《な》すこと莫《なか》れ の意《い》なり、而《しか》して狗字《くじ》を加《くは》へ、越発《ますます》深意《しんい》なり、今《いま》先生《せんせい》の対《こた》へ、覚《おぼ》えず 己《おのれ》を喚《よび》て狗《いぬ》と為《な》し、烏亀《うきつ》と為《な》す

注

○『訳解笑林広記』巻之上・腐流部（一一丁表）。『新鐫笑林広記』巻之二・腐流部（第一二七話、一六丁表～裏）。○清明［qīngmíng］＝二十四節気の一つ。春分から一五日目、太陽暦の四月五日前後にあたる。中国では古来、ピクニック（「踏青［tà qīng］」）をしたり、墓参り（「掃墓［sǎo mù］」）をして先祖を祭る風習があった。日本におけるお盆の行事に相当する。「清明節」「踏青節」とも言う。○放学［fàng xué］＝学校が休みになること。左訓「ヤスム」（休む）。○撒［sā］＝放つ、放出する。ここでは、「おならをする」「屁をこく」こと。左訓「ヒル」（放る）。○清朙鬼𠮩了＝「清朙鬼（清明鬼）」は、清明節に里帰りした死者の霊魂を指す。「朙」は「明」の古文形（異体字の一つ）。「鬼」は、死者の霊魂。日本の「オニ」とは異なる。「清明」が先祖の霊を祭る行事であることから、日本の「お盆」と同様、先祖の霊がこの世に降臨する、ということである。「𠮩［jiào］」は「叫」の異体字。「鳴き声を上げる」「鳴く」

意。現代中国語と同じ。「清明鬼叫了」、左訓「ユウレイガナク」（幽霊が鳴く）。○放狗屁［fàng gǒu pì］＝デタラメを言うな（罵語）。原義は「イヌ（クソ野郎）のような屁をこく」。「放屁［fàng pì］」（原義は「屁をこく」「おならをする」）と意味は同じだが、「狗［gǒu］」（イヌ）を加えることによって、さらに侮蔑のニュアンスが強まるとともに、語気の卑しさ（品のなさ）が増す。人にものを教える立場にある教師には似つかわしくない言葉遣いである。しかも、自分の放った「屁」に対して「放狗屁」（デタラメを言うな←イヌの屁をこく）という言葉を口にしているため、図らずも自分自身を「イヌ」だと言ってしまったことになる。第三〇話「咬餅」と同様、狗並《いぬなみ》の脳味噌《のうみそ》しか持っていないと揶揄《やゆ》されることの多い「ぼんくら教師」が、自分のことを自ら「イヌ」だと口走ってしまったところが面白い。和刻本の頭注にも同様の解釈が示されている。左訓「イヌノヘダ」（犬の屁だ）、右傍訓「アホウイフナ」（阿呆言うな）。○為ル二水ニ淹没セ一＝水のなかに埋もれている、水浸しになる、という意味。「為水所淹没（水《みづ》の淹没《えんぼつ》する所《ところ》と為《な》る＝水《みづ》の為《ため》に淹没《えんぼつ》せらる）」と、訓読法は異なる場合があるが、意味は同じ。「為＋（モノ）＋（所）＋（動詞）」（モノに…される）は、受け身の構文。○烏亀［wūguī］＝カメ。俗に「自分の妻を寝取られたバカ亭主」、転じて「馬鹿者」の意に用いる。「王八［wángbā］」「王八蛋［wángbādàn］」とも言う。現代中国語と同じ。右傍訓「ドロカメ」（泥亀）、左訓「アホヲ」（阿呆）。○瓦［wǎ］＝瓦《かわら》、焼き物、土器の意。蘇州方言では「わたし」という意味の語「我［wǒ］」と同音であることから、「是瓦」（それは瓦《かわら》である）は「是我」（それは私である）という意味にも聞こえる。つまり、先生が言った「カメではなく、それは瓦《かわら》じゃ。」という言葉は、「妻を寝取られたバカ亭主、それはワシじゃ。」という意味にも聞こえてしまうのである。右傍訓「カハラ」（瓦）、左訓「ワシジヤ」。○「瓦我仝音」（割注）＝「瓦［wǎ］」と「我［wǒ］」は同音である、という意味。「仝」は「同」の異体字。この割注は、中国刊本に存する原注である。○（眉批《びひ》）放屁莫レレ為スコト二胡言乱語ヲ一之意ナリ而シテ加ヘ二狗字ヲ一越・發深・意 今先生ノ之對。不レ覺喚レテ己ヲ為シレ狗ト為スニ烏亀ト一＝原文は部分的に訓点を欠く。訓点が抜けている箇所は、文意に拠り私《わたくし》に訓点を施した。また、書き下し文においては、適宜読点「、」を加えた。和刻本の原文表記は、以下の通り。「放屁莫為胡言乱語ヲ一之意而シテ加ヘ二狗字ヲ一越・發深・意今先生ノ之對。不レ覺喚テレ己ヲ為シレ狗ト為スニ烏亀ト一」。なお、この頭注は遠山荷塘による訳注であり、中国原本にはない。遠山荷塘による訳注は、本文に割注を加える形で示されることが多いが、以下の一一箇所においては、このように欄外頭注（「眉批《びひ》［méipī］」）の形で注が施されている。恐らくは、稿本が出来上がった後に追加されたものであろう。その内容が語学上専門的なものを多く含んでいることから、書肆《しょし》による追加事項ではなく、施訓者自身の手になる補注と思われる。欄外頭注（「眉批《びひ》」）追加箇所＝第五話「稟粮」（上巻二丁表）、第二四話「赤壁賦」（上巻八丁表）、第三二話「是我」（上巻一一丁表）、第三八話「有理」（上巻一三丁表）第一四八話「呆算」（上巻四六丁表）、第一六九話「闞院吏」（下巻三丁表）、第一七二話「纏住」（下巻四丁表）、第一八六話「頭眼」（下巻九丁表）、第二六七話「煩悩」（下巻三〇丁裏）、第二八一話「看鏡」（下巻三五丁表）、第二九三話「瞖字令」（下巻三九丁表）。

補注

この話は、原本『笑府』『絶纓三笑』、和刻本『笑府』などに類話はない。

余説

この話の「笑いのツボ」は、中国語の同音語によるダジャレにある。前半部分では、屁を放《はな》った先生が、「デタラメを言うな」という意味のことを言おうとして、口汚く「放狗屁［fàng gǒu pì］（イヌの屁を放《はな》ちやがれ）」と口走り、後半部分では、「烏亀［wūguī］（カメ＝妻を寝取られたバカ亭主）」みたいなものを指さして、「是瓦［shì wǎ］（そのカメのようなものは、瓦《かわら》である）＝「是我［shì wǒ］」（妻を寝取られたバカ亭主、それは私である）と言ってしまう。

つまり、この先生は自分のことを「イヌのようなバカ野郎である」と言い、さらに自分は「妻を寝取られたバカ亭主である」とも言うのである。もちろん、自分ではそのようなことを口にしているつもりは毛頭ないのだが、先生の口から出てくる言葉は、ことごとくそのような意味に聞こえてしまう、というところに可笑《おか》しさがある。

中国語通であった和刻本の施訓者、遠山荷塘好みの話柄と言えよう。

㉝村牛《そんぎゅう》（学識のない愚か者）

現代語訳

ある読書人、聯句《れんく》が上手だった。友人とぶらぶら歩いていると、街のはずれに病気の馬が二匹いるのが目に入った。友人は、すかさずその馬を指さして訊《たず》ねた。

「貴兄《あなた》は、頭がよくて、対句《ついく》を作るのが上手だという噂《うわさ》です。今日はひとつ、直接（対句《ついく》の）御指導を賜《たまわ》りたいと存じます。」

読書人は言った。

「よろしいでしょう。聞こうではありませんか対句《ついく》の題を出してみてください）。」

そこで友人は、次のような題を出した。

「城北《じようほく》に両隻《にひき》の病馬《びようま》あり（城北 両隻 病馬）。」

すると読書人は、パパッと次のような対句《ついく》を付けた。
「江南《こうなん》には 一個《いっこ》の 村牛《そんぎゅう》あり（江南 一個 村牛）。」

【訳者注】最後の一句は、形式的には、二字句を三つ連ねた、きれいな対句《ついく》になっているのだが、その内容は「この辺りに一人の間抜けがおりました」という意味にも取れるものであり、見ようによっては、まるで「江南地方（＝この辺り）に、自分のようなバカ者がいる」と言っているように聞こえてしまうところが可笑《おか》しいのである。

原文

村牛［調ニ村學究ヲ一也］

一・士善シ二于聯句ニ一。偶〻同ク二友人ト一閒歩ス。見ル下有ツテ二病馬二匹一卧スヲ中于城下ニ上。友即チ指シテ而シテ問テ曰ク。聞ク兄捷・才。素ヨリ善シトレ作ルニ對ヲ。今日欲ス二面アタリ領《ウケタマハリタシ》セント一レ教ヲ。士曰ク。願クハ聞ン。友出シテレ題曰ク。城・北両・隻ノ病馬。士

書き下し文

村牛《そんぎう》［村学究《そんがくきう》を調《てう》する也《なり》］

一士《いつし》 聯句《れんく》に善《よ》し。偶《たま》たま 友人《いうじん》と同《おな》じく閒歩《かんぽ》す。病馬《びやうま》 二匹《にひき》 有《あつ》て 城下《じやうか》に臥《ふ》すを見《み》る。友《とも》 即《すなは》ち 指《ゆびさ》して而《しか》して問《とひ》て曰《いは》く。聞《き》く 兄《けい》 捷《せふ》才《さい》。素《もと》より 対《つい》を作《つく》るに善《よ》しと。今日《こんにち》 面《まの》あたり 教《をし》へを領《りやう》せんと。士《し》 曰《いは》く。願《ねがは》くは聞《きか》ん。友《とも》 題《だい》を出《いだ》して曰《いは》く。城北《じやうほく》 両隻《りやうせき》の 病馬《びやうま》。士《し》

即チ對シテ曰ク。江・南一・個ノ村・牛《イナカジユシヤ》。

即《すなは》ち対《つい》して曰《いは》く。江南《かうなん》一個《いっこ》の村牛《そんぎう》。

注

○『訳解笑林広記』巻之上・腐流部（一一丁表～裏）。『新鐫笑林広記』巻之二・腐流部（第一三一話、一七丁表）。○村牛［cūnniú］＝学識のない愚か者のこと。和刻本の施訓者・遠山荷塘は、標題下の割注において「村學究」と注し、本文末尾の左訓では「イナカジユシヤ（田舎儒者）」と訳している。『醒世恒言』第三巻「売油郎独占花魁」に「那主兒或是年老的。或是貌醜的。或是一字不識的村牛。（その相手が、爺さんだったり、醜男《ぶおとこ》だったり、一字も読めない田舎っぺえだったりした日にゃ）」（日本語訳は、中国古典文学大系37『今古奇観（上）』（駒田信二訳、平凡社、一九七〇年、一〇一頁）による）とある。○［調二村學究一ヲ也］（割注）＝学識のない田舎儒者をからかったものである、という意味。この割注は、遠山荷塘による訳注であり、中国原本にはない。○聯句［liánjù］＝中国詩の一形態。二人または複数の作者が、それぞれ一句または数句ずつ作り、一編の詩を成すもの。漢・武帝が群臣を集めて作らせたとされる『柏梁台聯句《はくりようだいれんく》』がある。通常は、五言句または七言句を各句ごとに押韻させるものだが、『笑林広記』所収話の「聯句」は、六言句である上に、韻も踏んでいない。これはむしろ、和刻本『訳解笑林広記』第二〇話「詩賛徒」（原本『新鐫笑林広記』第一〇一話）や第二九話「改対」（原本第一二四話）に見える「対課」（「対句《ついく》」を付けさせるレッスン）の形式に通じる。中国笑話集『広笑府』に見える「聯句」については、補注を参照。○閒歩［xiánbù］＝散歩する、ぶらぶらと歩く意。和刻本『訳解笑林広記』は「間歩」に作るが、原本『新鐫笑林広記』（乾隆二六年（一七六一）宝仁堂刊、京都大学附属図書館谷村文庫蔵本）により改めた。「閒［xián］」（ひま、ぶらぶらと）と「間［jiān］」（あいだ）「間［jiàn］」（すきま）は混同されることもあるが、本来は意味も発音も異なる別字である。○見下ル有二ツテ病馬二匹一臥中スヲ于城下上ニ＝和刻本は「于」を「一」に誤る。中国原本により改めた。○面［miàn］＝面と向かって、直接、じかに。現代中国語では「当面［dāng miàn］」と言う。和刻本は捨て仮名「アタリ」を附し、「まのあたり」と訓《よ》ませている。○領教［lǐng jiào］＝教えを受ける。現代中国語と同じ。左訓「ウケタマハリタシ」（承りたし）。

補注

この話は、原本『笑府』『絶纓三笑』、和刻本『笑府』などに類話はない。

なお、田舎教師と教え子が作ったとされる「聯句《れんく》」の実例が、中国笑話集『広笑府』第一二話「村学聯句」（巻一、儒箴一二）に見える。ここでは、教師と教え子が二人で七言句を交互に作り、全体として一首の七言律詩を完成させている。「聯句」とは、通常このような形式をとるものであった。参考のため、以下に『広笑府』第一二話「村学聯句」の原文、書き下し文、現代語訳を示す。原文の引用は『馮夢龍全集』第十巻（魏同賢主編、鳳凰出版社、二〇〇七年九月、四～五頁）によるが、押韻箇所を見やすくするため、二句ごとに改行し、韻字には圏点を附す。

『廣笑府』第一二話（巻一、儒箴一二）

村學聯句

門館蕭條八月秋（師）、二三童子冷颼颼（生）。

東脩微薄難排遣（師）、學分原無莫怨尤（生）。

課少令尊嫌怠惰（師）、書多我輩結寃仇（生）。

明年設帳知何處（師）、解館歸歟日夜愁○（生）。

田舎教師の聯句

（書き下し文）

門館《もんくわん》は蕭条《せうでう》たり 八月《はちぐわつ》の秋《あき》（先生）、二三《にさん》の童子《どうじ》 冷颼颼《れいそうそう》（生徒）。
束脩《そくしう》 微薄《びはく》にして 排遣《はいけん》し難《がた》し（先生）、学分《がくぶん》 原《もと》より無《な》ければ 怨尤《ゑんいう》すること莫《な》し（生徒）。
課《くわ》 少《すく》なければ 令尊《れいそん》 怠惰《たいだ》を嫌《きら》ふ（先生）、書《しよ》 多《おほ》ければ 我輩《わがはい》 寃仇《ゑんきう》を結《むす》ぶ（生徒）。
明年《みやうねん》 帳《とばり》を設《まう》くるに 何処《いづく》なるかを知《し》らん（先生）、館《くわん》を解《と》きて帰《かへ》らんか 日夜《にちや》 愁《うれ》へん（生徒）。

（現代語訳）


秋も八月、私塾の教室は（生徒が少なく）ひっそり閑としている（先生）。

教室にいるのは、ボクたち二三人の子どもだけ。冷たい風がびゅうびゅうびゅう（生徒）。

教師の給料は安すぎて、なんだかいつも、やるせない（先生）。

ボクらの成績、もともとゼロ。だから、ボクたちの方は、別に恨みはないけどね（生徒）。

授業時間が少ないと、（雇い主である）お前たちのお父さまは、カンカンですよ（先生）。

でもボクたちは、課題図書が多すぎると、むしろムカムカするけどね（生徒）。

来年は、どこで教室を開けばよいのやら（先生）。

それは、学校を閉鎖して、ボクたちは家に帰る、ということですか。そうなると、朝から晩まで（家で勉強しなければならないから）、余計に嫌《いや》になっちゃうね（生徒）。

ただし、『広笑府』の刊年は未詳であり、「墨憨齋主人（馮夢龍）纂集」と署名されてはいるものの、馮学氏「『広笑府』質疑二題」（『笑府選　附広笑府』（竹君校点、福州、海峡文芸出版社、一九八七年）所収）によれば、本書は一九三五年以降に編纂された偽書であり、明末・馮夢龍の撰ではないという。

とはいえ、『広笑府』所収の笑話については、明代刊本『笑府』全十三巻（国立公文書館蔵）所収話と重複するものも多く、近代以前の中国笑話が多数収録されていることも事実であり、明清時代の笑話を考察する際の参考資料にはなろう。

余説

たまたま目にした「城北（城郭都市の北部）」の風景を「城北に二頭の病気の馬がいる（城北両匹病馬）」という対句《ついく》の題として示したところ、田舎者の読書人が、それに応《こた》えて即座に「江南には一頭の耕牛（農作業用の牛）がいる（江南一個村牛）」という六字句を作り上げたという笑い話。現代日本人には、やや笑いにくい話かもしれない。

ここで言う「江南」とは、作者の意図としては、「城北」の二字に対して「大きな川の南側（江南）」という意味で付けられた語であり、「村牛」とは、「病気の馬（病馬）」に対して「田舎の農家の牛（村牛）」という意味で付けられたにすぎない。つまり、「城北」の実景に対して「江南」の実景を付けたということである。しかしながら、「江南一個村牛」という六字句全体を眺めた場合には、やや異なる意味合いが生じる。つまり、「江南一個村牛」とは「（蘇州を中心とする中国南方という意味での）江南地方に、一人の、田舎者で学識の乏しい似而非《えせ》学者がいる（江南一個村牛）」

という意味にも聞こえてしまうのである。そして、そのような意味の言葉が「江南の村学究」たる田舎者の先生自身の口から発せられた、というところが可笑《おか》しいのである。おそらく『笑林広記』を編集した「遊戯主人」ならば、このように「笑いのツボ」を説明するところであろう。

しかし、この手の笑い話は、清朝時代の中国における江南地方で田舎儒者が何かとバカにされる存在であったということ、そして更には、対句《ついく》を付けることが初等教育の現場で「国語」の課題として日常的になされていたということ、あるいは、「聯句《れんく》」などのような文学的営為が、読書人の知的遊戯として頻繁に行われるものであったという歴史的事実を知らなければ、容易に笑うことのできぬ咄《はなし》ではあろう。

㉞抜鬚《ばつしゅ》（鬚《ひげ》を抜く）

現代語訳

科挙の受験生、顎鬚《あごひげ》を根こそぎ抜いて、（若い受験生のように顔をツルツルにして）試験を受けることにした。（この年老いた受験生は）鏡に向かって、恨めしそうに、こう言った。

「（おい、鬚《ひげ》の野郎よ）いつの日か、お前がわしを院試に合格させてくれないならば、わしはお前を毛穴から出してはやらないからな。」

【和刻本割注】高齢の科挙受験生が試験を受ける場合、顎鬚《あごひげ》を生やしていると体裁《ていさい》が悪いため、鬚《ひげ》を抜きとり、少年のような装《よそお》いをする。だからこそ、（この老齢の受験生は）「自分を合格させてくれたら、お前を（毛穴から）出してやろう」（つまり、試験に受からないかぎり、鬚《ひげ》を生《は》やすことはできない）などと言うのである。

原文

扳クレ鬚ヲ

童生扳テレ鬚ヲ赴クレ考ニ。對シテレ鏡ニ恨テ曰ク。你一日不レハ二放テレ我ヲ進ミ去ラシメ一《キフダイニイレタナラ》。我レ一日不二放テレ你ヲ出シ来ラシメ一《ハイダサセヨウ》。

［老年ノ童生赴クニレ考ニ。有レハレ鬚則躰面不レ好。扳キレ鬚以テ為スニ少年打扮ヲ一。故ニ言フ使ニ我登科一。則使ニ汝放出一也。］

書き下し文

鬚《ひげ》を抜《ぬ》く

童生《どうせい》 鬚《ひげ》を抜《ぬき》て 考《かう》に赴《おもむ》く。鏡《かがみ》に対《たい》して 恨《うらみ》て曰《いは》く。你《なんぢ》 一日《いちじつ》 我《われ》を進《すす》み去《さ》らしめざれば。我《われ》 一《いち》日《じつ》 你《なんぢ》を放《はなち》て出《いだ》し来《きた》らしめず。

［老年《らうねん》の童生《どうせい》 考《かう》に赴《おもむ》くに。鬚《ひげ》 有《あ》れば 則《すなは》ち 体面《たいめん》 好《よ》からず。鬚《ひげ》を抜《ぬ》き 以《もつ》て 少《せう》年《ねん》の打扮《だふん》を為《な》す。故《ゆゑ》に言《い》ふ、我《われ》をして登《とう》科《くわ》せしめば。則《すなは》ち 汝《なんぢ》をして放出《はうしゆつ》せしめんと也《なり》。］

注

○『訳解笑林広記』巻之上・腐流部（一一丁裏）。『新鐫笑林広記』巻之二・腐流部（第一四〇話、一九丁表）。○鬚［xū］＝あごひげ。口ひげ（「髫子［húzi］」）と合わせて、口の周りの「ひげ」全体を「髫鬚［húxū］」と言う。なお、「頰髭《ほおひげ》」は「髯［rán］」という。○童生［tóngshēng］＝明清時代の科挙制度において、県・府の試験には合格したが、まだ「院試」に合格しておらず、「生員」「秀才」となっていない読書人（科挙受験生）のこと。科挙の最終試験である「院試」に合格できない場合、高齢者でも「童生」「文童」と呼ばれた。○赴考［fù kǎo］＝科挙試験を受けに行くこと。「考［kǎo］」は「試験を受ける」意。現代中国語と同じ。○不二レハ放レテ我ヲ進ミ去一ラ＝私を試験に合格させ、「秀才（生員）」の仲間入りをさせてくれたならば、という意味。「放［fàng］」は、「自由に～させる」意の動詞。「進去［jìnqu］」は、動詞の後に置かれ、その動作の結果、目的語が「～の中に入っていく」ニュアンスを添える複合方向補語。現代中国語と同じ。「放我進去」で「私を（科挙最終試験合格者の）仲間入りをさせる」意となる。左訓「キフダイニイレタナラ」（及第に入れたなら）。○不二放レテ你ヲ出シ来一ラシメ＝お前（鬚《ひげ》）を（毛穴から）出させてやらない、という意味。文法的には前出「不放我進去」と同じ構造をもつ対句《ついく》的表現。否定文を連続させることにより、「～しないならば、…させない」意を表す。ここでは、「私を科挙に合格させないならば、お前を毛穴から出させてやらない」＝「私を及第させてくれるならば、お前を毛穴から出させてやろう」の意となる。左訓「ハイダサセヨウ」（這い出させよう）。○［老年ノ童生赴レクニ考二。有レレハ鬚則躰面不レ好。抜レキ鬚以テ為二ス少年打扮一ヲ。故ニ言フ使二我登科一。則使二汝放出一也。］（割注）＝この割注は、遠山荷塘による訳注であり、中国原本にはない。「躰面［tǐmiàn］」＝「体面」。「躰」は「體」「体」の異体字。「打扮［dǎbàn］」は「～の格好をする」意。現代中国語と同じ。「登科［dēng kē］」は「科挙の試験に合格する」意。

補注

この話は、原本『笑府』『絶纓三笑』、和刻本『笑府』などに類話はないが、清代笑話集『笑倒』に、ほぼ同文の笑話が収まる。原文は、次の通りである。引用は、『歴代笑話集』（王利器輯録、上海、上海古典文学出版社、一九五六年十二月、四五一頁）による。ただし、句読点は日本式に、漢字は正字に改めた。

『笑倒』

拔鬚

童生拔鬚赴考、對鏡曰。你一日不放我進去、我一日不放你出來。

余説

この笑話には、いい年をして鬚《ひげ》を生《は》やすこともできない万年受験生の切なさが描かれている。ただし、この話の「笑いのツボ」は、対句《ついく》仕立ての最後の一句が、中国語として極めて気の利いた言い回しになっているところにある。「你一日不放我進去、我一日不放你出來。（おい、鬚《ひげ》の野郎よ。いつの日か、お前がわしを院試に合格させてくれないならば、わしはお前を毛穴から出してはやらないからな。）」

まともな大人の男ならば立派な顎鬚《あごひげ》を蓄えるのが当たり前であった明清時代の中国人にとって、少年のように、否《いな》、女のように、ツルツルの顔を晒《さら》して生きていかなければならないことがどれほど切ないことであったか、そのような万年受験生の悲哀が、気の利いた対句《ついく》表現の中に込められている。胸を締め付けられるような、切ない可笑《おか》しさを感じる。

㉟問藕《もんぐう》（レンコンとは何かを問う）

現代語訳

ある先生、子どもを連れて、長旅《ながたび》に出発した。子どもは生《なま》のレンコンを食べながら、父親に質問した。

「とっつぁまよぉ。これは、なんじゃいなぁ。縦向きにしたら、なんとまぁ、煙突みたいだし、横向きにしたら、泥のついた（編み目模様の）カゴみたいじゃ。両手で握ってみたら、ぎゅっとしなった弓みたいじゃし、口のなかで噛《か》んでみたら、サクサクサクサク砕《くだ》けるし、それに、こんなに甘い汁がぐじゅぐじゅじゃ。そして、ごっくんと飲み込んでみたら、蜘蛛《くも》の糸みたいに、喉《のど》に絡《から》みつきよるんじゃ。（こんなものは）これまでついぞ見たことたねぇ。」

その子の父親は、腹を立てて、こう言った。

「この愚か者めが。これは、中国南方特産物の専門店で物を包むときに使っている、あの大きな葉っぱの根っこじゃねぇか。（訳者注…「ハスの根」と言えばそれで済むのに、なんと回りくどい言い方をすることか。この親にしてこの子あり、と言うべきであろう。）」

【和刻本割注】ここに使用されている言葉は、すべて北方人の語彙である。「個沙」「搭起」「搭董」、これらは、すべて助詞である。「介」は「箇」と同じ。「沙」は「了」と同じ。「包東包西」とは、つまり「包東西」（物を包む）のことである。

【訳注者補足】文末に附された割注には誤りが多い。まず、本話に使用されている語彙は、北方方言ではなく、蘇州を中心とする江南地方の呉方言である。さらに、「個沙」という語句は助詞ではなく、「個」

は「這（これ）」という意味の代詞、「沙」は「甚麼（なに）」という意味の疑問代詞である。また、「介」は「箇（～の）」と同じではなく、「這麼（こんな）」「這様（このような）」と同意の語であり、「沙」も「了」ではなく、前出「甚麼（なに）」という意味の語である。

原文

問レ藕

上路ノ先生携レ子ヲ出ツレ外ニ。吃二・着ス鮮藕《ナマハス》一ヲ。乃チ問テレ父ニ曰ク。爹・来《トヽサマヨ》。個《コノ》・沙東西《シナ》ハ。豎・搭・起スレハ《ヲシタツレバ》竟ニ似リ二煙・囱《ソラマト》一ニ。横・搭・董スレハ《ヨコニネスレハ》好ニ像《ニタリ》二泥・籠《メカゴ》一ニ。捏二・搭スレハ《テニ、キレハ》手裡一ニ似タリ二把ノ湾《ユ》・弓《ミ》一ニ。嚼二・搭スレハ《カメバ》口裡一ニ醒《サクサク》二・鬆醒《サワヤカナ》・鬆。已ニ介甜水濃濃《アマイシルガゾクゾクスル》。咽ニ搭・落シ去レハ《ノドノウチニハイルト》蜘・蛛《クモノス》・絲絆二・住・子ス《カラム》喉嚨《ノドニ》一ヲ。従・来《イマヽテ》勿レ二曾テ見過《ツイゾミタコトガナイ》一。其ノ父怒テ曰ク。呆・奴呆奴《アホウメ》、個《コレ》就チ是レ南・貨店裡《ニウリミセノ》ニ。

書き下し文

藕《ぐう》を問《と》ふ

上路《じやうろ》の先生《せんせい》子《こ》を携《たづさへ》て外《そと》に出《い》づ。鮮藕《せんぐう》を吃《きつ》着《ちやく》す。乃《すなは》ち父《ちち》に問《とひ》て曰《いは》く。爹来《たらい》。個《これ》は沙《なに》の東西《もの》ぞ。豎搭起《しゆたふき》すれば竟《つひ》に煙囱《えんそう》に似《にた》り。横搭《わうたふ》董《とう》すれば好《まさ》に泥籠《でいろう》に像《にた》り。手裡《しゆり》に捏搭《ねつたふ》すれば把《こ》の湾弓《わんきゆう》に似《にた》り。口裡《こうり》に嚼搭《しやくたふ》すれば醒《せい》鬆《しよう》醒鬆《せいしよう》。已《すで》に介《これ》甜水濃濃《てんすいのうのう》。咽《のど》に搭落《たふらく》し去《さ》れば蜘蛛《ちちゆう》糸《し》喉嚨《こうろう》を絆住《はんぢゆう》子《し》す。従来《じゆうらい》曽《かつ》て見《けん》過《くわ》すること勿《な》し。其《そ》の父《ちち》怒《いかつ》て曰《いは》く。呆奴《たいど》呆《たい》奴《ど》、個《これ》就《すなは》ち是《これ》南貨店裡《なんくわてんり》に。包東包西《はうとうはうさい》の大《だい》な包・東《モノヲツヽム》包・西大《オヽキナ》［土音讀度］葉《ハノ》個根結麼《ネニデキタノダ》。

［此話都是北人語、個沙。搭・起 搭・董。皆助詞。介猶レ箇。沙猶了。包東包西。乃包二東西一也。］

る葉《は》の個《こ》の根結《こんけつ》ならん。

［此《こ》の話《ことば》都《すべて》是《これ》北人《ほくじん》の語《ご》なり、個《こ》沙《さ》。搭起《たふき》 搭董《たふとう》。皆《みな》助詞《じよし》なり。介《かい》は猶《なほ》箇《こ》のごとし。沙《さ》は猶《なほ》了《れう》のごとし。包東包西《はうとうはうさい》は。乃《すなは》ち東西《もの》を包《つつ》む也《なり》。］

注

○『訳解笑林広記』巻之上・腐流部（一一丁裏〜一二丁表）。『新鐫笑林広記』巻之二・腐流部（第一二八話、一六丁裏）。○藕［ǒu］＝レンコン（蓮《はす》の根）のこと。蓮の葉は「荷葉［héyè］」という。○上路［shàng lù］＝出発する、旅立つ意。○吃着［chī zhe］＝食べながら。「吃［chī］」は「食べる」意の動詞。「着［zhe］」は動詞の後に付けて「〜している」状態を表すアスペクト助詞。現代中国語と同じ。○鮮藕［xiān ǒu］＝調理をしていない、生《なま》のレンコン。左訓「ナマハス」（生蓮）。○爹来［diē lai］＝父ちゃんよぉ。「爹［diē］」は、父親を呼ぶときの、くだけた話し言葉「父ちゃん」「とっつぁん」。「来［lai］」は、文末に置かれる助詞（呉方言）、否定的なニュアンスを添える。現代中国語の「呢［ne］」に相当する（『呉方言詞典』（漢語大詞典出版社、一九九五年）参照）。左訓「ト、サマ」（父様）。○個沙東西［gè shā dōngxi］＝これは何ですか、これはどういうものですか。「個［gè］」は、指示代詞「これ」を意味する呉方言語彙。現代中国語（普通話）の「這（这）［zhè］」に相当する。「沙［shā］」は、疑問詞「なに」にあたる呉方言語彙、現代中国語（普通話）の「甚麼（什么）［shénme］」と同じ。「東西［dōngxi］」は、「モノ」という意味の名詞。

現代中国語と同じ。「個」、左訓「コノ」。「東西」、左訓「シナ」（品）。なお、遠山荷塘は、文末の割注において、「個沙」を北方方言の助詞である（「此話都是北人語、個沙。搭起 搭董。皆助詞。」）と注記しているが、誤りであろう。「個沙東西」は、現代中国語（普通話）では「這個、甚麼東西？（这个，什么东西？）」という意味の文であり、さらにこの語は、中国北方ではなく、『笑林広記』が出版された中国南方（蘇州＝呉）の方言である。〇豎搭起［shù dāqǐ］＝縦に起こしてみれば、縦向きにしてみれば。「豎」は、「立てる」「縦《たて》にする」意の動詞。「搭起」は、動詞の後に付ける複合方向補語「起来［qǐlai］」に近い意の呉方言と思われるが、未詳。左訓「ヲシタツレバ」（押し立つれば）。遠山荷塘は、文末割注において、北方方言の助詞と注記している。〇煙囪［yāncōng］＝煙突。左訓「ソラマト」（空窓）。「空窓《そらまど》」とは、煙や臭いを部屋の外へ逃がすために屋根に取り付けられた「天窓《てんまど》」のこと。所謂「煙突」とはやや異なる。〇横搭董［héng dādong］＝横に倒してみれば、横向きにしてみれば。「搭董」は、動詞の後に付ける複合方向補語の呉方言語彙であろうが、未詳。左訓「ヨコニネスレハ」（横に寝すれば）。遠山荷塘は、文末割注において、北方方言の助詞とする。〇好像［hǎoxiàng］＝〜に似ている、まるで〜みたいだ。現代中国語と同じ。和刻本は「好《まさ》ニ像《にた》リ」と訓読する。〇泥籠［nílóng］＝泥のついた籠。蓮は泥の中に根を張るため、泥が付着していたのであろう。「籠」とは、レンコンを輪切りにしたときに見える網状の形態を表したもの。ただし、明清時代の文献に用例を見ない。同音語「泥龍［nílóng］」ならば、「雨乞いのために作られた土製の龍」の意だが、それではレンコンを輪切りにした網《あみ》の目《め》の形状と一致しない。左訓「メカゴ」（目籠）。「メカゴ」とは、「目の粗い籠《かご》」のこと。〇捏搭手裡［niē dā shǒu li］＝手に握れば。「捏」は「握る」意の動詞。「搭」は、動詞の後に付けられる補語（呉方言語彙）であろうが、未詳。左訓「ニテニ、キレハ」（二手に握れば）。「裡」、和刻本は衣偏《ころもへん》を示偏《しめすへん》としているが、中国原本により改めた（以下同じ）。〇似把湾弓［sì bǎ wāngōng］＝半円形の弓の形に似ている。「把」は、「一つの」意を表す序数詞（量詞）。「一把」の「一」を省略した形である。現代中国語と同じ。「湾弓」、左訓「ユミ」（弓）。○嚼搭口裡［jiáo dā kǒu li］＝口の中で嚙《か》めば。「搭」は未詳。「嚼搭」、左訓「カメバ」（嚙めば）。○醒鬆醒鬆［xǐngsōng xǐngsōng］＝サクサク。左訓「サクサク サワヤカナ」。○介［jiè］＝このように、こんなふうに（呉方言）。現代中国語（普通話）の「這麼（这么）［zhème］」「這様（这样）［zhèyàng］」にあたる。遠山荷塘は、文末の割注において、「介」は「箇」と同じ（「介猶箇」）と注記しているが、誤りである。○甜水濃濃［tiánshuǐ nóngnóng］＝甘くて濃厚な汁が出てくる、甘い汁がグチュグチュである。左訓「アマイシルガ ゾクゾクスル」（甘い汁がゾクゾクする）。「甜」、和刻本は左側を「古」に誤る。今、中国原本により改めた。○咽搭落去［yàn dā luòqu］＝飲み下せば、飲み込んで（喉の奥に）落としてみれば。これも呉方言であろうが、未詳。ただし、文法的には「咽」は名詞としての「のど」ではなく、「飲み込む」意の動詞である。「落去」は、現代中国語（普通話）の複合方向補語「下去」に相当するものであろう。左訓「ノドノウチニハイルト」（喉の内に入ると）。○蜘蛛絲＝蜘蛛《くも》の糸。「蜘蛛［jīzhū］」は、「蜘蛛［zhīzhū］」の音通なのであろうが、未詳。レンコンを嚙《かじ》ったときにできる、粘りけのある糸状のものを「蜘蛛の糸」に喩《たと》えたものと思われる。左訓「クモノス」（蜘蛛の巣）。○絆住子喉嚨＝喉《のど》に絡《から》みついてしまう。「絆［bàn］」は、「まとわりつく」意の動詞。「住［zhù］」は、動詞の後に置かれる結果補語、「からみつく」動作が定着する意を添える。現代中国語と同じ。「子［zi］」は、呉方言語彙のアスペクト助詞、現代中国語（普通話）の「了［le］」（変化を表す）にあたる。「子」のこの用法については、都賀庭鐘施訓『開巻一笑』にも用例がある。拙稿「『開巻一笑』小考」（『京都大学国文学論叢』第二号、一九九九年六月）を参照。「喉嚨［hóulong］」は、「のど」の意を表す話し言葉。書面語では「咽喉［yānhóu］」という。「絆住子」、左訓「カラム」。「喉嚨」、左訓「ノドニ」。○従来［cónglái］＝これまで、いままで。現代中国語と同じ。左訓「イマ、テ」（今まで）。○勿曾見過［wù céng jiàn guo］＝見たことがない。「勿」は、呉方言語彙の否定詞、現代中国語（普通話）の「不［bù］」にあたる。通常の古典漢文のように「不要［bú yào］（～するな）」という意味ではないので、ここは和刻本のように「勿《なか》レ」と訓《よ》まない方がよい。「勿《な》し」と訓読しておくべきであろう。「過［guo］」は、動詞の後に置かれ、経験があることを表す結果補語。現代中国語と同じ。標準的な古典漢文ならば「不曾見過」「未曾見過」と記されるところ。左訓「ツイゾミタコトガナイ」（ついぞ見たことがない）。○呆奴呆奴［dāinú dāinú］＝愚か者、バカ者めが。和刻本は句点の位置が異なり、「呆奴。呆奴」とする。今、中国原本により改めた。「呆奴」、左訓「アホウメ」（阿呆め）。○南貨店裡＝中国南方の特産品を扱う商店においては。和刻本は、「店」を「痁」（マラリア）、「裡」を示偏《しめすへん》の文字とするが、中国原本により改めた。「南貨」、左訓「ニウリミセノ」（荷売り店の）。○包東包西大葉個根結麼＝モノを包むときに使う大きな葉っぱの根っこじゃないか。「東西［dōngxi］」は「モノ」の意。「包東西」で「モノを包む」意を表すが、ここは「東西」の二字が分解されて「包東包西」となっている。呉方言地域における、くだけた話し言葉であろう。「包東包西」、左訓「モノヲツ、ム」（物を包む）。遠山荷塘は、文末の割注において、同様の注記を加えている（「包東包西。乃包東西也。（「包東包西」は、つまり「包東西」ということである）」）。「大葉」、和刻本は「度葉」としているが、中国原本により改めた。ハスの大きな葉のことを、通常の漢語では「荷葉［héyè］」という。明和二年（一七六五）に和刻本が刊行された中国短編小説『照世盃』第四話に、中国南方の商店で買った荷物をハスの葉「荷葉」に包む場面が見える。「大葉」、左訓「オ、キナ ハノ」（大きな葉の）。「個」は、「～の」という意味を表す呉方言語彙の助詞、現代中国語（普通話）の「的［de］」に相当する。「根結」は、「根っこ」という意の方言語彙であろうが、未詳。「根結」、左訓「ネニデキタノダ」（根に出来たのだ）。「麼［ma］」は、「～じゃないか」の意を表す文末の語気助詞。現代中国語では「嘛」と表記される。○［土音讀度］（割注）＝（「大［dà］」という文字を）この地方の発音では、「度［dù］」と読む、という意味。「大葉［dàyè］」という語を「度葉［dùyè］」などと、田舎っぽい発音で読んでいることを揶揄《やゆ》したもの。この割注は、中国原本に存する原注である。ただし、和刻本は、原文「大」を「度」とし、割注も「土音讀度」を「土音讀大」と書き換えている。これでは、原文「大葉」が「度葉」となり、意味をなさない。〇話［huà］＝言語、言葉の意。現代中国語と同じ。日本語「はなし」とは異なる。

補注

この話は、原本『笑府』『絶纓三笑』、和刻本『笑府』などに類話はない。

余説

「この親にしてこの子あり」というべき話である。

レンコンのことを知らない息子が、田舎っぽい方言を使って、あれやこれやとレンコン描写を展開するのだが、息子の持って回った話し方があまりにも回りくどく、田舎くさい。と思ったら、なんとその父親も、息子と同じように回りくどい話し方で応答した、という笑い話。父親は「それはレンコンというものだよ。」と答えれば済むものを、「それは中国南方の特産物を専門に扱っている商店で、商品を包むときに使っている、あの大きな葉っぱの根っこじゃねぇか。」と答えたのである。方言をたっぷりと使用した、回りくどい言い回し、その田舎くさい表現の滑稽さに「笑いのツボ」があると言えよう。

遠山荷塘の文末割注が、方言語彙の説明に終始しているのも、標準的な中国語とは異なる、かくも奇妙な言い回しに、本話読解のポイントが存することを示唆している。

㊱個人《こじん》個妻《こさい》（一夫一婦）

現代語訳

旅に出た一人の先生、次のようなことを口にした。

「なるほど！（蘇州を中心とする）江南地方の友人の奥さま（「老媽官」）の場合、付き合う相手は、一人に一人だけなんだ！」

【和刻本割注】「老媽官［lǎo mā guān］」は、「老夫人［lǎo fūrén］」（奥方様《おくがたさま》）と言うのと同じである。「喇［la］」は、（発見・変化による感嘆の意を表す）中国北方方言の助詞である。中国北方の私塾の先生の家では、一年中、自宅を留守にしているため、妻は間男《まおとこ》を連れ込んで姦通《かんつう》する。しかも相手の男は一人にとどまらず、二人も間男《まおとこ》を迎えているといった例も珍しくない。（この話は）そのような中国北方の先生（の夫婦関係）を嘲笑《ちょうしょう》したものである。（中国北方の乱れた夫婦生活とは異なり）呉の地方の友人の家では、妻一人に対して夫が一人だけであることを、今、目《ま》の当たりにし、（先生は）びっくり仰天してしまった、というわけである。

原文

個人個妻

一上路ノ先生向レテ人ニ曰ク。原・来呉下ノ朋友的ノ老・媽・官《オクサマ》ハ。個ノ人ニ《ヒトリニ》是レ一・個ノ《ヒトリノ》哥・喇《テイシユジヤ》。

［老媽官 猶レ言二老夫人一ト。喇ハ北方ノ助・詞也。調二ス北方門舘先生一ヲ、其ノ鎮年在レ外、家下ノ老婆 偸レ漢入レ馬、不二止ミ一人一、両相視為レ常不レ怪、今視二呉友之一妻一夫一驚呆云々］

書き下し文

個人個妻《こじんこさい》

一《ひとり》の上路《じやうろ》の先生《せんせい》 人《ひと》に向《むかつ》て曰《いは》く。原来《ぐわんらい》 呉下《ごか》の朋友《ほういう》の老媽官《らうばくわん》は。個《こ》の人《ひと》に 是《これ》 一個《いつこ》の哥《か》のみ。

［老媽官《らうばくわん》は 猶《なほ》 老夫人《らうふじん》と言《い》ふがごとし。喇《ら》は 北方《ほつぱう》の助詞《じよし》なり。北方《ほつぱう》の門館先生《もんくわんせんせい》を調《てう》す、其《そ》の 鎮年《ちんねん》 外《そと》に在《あ》れば 家下《かか》の老《らう》婆《ば》 漢《かん》を偸《ぬす》み 馬《うま》に入《い》ること 止《ただ》 一人《いちにん》のみならず、 両《ふたつながら》 相視《あひみ》ること 常《つね》と為《な》して怪《あやし》まず、 今《いま》 呉友《ごいう》の一妻一夫《いつさいいつぷ》なるを視《み》て驚呆《きやうたい》すと云々《うんぬん》］

注

○『訳解笑林広記』巻之上・腐流部（一二丁表）。『新鐫笑林広記』巻之二・腐流部（第一三四話、一七丁裏）。○原来［yuánlái］＝なるほど（そうだったのか）。意外なことを発見したときの、驚きの気持ちを表す副詞。現代中国語と同じ。日本語の「元来《がんらい》」とはやや異なる。前出語。○老媽官［lǎo mā guān］＝未詳。左訓「オクサマ」（奥様）。遠山荷塘は、文末割注において、「老媽官」は「老夫人」と言うのと同じである（「老媽官猶レ言二老夫人一ト」）と注記している。○個人是一個哥喇＝一人の人に、一人の彼氏なんだ、ああ。「個人」は「一個人」の「一」が省略された形。「ひとりの人」の意。日本語「個人」とは異なる。「哥」は、原義「兄」、ここでは「恋人」「彼氏」「付き合っている男」の意。「喇［la］」は、文末の語気助詞（「了［le］＋啊［a］」の合音＝「啦」「喇」［la］）。感嘆の意を添える。「個人」、左訓「ヒトリニ」（一人に）。「一個哥喇」、左訓「ヒトリノテイシユジヤ」（一人の亭主じゃ）。この台詞《せりふ》の解釈は、遠山荷塘の文末割注に詳しい（現代語訳を参照）。○鎮年［zhèn nián］＝一年中、まるまる一年ずっと。この意味の「鎮［zhèn］」は、通常「鎮日［zhèn rì］」（一日中、まる一日）という語で使用される。○偸漢入馬［tōu hàn rù mǎ］＝間《ま》男《おとこ》を呼び入れ、姦通《かんつう》すること。「漢［hàn］」は「男《おとこ》」、「馬［mǎ］」は「馬眼［mǎ yǎn］」＝「女陰」を意味する。○老夫人［lǎo fū rén］＝奥方様。「老［lǎo］」は、目上の人に対する尊称。この場合「年老いた」という意味にはならない。○老婆［lǎopó］＝奥さん、妻、女房。現代中国語と同じ。日本語の「老婆《ろうば》」（お婆さん）とは異なる。

補注

この話は、原本『笑府』『絶纓三笑』、和刻本『笑府』などに類話はない。

余説

中国北方の私塾の先生は、たいてい寝取られ亭主ばかりであることを嘲笑《ちょうしょう》したもの。しかも、中国北方では、そのような淫乱な生活を送っている妻のことを、夫は「老媽官［lǎo mā guān］」（奥方のお代官様）などと呼んで崇《あが》め奉っていることも、さりげなく揶揄《やゆ》しているように思われる。妻にコケにされ、そして妻の尻に敷かれる男。一年中、家を留守にせざるを得ない中国北方の雇われ家庭教師の惨めな暮らし振りが窺《うかが》える。

附記

本稿は、平成二八年度科学研究費補助金（基盤研究C、課題番号二四五二〇二四四「東アジアの笑話と日本文学・日本語との関連に関する研究」）による研究成果の一部である。

中国笑話集と『増補萬寶全書』

島田大助

一

日本の近世笑話に中国笑話の影響があることは知られている。特に十八世紀半ば頃から、『訳準開口新語』（寛延四年刊・一七四一）などの漢文体笑話本、中国笑話集『笑府』の抄訳本が次々と刊行されるようになり、それに『解顔新話』（寛政六年刊・一七九四）『訳解笑林広記』（文政十二年刊・一八二九）などが続き、式亭三馬の『柳髪新話浮世床』初編（文化八年序・一八一一）には、その面白さを評価する台詞が残されている。ところで、『笑府』の刊行は十七世紀の初め頃とされているが、何故十八世紀の半ば頃に、日本で突如として中国笑話集の抄訳本が刊行されることになったのであろうか。これまで、この疑問の答えは明らかになっていない。

『笑府』の書名を持つ諸本の中に、『笑府』に採録されていない笑話が含まれていることは、武藤禎夫氏の『江戸小咄の比較研究』[1]『笑府集成』[2]などによって既に明らかにされている。

本稿では、『笑府』抄訳本に採録されているものの、『笑府』には含まれていない笑話について探索をおこない、その出所を明らかにすることを目的とする。併せて、この時期に中国笑話集の抄訳本が刊行されることになった理由の一端を明らかにしたい。

まず、先学の研究成果を参考にしながら、『笑府』に採録されていない笑話について見ていこう。

二

明和五年（一七六八）九月、京都の文臺屋多兵衛、圓屋清兵衛方から、『笑府』（これ以降は、原本『笑府』と表記する）の最初の抄訳本である『笑府』（これ以降は、半紙本『笑府』と表記する）が刊行される。原本『笑府』と半紙本

『笑府』の話の照合は、武藤禎夫氏によって既になされた。それによれば、半紙本『笑府』の一七六話の内、原本『笑府』には確認できない笑話が二十五話あり、それらは『新鐫笑林広記』（乾隆二十六年・一七六一、宝仁堂刊）から採られていることが指摘されている。

例えば、半紙本『笑府』の巻頭には次のような笑話がある。

一先生講レ書ヲ至二康子饋ルニ一レ薬ヲ徒問二是煎薬是丸薬カト一、先生向二主人ニ一誇奨《ホメ》ノ曰、非レハ二令郎《ゴシソク》ノ美質ニ一不レ能レ問、非レハ二學生博學ニ一不レ能レ答、上節郷人儺ノ儺的《ヒロゲタハ》是自然ニ是丸薬、下節又是煎薬、不ンハ三是用二爐火ヲ一如何ンノ就チ厩焚起来ン

（半紙本『笑府』(3)）

この話が『新鐫笑林広記』から採られていることは、次に示す笑話から明らかである。

講書

一先生講書至康子饋藥徒問是煎藥是丸藥先生向主人跨奬曰非令郎美質不能問非學生博學不能荅上節郷人儺〻的是自然是丸藥下節人是煎藥不是用爐火如何就厩焚起来

（『新鐫笑林広記』(4)巻之二腐流部）

半紙本『笑府』に続いて明和五年十月の序を持つ『笑府』の抄訳本（これ以降は、小本『笑府』と表記する）が刊行される。この小本『笑府』には七十五話の笑話が採録されているが、半紙本『笑府』同様、原本『笑府』に未収録の笑話

が五話（巻一「困窮先生」、巻二「医駝背」、巻三「鼓」「剔燈棒」「陰陽生」）ある。五話の内、巻二「医駝背」は『百喩経』『笑林』『笑得好』、巻三「鼓」は『笑得好二集』、「剔燈棒」は『笑得好』、「陰陽生」は『新鐫笑林広記』から採られていることが武藤禎夫氏の調査によって明らかにされているが、落語「宗漢」の原話と思われる巻一「困窮先生」については、これまで出典不明とされてきた。次に、この笑話の出典と思われる笑話について検討する。

清の乾隆十二年（一七四七）に『増補萬寳全書』(5)が刊行される。三十巻、明代から刊行されてきた中国日用類書の十八世紀版と位置づけることができる書籍である。これらの中国日用類書には、現代の百科事典に通じる内容が記されているが、その中に笑話がまとめられた「笑談門」がある。このたび、この「笑談門」の中に、出典不明とされてきた「困窮先生」に酷似する笑話を確認した。

小本『笑府』に記載される「困窮先生」は次のような笑話である。

困窮先生

一先生家ヘ十分ニ窮乏《ビンボウ》ニノ又タ無シ二僕ノ相随カフ一只得テ把レ妻ヲ扮《シタテ》レ僕ニ同ク行ク及テレ至ル二東家《テイシユ》ニ一吃飲完ニ畢リ東家《テイシユ》是ノ夜叫レ兒《ムスコトキニ》倍ノ先生ニ同宿セシム你的ノ盛僕《ゴケライ》ハ同小价《コチノケラヒ》宿シ罷其ノ師無二如レ之ヲ奈トモスルヿ一只得テ依ル二主ノ言ニ一次早其ノ子告テ二於父ニ一曰好個先生窮極之甚シキ夜来脱スレ衣褌子《フンドシ》モ也無僕人乃在レ傍ニ大聲言テ曰帯来ル的ノ僕人モ十分ニ窮迫肌巴《ヘノコ》モ也没シレ有ヿ

（小本『笑府』(6)）

下僕も雇えない医者が、仕方なく妻を男装させて往診に出かけるが、夜伽を馳走されることになり、褌もしていないことが露見する。妻は、往診先の家来と同衾することになるが、こちらのほうは陽物もなかったと大声で言われてしまう。

同様の笑話が、『増補萬寳全書』の「笑談門」にある。

○困窮先生

昔一先生家十分窮乏又無僕相随只得把妻扮僕同行及至東家吃飲完畢東家是夜叫兒倍先生同宿你的盛僕同小价宿罷其師無如之柰只得依主言次早其子告於父曰好個先生窮極之甚夜來脱衣褲子也無僕人乃在傍大聲言曰帯來的僕人十分窮迫脱巴也没有

（『増補萬寳全書』）

冒頭の「昔」の一文字を除けば、小本『笑府』の話と一致していることが分かる。「笑談門」を見ていくと、小本『笑府』巻三にある「陰陽生」と同様の笑話があることにも気づく。

小本『笑府』に記載される「陰陽生」は次のような笑話である。

陰陽生

二人同レ舟ヲ中見下水流二一屍ヲ一而來上一人問曰不レ知是男屍カ是女屍カ一人荅テ曰覆者ハ男人ナリ仰者女人ナリ其屍乃側チ而流ル何ソヤ也荅曰此是個ノ陰陽生也

（小本『笑府』）

この笑話については、これまで『新鐫笑林広記』巻之三術業部にある次の笑話を採ったものとされてきた。

陰陽生

従来人堕水淹死飄浮水面覆者是男仰者是女一日有屍従河内側身氽来者人見之皆道奇怪若是女一定仰面男則覆轉今此人側起男女未知孰是傍一人曰此必是個陰陽生耳

（『新鐫笑林広記』巻之三術業部）

陽物のあるなしにより、浮かび方が違うとの内容は一致するが、本文を比較すると同一の話とは言えないであろう。それでは、『増補萬寶全書』の「笑談門」の笑話はいかがであろう。

○誚陰陽生

人同舟中見水流一尸而來一人問曰不知是男尸是女尸一人答曰覆者男人仰者女人其尸乃側而流何也答曰此是個陰陽生也

（『増補萬寶全書』）

小本『笑府』の「陰陽生」の冒頭に「二」の一字を加えれば、同一の笑話となる。この笑話も『増補萬寶全書』の「笑談門」から採った笑話と考えてよかろう。

小本『笑府』は、これまで原本『笑府』、『笑得好』（『百喩経』『笑林』）、『新鐫笑林広記』から笑話を採って作られた抄訳本と考えられてきたが、「困窮先生」「陰陽生」の話から、原本『笑府』、『笑得好』（『百喩経』『笑林』）、『増補萬寶全書』を基にして作られた抄訳本とするのが適当だと考える。

三

寛政六年十月の序を持つ『解顔新話』という中国笑話集の抄訳本がある。「清　游戯主人編／日本　未足斎月風訳」とある本書には全四十一丁に四十七話の中国笑話が採録されている。本書が『笑府』ではなく『新鐫笑林広記』から話を採っていることは、既に『噺本大系』(7)第二十巻の「所収書目解題」に武藤禎夫氏のご指摘がある。この研究を踏まえ、川上陽介氏は「『解顔新話』全注釈」(8)において、『解顔新話』所収の笑話について、『新鐫笑林広記』に加え『笑府』『絶纓三笑』なども含めて出典の検討を行っている。なお、「『解顔新話』全注釈」には、詳細な注に加え訳文が付されている。是非ご覧いただきたい。

両氏のご研究により、大半の笑話の出典は明らかにされてきたが、次に示す「姦媳」については、いずれも出典不明の笑話とされてきた。

姦媳

一老者領テレ孫ヲ出レ市ニ往二一妓者門首ヲ一経過 妓請レ吃ヲレ茶ヲ 老者不レ肯進去其ノ孫問テ曰ク 這外子是誰 公曰ク 此是仐娼婦 孫曰ク 他請レ你吃レ茶ヲ何不レ去公曰ク 他不二是請テレ我ヲ吃一レ茶ヲ要下我与レ他雲雨騙中我的東西上其ノ孫牢記及レ帰ルニレ家ニ見下母親将テ二茶一盞ヲ一逓与二公公一吃上其ノ孫拍レ手ヲ笑テ曰ク 我暁得了 母親要下与二公公一雲雨騙中公公東西上

老者孫《おやじまご》を領《つれ》て市《まち》へ出る一妓者《けころや》の門首《かどぐち》をぶら〳〵とありくから妓《けころ》がモシ茶を吃《あが》れと老者《おやじ》きかぬふりして進去《ゆきすぎ》る孫公々《ぢいさま》に問ていはくアノ外子《むすめご》は誰《たれ》じやと公《ぢい》のいはくアレハ是娼婦《けいせい》孫の曰デモ你《おまへ》を請《よん》で茶を吃《のめ》といふにナゼ去《ゆか》ぬと

公のいはく他《あれ》は我《おれ》を請で茶を吃《のま》せるではない我《おれ》と他《あれ》と雲雨《ぼゞ》させて我《をれ》が東西《もの》を騙《だま》さふとするのだと孫牢《かた》く記《おぼ》へて忘《わす》れず家《うち》へかへると母親が茶を汲で公々《ぢいさま》に吃《のま》せるを見ると手《て》を拍《たゝい》て我《おれ》は暁得《しつてゐる》よ母親《かゝさま》が公々と雲雨させて公々の東西《もの》を騙《だま》さふと

（『解顔新話』(9)）

孫を連れて妓楼の前を通りかかった祖父が、お茶を召し上がれと声をかける女性の行為について孫に話した説明を、孫が母親にも当てはめたことから生じる笑いを描く艶笑話である。この笑話の出典と思われる笑話が『増補萬寶全書』にある。

○嘲人姦媳

昔一老者領孫出市往一妓者門首經過妓請吃茶老者不肯進去其孫問曰這娘子是誰公曰此是個娼婦孫曰他請你吃茶緣何不去公曰他不是請我吃茶要我與他雲雨騙我的東西其孫牢記及歸家見母親將茶一盞遞與公公吃其孫拍手笑曰我曉得了母親要與公公雲雨要騙公公東西

（『増補萬寶全書』）

「昔」の一字を除き、「緣」の一字を加えれば、二つの笑話は一致している。『解顔新話』の「姦媳」は、『増補萬寶全書』の「嘲人姦媳」が出典であると考えてもよいのではないか。

『解顔新話』には、『新鐫笑林広記』の笑話と同想ではあるが、出典として認定することに躊躇する笑話がいくつかある。次にこれらの笑話について検討してみたい。

愚かな息子の言動が可笑しい笑話「性呆」は、以下のような内容である。

性呆

一‐呆‐人同クレ妻ト到ニ丈‐人‐家一丈‐人設ケテレ席ヲ待レ之ヲ席上有ニ生‐柿‐子一呆‐人拿‐来連レ皮ヲ就‐吃其ノ妻在テレ内ニ窺ヒ見テ怨‐嘆シテ曰ク苦‐也苦‐也呆‐人答テ曰ク苦倒不レ苦只‐是レ有ニ些‐児渋一

呆婿妻《ばかむこつま》とつれだちて泰山《しうと》へ修謁《みまふ》丈人《しうと》歓《よろこん》で管待《ちそう》する其席《そのせき》に生柿子《なまがき》のあるを見て彼《かの》むこ拿《とつ》て皮《かは》もむかすにむさ〱くふ妻套房《つまなんど》からのぞいて見てこらへ兼《かね》て嘆《たん》じて云《いは》く晦筆々々《にがにがしや》と呆人《ばか》答《こたへ》て曰《いはく》苦《にが》くはないがチトしぶいよ

（『解顔新話』）

獃子

一獃子性極痴有日同妻至岳家拝門筵席待之席上有生柿水菓獃子取来連皮就吃其妻在内窺見只叫得苦呀獃子聴得忙答曰苦到不苦惹得満口渋得緊着哩

（『新鐫笑林広記』巻之五殊稟部）

内容は、同想ではあるが、タイトル、本文はかなり異なっている。次に『増補萬寳全書』の「嘲人性呆」を示す。

○嘲人性呆

一呆人同妻到丈人家丈人設席待之席上有生柿子呆人拿來連皮就吃其妻在内窺見怨歎自命曰苦也苦也呆人荅曰苦到不苦只是有些兒澁

（『増補萬寳全書』）

「嘆」を「歎」にして、「自命」を『解顔新話』の「性呆」に加えれば、本文は一致する。また、タイトルの「嘲人性呆」も『解顔新話』と一致していると考えてもよいのではないか。

次に妻と妾の間で起こる房事争いに、解決策を示した夫の、陽物の反応が可笑しい笑話「公直老人」を検討してみる。

公直老人

一－人娶二一－妻一－妾ヲ一平－常争フレ風ヲ夫ノ曰ク我レ若就二那－個ニ一只説二我偏－愛ヲ一今－夜我仰－臥在レ床ニ看二你－們造－化ヲ一憑二他此ノ物向一レ誰ニ就－去与レ他幹レ事妻－妾依テレ言ニ各将二陽－物一摸－弄一－時興－起竪若二桅－杆一夫大ニ笑テ曰ク好一－個公－直－老－人

公直老人《しやうじきもの》

嫡妻《ほんさい》と次妻と平常《つねづね》争風《やきあふ》てどうふもならず丈夫《おつと》のいはく我《われ》がごとく那個《どちら》へか一人に就《かゝつ》たならば偏愛《かたびいき》ともいはふが今夜《こよひ》は手《て》をかへて我《われ》が仰《あをのけ》に臥《ね》て居《ゐ》やうから你們《そちたち》の造化《しあはせ》にまかせて我的《おれがもの》の向《むか》つた方《はう》を憑《せうこ》にして就《つれ》て去《いつ》て幹事《してやらふ》と両人《ふたり》ともに領《のみこん》でたがひに陽物《へのこ》を摸《なで》たり弄《さすつ》たりすると一時《たちまち》興起《おこつ》て檣桅《ほばしら》のやうになる丈夫《おつと》大ひに笑《わらふ》ていはくこの公直老人

（『解顔新話』）

公直老人

妻妾争風夫又倦于房事乃曰我若就那個只説我偏愛今夜待我仰臥在床看你們造化憑他此物向誰就去与他幹事妻妾依言各将陽物摸弄一時興起竪若桅杆夫大笑曰你両個扶持他起来做了公直老人不肯狥私我也没法

（『新鐫笑林広記』巻之六閨風部）

タイトルは一致、内容も一致している箇所が多いが、本文の冒頭及び最後の部分は大きく異なっている。次に『増補萬寳全書』の話を示す。

誚老人

昔一人娶一妻一妾終日無事常匕争風丈夫乃曰我若従一人説我偏愛那個我今只是仰臥於床你二人睡於兩傍憑我陽物向誰今晩就是如此二人依其言各將手扯陽物興起豎似桅杆其夫笑曰好一個公直老人　（『増補萬寳全書』）

これまで示した「姦媳」「性呆」と異なりタイトルは一致しない。また本文についても異なる箇所が多い。ただし、『解顔新話』の笑話と『新鐫笑林広記』の笑話の違いであった、冒頭の箇所「一-人娶二一-妻一-妾」と最後の箇所「好一-個公-直-老-人」は、一致している。冒頭の箇所に続く「平-常争フレ風ヲ」は「終日無事常常争風」を改作したと考えても良いのではないか。以上のことから、『解顔新話』の「公直老人」は、『新鐫笑林広記』の「公直老人」と『増補萬寳全書』の「誚老人」を併せて改作した笑話と考えられる。

次は、先に小本『笑府』所収の話として『増補萬寳全書』との関連を検討した「陰陽生」について見ていく。

陰陽生

三-人同-舟中ニ見ル下水ニ流ニ二一-尸一而来上一-人問曰ク不レ知是レ男-尸是レ女-尸一-人答テ曰ク覆ク者男-人仰ク者女-人其ノ尸乃側シテ而流ル何ソヤ也答テ曰ク此レハ是-個陰-陽-生也

三人同舟《どうせん》する一つの尸《しかい》の流《なが》れて来《く》るを見る一人問《とふ》て曰くあれは男か女《おなご》かと一人答《こたへ》て曰《いはく》覆《うつむく》は男仰《あを》くは女と其尸《そのしがい》側《よこ》に流《なが》れるアレハ何《なん》じや答曰《こたへいはく》男《おとこ》女《おんな》

（『解笑新話』）

この笑話は、これまで小本『笑府』の「陰陽生」を出典とする笑話だと考えられてきた。前述の通り、小本『笑府』の「陰陽生」は『増補萬寶全書』の「誚陰陽生」の話に「二」を加えたものであった。『解顔新話』の「陰陽生」も冒頭に「三」を加えれば、本文は一致する。小本『笑府』との関係は否定出来ないが、これまで指摘した『解顔新話』と『増補萬寶全書』の関係を考えれば、この笑話についても『増補萬寶全書』が出典と考えてよいのではないか。

最後に「瞎眼」について検討する。「瞎眼」は洗い物をするために川に出かけた兄弟の、兄に起こる不幸を可笑しく描いた笑話である。陽物を咬まれた兄が弟に言う、陽物と蛇との見分け方が面白い笑話である。この笑話を『解顔新話』、『新鐫笑林広記』では、以下のように描く。

瞎眼

兄‐弟二‐人去二河‐中一洗‐澡　忽一‐水‐蛇将二兄ノ主‐茎一咬‐住不レ放　其ノ弟将テレ刀ヲ欲スレ砍ント　兄ノ云ク不レ要忙‐仔‐細看‐定下レ刀　那有ハレ眼‐的是レ蛇　没ハレ眼‐的是レ肌‐巴ナリ

兄弟二人河《かは》へ出て洗澡《あらひもの》する忽《たちまち》に小蛇《こへび》か来て兄《あに》の主茎《かりくび》を咬《くは》へて放《はな》さず弟小刀《こかたな》をもつて砍《きり》わけやうとす兄のいはく忙《さわ》く事はなひ仔細《とつくと》見分《みわけ》て小刀を入《いれ》よ彼眼《かのめ》のあるやつは蛇眼《へびめ》のなひやつは肌巴《へのこ》だよ

（『解顔新話』）

独眼

兄弟二人同往河中洗浴兄之陽物被水蛇咬住扯之不脱弟持刀欲砍兄曰仔細看了下刀両眼的是蛇頭独眼的是屪子

（『新鐫笑林広記』巻之四形体部）

同想ではあるが、本文にかなりの異同があることを確認できる。例えば、この笑話の可笑しさの中心になる陽物は、『解顔新話』では「主‐茎」「肌‐巴」と表現しているのに対して、『新鐫笑林広記』では、「陽物」「屪子」と表現される。『増補萬寳全書』ではいかがであろうか。以下に示してみる。

○嘲瞎眼人
昔見弟二人去河中洗澡忽一水蛇將兄主莖咬往不放其弟將刀欲砍兄云不要忙仔細看定下刀那有眼的是蛇没眼的是肌巴

（『増補萬寳全書』）

タイトルは一致、本文も冒頭の「昔」、明らかに「兄」の誤字と思われる「見」、「咬‐住」と「咬往」を除けば一致している。「住」については、『新鐫笑林広記』の本文を使用したものと考えられる。

『解顔新話』の笑話「姦媳」「性呆」「公直老人」「陰陽生」「瞎眼」について、『増補萬寳全書』の笑話との関係から考察してきた。『解顔新話』に『増補萬寳全書』の笑話が利用されていることは確かであろう。『解顔新話』は、作者が『新鐫笑林広記』及び『増補萬寳全書』を参照して創作した中国笑話集の抄訳本だったのである。

四

天和三年（一六八三）に柏原与一から刊行された『鹿野武左衛門口伝はなし』に次のような話がある。

十二　川ながれの死人《しひと》見わけ三段の事

一　去もの、ふたりつれにて正月二日三日ころに、あさくさの川ばたをとをりけるに、やけ死人《し》でハないが、さきへ壱人ながるゝ。死人ハうつむけになりてながるゝハ、おとこか女かといふ。壱人申やふ、うつむけバおとこじやといふ。されば、むかしよりいふ事じやが、まことか。見よといふて引あをのけてみたれば、おとこなり。さてもふしきなことじやといふ所へ、あおのけになりてながれくる死人あり。是ハあをのいたる。女か。みよといふて見れば、うたがいもなき女也。ふたりなから手をうちて、さてくこれにつけても、ふるきもの丶いふ事をけしたがわるひ。我くせがれのじぶんより上方にても人がいふたが、見たるハこれがはつじやとて、いまたふしぎのはれざるうちに、よこしまになりてなかれきたる死人あり。是ハととへハ、これはまた野郎《やらう》の死《し》にたるのしやといふた。

（『鹿野武左衛門口伝はなし』[10]）

この笑話が、先に述べた「陰陽生」と同想の笑話であることは明らかである。このことは、既に武藤禎夫氏の『江戸小咄の比較研究』によって指摘[11]されているが、この笑話が『新鐫笑林広記』よりさかのぼることが出来なかったため、「同想の俗説が和漢ともあった」との説明で処理がなされている。この笑話の元になった笑話が『増補萬寶全書』にあることは既に指摘した。『増補萬寶全書』は「増補」の表現からも明らかなように、同様の中国日用類書が明・

清時代の中国で刊行され、それらは日本に舶載されていたのである。例えば萬暦二十七年（一五九九）に刊行された『新刻天下四民便覧三台萬用正宗』には、次のような笑話がある。

嘲陰陽生

二人同在舟中見水面死屍漂流一人問曰所流者还是陰人还是陽人一人曰何以辨得是陰陽人其人荅曰覆者陽人仰者陰人一人又問曰側者是何等人荅曰陰陽生也

（『新刻天下四民便覧三台萬用正宗』(12)）

『増補萬寶全書』の「〇誚陰陽生」の本文とは一致しないが、内容が同一であることは明らかであろう。『新刻天下四民便覧三台萬用正宗』の刊行年は萬暦二十七年、天和三年に『鹿野武左衛門口伝はなし』が刊行された時、この話は既に日本に伝わっていた可能性が高いのである。先に検討した笑話からもう一つ例を紹介する。

延宝九年（一六八一）に敦賀屋弥兵衛から刊行された『当世手打笑』に次のような笑話がある。

行水《ぎやうずい》して蛇《くちなハ》にくハるゝ事

或者、夏のくれかた、せどにて行水してゐたる処へ、くさの中より蛇一筋《へびひとすじ》出て、たちすましたるれきの真《まん》中を、しかとくひつきたり。あハてさハぎて、をとゝをよびたり。弟《をとゝ》、心得たりとて、ながたなおつとり切《きり》にかゝる。兄《あに》がいふやう、あハてゝそつじをするな。よく目をミてきれ。目のなきハ、をれが物じやぞといふた。

（『当世手打笑』(13)）

行水中に蛇に陽物を咬まれること、弟がながたなで切りにかかること、兄が目の有る無しで、陽物と蛇を区別するよう言うことから、先に示した『増補萬寶全書』と同想であることが分かる。この笑話も『新鐫笑林広記』以前のものが確認出来なかったため、日本と中国で無関係に創作された笑話が、偶然に一致したものと考えられてきた。ところが、この笑話も中国日用類書に存在する。萬暦四十年(一六一二)に刊行された『新板全補天下便用文林妙錦萬寶全書』には次のような笑話がある。

○嘲瞎人

昔兄弟二人去河中洗澡忽有水蛇将兄玉莖咬住不放其弟将刀欲斫兄云不要忙仔細看定下刀那有眼的是蛇没眼的是肌巴

(『新板全補天下便用文林妙錦萬寶全書』[14])

『増補萬寶全書』の「○嘲瞎眼人」とほとんど同文である。偶然の符合ではなく、この笑話も一七世紀の初めには日本に伝わっていたのである。

五

鼻の大きな男は、陽物も大きい。よく知られた俗説であり、芥川龍之介の『鼻』にも、禅智内供の鼻に対する噂話として描かれている。『解顔新話』の「不准」は、この鼻を話材とした笑話である。

不准

婦-人見二男-子ノ鼻大ナルヲ一戯テレ之ニ曰ク你ノ鼻大-物-也大男-子見テ二婦-人ノ嘴小ヲ一亦戯テ曰ク你嘴-小陰-又小両-人動シテレ情ヲ遂ニ為二雲-雨一婦曰ク原-来你-的鼻不レ准男曰ク原-来你-的嘴-也不レ准

婦人《おんな》と男子《をとこ》と両口《ふたり》ではなす婦男《おんなおとこ》の鼻《はな》の大きひを見て戯《おと》けて曰く你《おまへ》のその鼻《はな》では物《かのもの》もさぞ大きからふ男婦人《おとこおんな》の嘴《くち》の小さひを見てまた戯《おどけ》て曰《いは》く你《おまへ》の其口ては陰《かのところ》もさぞせまからふと両口《ふたり》ともについ動情《きがわるく》なつて丟電雲雨《とうとうやらか》す婦曰《おんないは》く你《おまへ》の的《もの》は鼻《はな》とは准《つりあ》はぬと男の云《いは》く你の的《もの》もまた嘴《くち》とは不准《つりあはぬ》

（『解顔新話』）

この笑話は、二箇所一致しない単語があり、十三字分を削除しているものの、以下の『新鐫笑林広記』の話が元になっていると考えてもよいだろう。

嘴不准

婦人見男子鼻大戯之曰你鼻大物也大男子見婦人嘴小亦戯曰你嘴小陰亦小兩人興動遂為雲雨不意男之物甚細而女之陰甚大婦曰原来你的鼻不准男曰原来你的嘴也不准

（『新鐫笑林広記』巻之六閨風部）

武藤禎夫氏が指摘(15)されるように同想の笑話が『きのふはけふの物語』（寛永十三年刊・一六三六）にもある。

ある人、にはかに、くすしを心がけ、いしよをあつめ、そろ〳〵よみて、がてんのゆかぬ所に、つけかミを付る。女ばう、是をミて、そのかミは、なぜに、付させらるゝ、ととへば、おとこ聞て、是ハふしんかミとて、がてんのゆかぬ所に付て、後にししやうにとふためにつける、それによりて、ふしんかミと云。女ばう聞て、中ゝの事じや、おれもふしんがあるとて、かミをすこしひきさきて、つはきをつけ、おとこのはなのさきに、ひたと付る。是はなに事のふしんそ、我らがはなに、ふしんハあるまいと云。女ばう聞て、其事じや、世上に申ならハし候は、おとこのはなの、大きなるは、かならず、かの物か大きなるといふが、そなたのはなハ大きなれとも、かのやつハちいさい、これかふしんじや。おとこ聞て、尤じや、又我らもふしんがあるとて、女はうのほうさきに、かミをひたと付る。是ハ何のふしんぞと云。おとこ聞て、世にいひならハし候は、ほうさきのあかきものは、かならず、へゝかくさいといふが、そなたのほうハしろけれど、へゝがくさいといふた。

（『きのふはけふの物語』[16]）

これ以降の噺本に、数多く採られる笑話であり、芥川などの他ジャンルの文学作品にも度々描かれている。武藤禎夫氏は、「男の一物の大小は、鼻の大きさに比例するとか、嘴小さい女は女陰も狭く、頬赤は陰部臭し、などという俗説は、和漢ともに共通とみえ、古く『きのふはけふの物語』上巻第六三話（寛永一三）にもある」と説明された。『新鐫笑林広記』以前の中国笑話集に同想の笑話を確認することが出来なかったためであろう。ところが、陽物と鼻の相関関係を描く笑話は存在した。次に示す笑話は、先にも触れた『新刻天下四民便覧三台萬用正宗』にある。

有一婦人見男子鼻大笑曰鼻大夘亦大男子見婦人口小笑曰口小毴也小二人興動遂至交合不想男子之物倒是小的婦人云你的鼻頭不準男子也嬿婦人陰大嘆曰你的口也不準

（『新刻天下四民便覧三台萬用正宗』）

『新鐫笑林広記』の「嘴不准」と本文は一致しないが、内容は同じと言っても差し支えないであろう。この笑話も一七世紀の前半には、日本に伝えらえていた。「鼻」と「陽物」との相関関係は、和漢共通の俗説ではなく、笑話を通して日本に伝えられた可能性が高いのである。

六

ここまで、『新刻天下四民便覧三台萬用正宗』『新板全補天下便用文林妙錦萬寳全書』『増補萬寳全書』などの中国日用類書から笑話を引用してきた。これらの中国日用類書には、繰り返し採られる笑話がある。「不准」などがその例である。

次にこれらの繰り返し採られる笑話を比較し、改作の様子を確認していく。

小児科

昔呂洞賔與白牡丹之歡牡丹執洞賔陽物問曰此名甚麽荅曰仙人種洞賔摸牡丹陰物問曰此名甚麽荅小児窠

（『新刻天下四民便覧三台萬用正宗』）

この笑話は、中国八仙人の一人呂洞賓と妓女白牡丹の話として描かれる。交合の後、白牡丹は呂洞賓の陽物を持ち、その名前を問うと呂洞賓は仙人種と答える。呂洞賓が白牡丹の陰物を問うと白牡丹は小児窠と答える。仙人と妓女の物言いが可笑しい笑話である。この笑話は、『新刻捜羅五車合併萬寳全書』（刊年未詳）にも確認できる。

○嘲小児科

昔呂洞賓與白牡丹交欢牡丹以手執洞賓陽物問曰此名何物洞賓荅曰此是仙人種洞賓亦以手摸牡丹陰物問曰此名甚広
牡丹荅曰此是小児科

（『新刻捜羅五車合併萬寶全書』[17]）

本文に若干の異同はあるものの同じ笑話と見なしてよいであろう。この笑話によく似た笑話が『解顔新話』にある。出典は『新鐫笑林広記』である。ここでは、『新鐫笑林広記』の笑話を見てみよう。

小兒窠

小兒科之妻乃大方脉之女毎〻互相譏誚一夜行房婦執陽物問夫曰此是何物夫曰大方脉夫亦指牝戸問婦〻曰這是小兒
窠

（『新鐫笑林広記』巻之三術業部）

呂洞賓と白牡丹の話が小児科医とその妻の話になっている。この笑話が次に示す『笑府』巻四方術部にある「幼科」と、「旧話」として紹介される笑話が元になって創作されていることについては、川上陽介氏のご指摘[18]がある。

幼科

富家延二醫一大方一幼科適客至問二位何人主人荅曰皆名醫又問那一科主人指曰這是大方這是小児
舊話呂洞賓戯白牡丹白問其陽何物荅曰仙人種也呂亦問其陰荅曰小児窠

（『笑府』巻之四方術部）

『新刻天下四民便覧三台萬用正宗』『新刻捜羅五車合併萬寶全書』所収の笑話が旧話として扱われていることが分かる。また、旧話を元にして新しく笑話が創作されていく過程も明らかになっている。ここで問題にしたいのは、呂洞賓と白牡丹という、当時の中国で一般的に知られていた人物が、小児科医夫婦に置き換えられている点である。同様の例は日本笑話にもある。例えば、『戯言養気集』（刊年未詳）には、次のような笑話がある。

秀次公の御父武蔵守殿、ひけに一段自慢ありけるを、十人計見まひ候て、さても〱見事なおひけちや、日本にてハ終に見申さぬ、たゝ唐物て御座らふと申けれハ、事外なる御悦喜也。かくて皆〱帰ける。其内つね〱参てはなし候つる、あひ口の者をよひもとし、こゝへより候へ、此ひけ、真実ハ日本物て有そ、但、人にさたするな、われ計に聞するその、御ねんころなり。

（『戯言養気集』[19]）

笑いの主体は「秀次公の御父武蔵守殿」が語る鬚についての言動である。この笑話を『戯言養気集』より刊行年が下ると考えられている『醒睡笑』（元和九年序・一六二三）では、次のように描いている。

大名の、世にすぐれて物見なる大鬚《ひげ》を持《もち》たまへるあり。あまりにひげをまんじ、くるほとの者に、わかひげをハなにといふぞととひたまふ。たゞ世上に殿様《とのさま》のおひげを見る者ことに、から物と申さぬ者ハ御座ないと申あへり。大名うちゑませたまひ、けに、たれもさいふよと、ひげをなで〱して、そこなる者こえよとまねかせたまひ、身ちかくよせさゝやきて、ミつからひげをとらへ、弓矢八幡そ、日本物ぢや。

（『醒睡笑』[20]）

「秀次公の御父武蔵守殿」を「大名」に改め、笑話の固定化を避けているのである。なお、こうした改作の例は多い。

ほぼ同時期に刊行されている和漢の笑話を収める書籍の中で、同様の方法が採られていることは注目に値するであろう。日本の笑話が中国笑話の影響を受けていることは明らかであるため、こうした笑話の改作の方法にも、その影響を読み取ることが可能ではないか。

七

本稿は、小本『笑府』、『解顔新話』所収の笑話と『増補萬寶全書』などの中国日用類書との関係について考察してきた。従来、中国笑話と日本笑話の関係を検討する場合、『笑府』『絶纓三笑』『新鐫笑林広記』などを対象として行うことが多かった。武藤禎夫氏が小本『笑府』に採られる笑話の出典として挙げられた『笑得好』は、清国の石成金が乾隆四年（一七三九）から刊行する『伝家宝』（四巻二十冊）の中に収められたものである。この『伝家宝』自体も、通俗的な百科全書のごとき内容の書籍であった。

本稿では、中国日用類書の笑話を中心に考察してきたが、他分野の近世文学との関係については、既に研究が存在する。『明代の遊郭事情　風月機関』の「解題に代えて　日用類書と明清文学 ―『風月機関』をめぐって―」[21]において、小川陽一氏は、明末清初の中国日用類書に収められる『風月機関』が、日本でも和刻本として刊行され、都賀庭鐘の『繁野話』に影響を与えていることを指摘している。

『増補萬寶全書』などの中国日用類書は、明清時代の中国で刊行された百科全書であり、日本で漢籍を学ぶ者にとっては、中国を理解する上で必読の書であったと思われる。中国笑話が日本に広がる端緒となったと考えてもよいのではないか。ただし、中国日用類書の性格を考慮すれば、これらの書籍に先行する中国笑話集の存在を意識しておかなくてはならない。

最初の漢文体笑話本『訳準開口新語』の刊行は寛延四年、半紙本『笑府』は明和五年に刊行される。一方、『伝家宝』の刊行が始まるのは乾隆四年、『増補萬寳全書』の序が記されたのが同じく乾隆四年、『新鐫笑林広記』は乾隆二十六年に刊行される。漢文体笑話集・中国笑話集の多くが十八世紀半ばから十九世紀初めに刊行されるのは、中国での出版事情が影響しているように思われる。平成二十八年八月に清泉女子大学で開催された公開シンポジウム「東アジアの古典文学における笑話」の合同討議で、高麗大学校の崔溶澈先生から、朝鮮においても十八世紀半ば頃から、中国笑話集の流行がはじまるとのご教示を得た。東アジアの国々の人々は、十八世紀半ばに同じ笑話を楽しんでいたのである。

筆者はこれまで『寒川入道筆記』（慶長十八年（一六一三）以降成立）に笑話を収めた「愚痴文盲者口状之事」があることに違和感を感じていた。他の「歌連歌同詩聯句之事」「伊勢物語之事」「源氏物語之事」「謎詰之事」を教養と見なしていたからである。本稿で、中国日用類書の一端に触れることで、この疑問は氷解した。笑話を知っていることは、当時の人々にとって大切な教養だったのである。

今回、取り上げた『増補萬寳全書』は異本も多い。この書籍も含め中国日用類書の書誌学的な検討も必要である。今後、本文の研究が進むことで、近世日本の文学に与えた影響が更に明らかになることも予想される。

本稿では、その一例として『増補萬寳全書』が、小本『笑府』、『解顔新話』に影響していることを示しておく。

注

（1）武藤禎夫氏『江戸小咄の比較研究』（東京堂出版　昭和四十五年九月刊）
（2）武藤禎夫氏『笑府集成』太平文庫56（太平書屋　平成十三年三月刊）
（3）本稿における同書からの引用は、武藤禎夫氏『笑府集成』太平文庫56によった。
（4）本稿における同書からの引用は、京都大学附属図書館蔵本（乾隆二十六年刊　請求記号　4-45／シ／2）によった。
（5）三十巻本には、乾隆十二年版、嘉慶十一年版などがある。またこれとは別に全二十巻の道光三年版、咸豊元年版、同治十三年版などもある。刊行年、出版書肆の違いにより、所収内容に違いがある。「笑談門」については、表記などに若干の違いがあるが、本文は同一と見なしてよい。本稿では、同書からの引用は、国立国会図書館蔵本である乾隆十二年版を使用した。
（6）本稿における同書からの引用は、武藤禎夫氏『笑府集成』太平文庫56によった。
（7）武藤禎夫氏・岡雅彦氏『噺本大系』第二十巻（東京堂出版　昭和六十二年六月刊）三七〇頁～三七二頁。
（8）川上陽介氏「『解顔新話』全注釈」（『中国笑話集と日本文学・日本語との関連に関する研究』平成二十一年度～平成二十三年度科学研究費補助金　研究成果報告書　基盤研究（C）課題番号21520215　株式会社ツーネット出版事業部　平成二十四年三月刊）
（9）本稿における同書からの引用は、武藤禎夫氏・岡雅彦氏『噺本大系』第二十巻（東京堂出版　昭和六十二年六月刊）によった。

（10）本稿における同書からの引用は、武藤禎夫氏・岡雅彦氏『噺本大系』第五巻（東京堂出版　昭和六十二年六月刊）によった。

（11）（1）九十六頁。

（12）本稿における同書からの引用は、坂出祥伸氏・小川陽一氏『中國日用類書集成』第五巻（汲古書院　平成十二年十一月刊）によった。

（13）本稿における同書からの引用は、武藤禎夫氏・岡雅彦氏『噺本大系』第五巻（東京堂出版　昭和六十二年六月刊）によった。

（14）本稿における同書からの引用は、坂出祥伸氏・小川陽一氏『中國日用類書集成』第十四巻（汲古書院　平成十六年十月刊）によった。

（15）（1）九十五頁。

（16）本稿における同書からの引用は、武藤禎夫氏・岡雅彦氏『噺本大系』第一巻（東京堂出版　昭和六十二年六月刊）によった。

（17）本稿における同書からの引用は、坂出祥伸氏・小川陽一氏『中國日用類書集成』第九巻（汲古書院　平成十三年十一月刊）によった。

（18）（8）九〇頁～九十一頁。

（19）本稿における同書からの引用は、武藤禎夫氏・岡雅彦氏『噺本大系』第一巻（東京堂出版　昭和六十二年六月刊）によった。

（20）本稿における同書からの引用は、武藤禎夫氏・岡雅彦氏『噺本大系』第一巻（東京堂出版　昭和六十二年六月刊）によった。

（21）小川陽一氏「解題に代えて　日用類書と明清文学　―『風月機関』をめぐって―」（『明代の遊郭事情　風月機関』　汲古書院　平成十八年三月刊）一四六頁〜一四八頁。

資料紹介　『増補萬寶全書』「笑談門」

豊橋創造大学蔵　略解題

三十巻　唐本六冊

表紙　枯色無地　後表紙　縦二十三・五糎　横十四・四糎

題簽　左肩墨書「増補萬寶全書」（一冊目にはなし）

封面　「嘉慶丙寅新鐫　諸名家選　分類世事總覧　増補萬寶全書　内附　品級　頂帯　状元全錄　新増分縣　博古堂梓行」

序　「乾隆四年春王月毛煥文増補記」

内題　「増補萬寶全書巻之一」

匡郭　四周単辺　縦二十・一糎　横十一・五糎

丁数　一－四十七丁（序目録含）、二－五十五・五丁、三－五十四丁、四－五十一・五丁、五－六十九丁、六－七十三丁

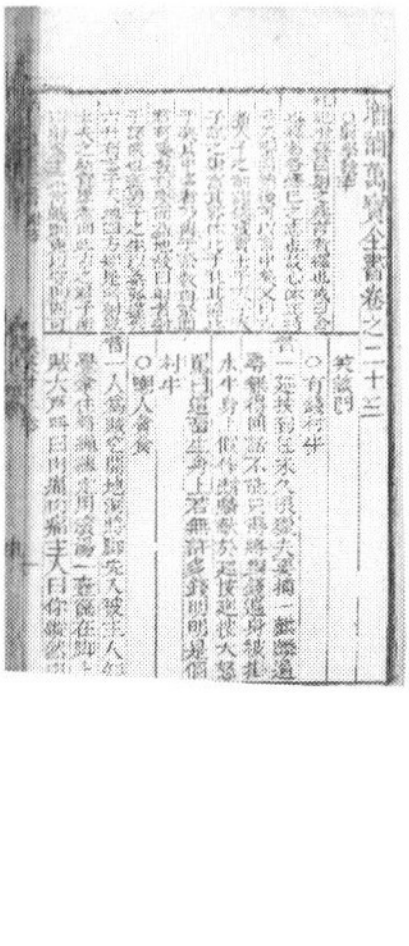

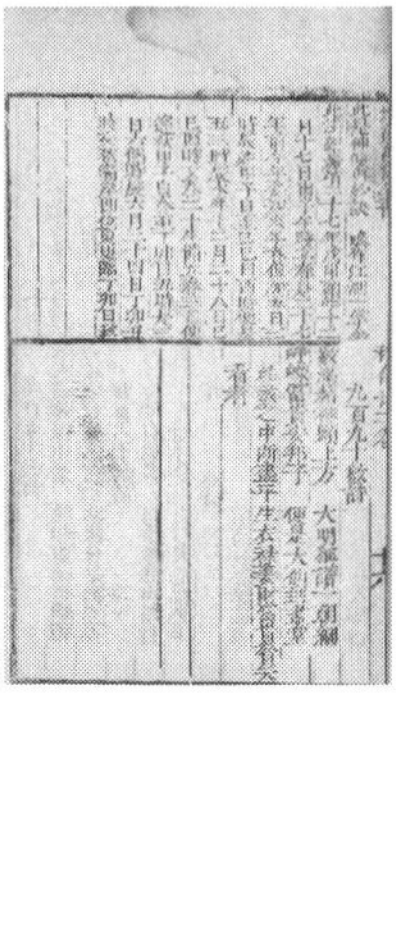

増補萬寶全書卷之二十三　笑談門

○有錢村牛

昔一巡按到任未久限獵夫要捕一麒麟遍尋無得回話不能只得將銅錢遍身被掛水牛身上假作麒麟献於巡按巡按大怒罵曰這畜生身上若無許多錢明明是個村牛

○嘲人貪食

昔一人爲賊穵開地洞將脚先入被主人知覺拿住將繩縛定用滾湯一壺篩在脚上賊大声叫曰肉痛肉痛主人曰你縱然肉痛我還要篩你一両壺

○假作慈悲

昔一人念佛其數珠偶失於腥物中被猫啣走衆鼠見之齊聲曰猫爺々如今慈悲了想必不來害我等了少頃只見猫兒放下数珠捕一大鼠食之鼠嘆曰這只是象個慈悲人若是相交他皮毛骨肉都被他吃盡了

○嘲翁爬灰

昔有一富翁生三子其妻早喪娶三媳婦極美三子俱爲商於外大媳二媳俱被爬灰惟第三媳不從一日富翁生辰三媳共排酒筵慶壽翁曰今日媳婦各説一令以勸我酒一要有力二要有益三要壁字結尾爲當　長媳曰公公操家用力後代兒孫有益泥上雖賎不上懶人之壁　二媳曰公公早晩用力内外公私有益灶前灰不是公公勤爬堆也堆上半壁　三媳曰我也不願你有力也不願有益只願你早早死了免得磨墻穵壁

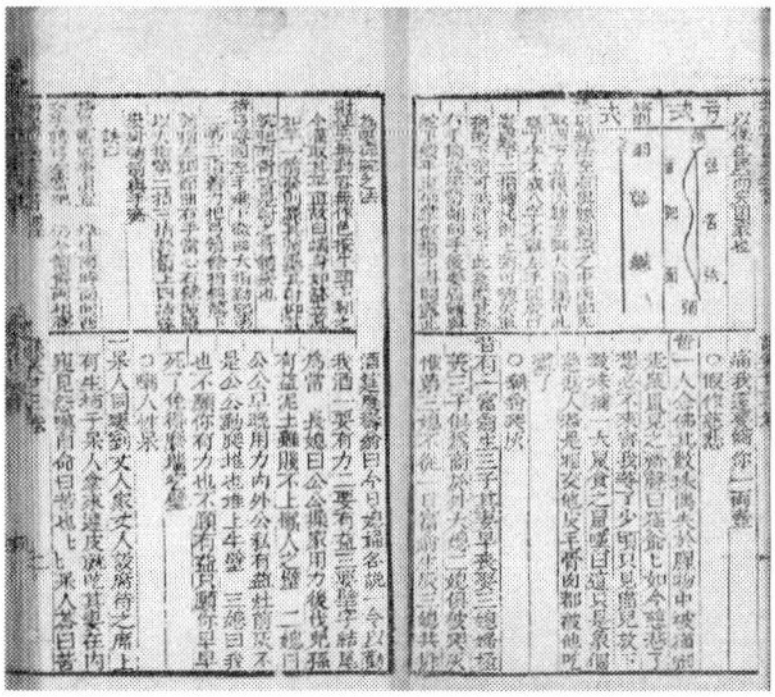

○嘲人性呆

一呆人同妻到丈人家丈人設席待之席上有生柿子呆人拿來連皮就吃其妻在內窺見怨嘆自命曰苦也ヒヒ呆人荅曰苦到不苦只是有些兒澁

○妻妾爭風

昔一人有三妻争寵不平時當夜月共飲各行一令其妻先云壺中有酒盤中有雞自古至今一夫一妻妾曰壺中有酒盤中有鵝因你無子方繞娶我次妾曰壺中有酒盤中有蔗不㕻大小一人一夜其夫曰壺中有酒盤中有蒜好了你三人只虧我老漢

○富人爲賊

昔一人出外爲商不識字舡泊于江心寺邉携友滸寺見壁上寫江心賦三字連忙下出喚舡家曰此處有江心賊不可久停急忙下舡其友止之曰不要忙此是賊不是賊其人搖頭荅曰富便是富其中也有些賊形

○和尚相調

一僧人善能作詩欲啓徒弟乃作口號二句獨坐禪関浄不覺又動情　徒乃續云休得如此語窓外有人行　僧又曰出家皆如此何用假惺惺開了聰明孔好念法華經

○和尚遣興

昔一和尚慾心難戒於柱上剮一孔毎遇興發將陽物放在内一日被人瞧見暗將荊棘藏于孔内至晩和尚仍前消遣被刺出血大叫徒弟快點灯來看光頭上剌得血淋匕了

○嘲人恋酒

昔一人肩挑磁瓶各處貨賣行至山間遇着一虎咆哮而來其人慌忙將一瓶投去其虎不退再投一壺虎又不退投之將盡止有一瓶其人高聲大叫曰畜生匕匕你若去也只是這一瓶你就不去也只是這一瓶了

○譏人弄乖

鳳凰壽百鳥皆賀惟蝙蝠不至鳳責之曰汝居於吾下何自傲乎蝙蝠曰吾有足属在獣也賀汝何用一日麒麟生誕蝠亦不至麟乃責之曰汝何爲不來賀我蝙蝠曰吾有翼属於禽何以賀歟后麟鳳相會語及蝙蝠之事乃嘆曰世上有此不禽不獣之徒真個不柰他何

○譏誚老人

昔一人娶一妻一妾終日無事常匕争風丈夫乃曰我若從一人説我偏愛那個我今只是仰卧於床你二人睡於兩傍凴我陽物向誰今晩就是如此二人依其言各將手扯陽物興起竪似桅杆其夫笑曰好一個公直老人

○誚陰陽生

二人同舟中見水流一尸而來一人問曰不知是男尸是女尸一人答曰覆者男人仰者女人其尸乃側而流何也答曰此是個陰陽生也

○笑求風水

昔有一人從師學習地理至於畢姻之日花燭之夜將手模妻鼻梁曰此係發龍之所又摸手腕曰到也龍虎俱全又模妻腰下曰好個金星護穴及上妻身其妻曰何幹夫答曰陰地皆已做成我把羅經來赶水口其父隔房聽得大聲言曰世上若有此好穴何不將我老骨頭埋在裡面也廕得些好兒孫

○譏誚郎中

昔一士人往花園游戲見籬邉薔薇花開得嬌嬈可人之意士人近前扳折一枝被薔薇刺破手指出血不住偶遇一牧童言曰血不止可將熱尿淋之士依其言血果卽止遂作口號以賛之曰　今朝散步入園東只見薔薇朶朶紅雙手摘時遭一刺血流不止手鮮紅牧童語把熱尿衝果然滅跡就無踪莫道人間無妙藥膫子也會做郎中

○嘲人無鬚

昔有一老人時常帶一孫子往溪中洗澡其孩童見沙上有蝦子遊來遊去意欲擒之將手向前攔時蝦往後退將手向後拿時蝦往前走並不識蝦頭尾乃問於公公曰這蝦子無頭無尾却向兩頭都會走何也其公罵曰這畜生如此痴蠢有鬚者是頭無鬚者乃是屎窟也

○又

蘇東坡與佛印同飲行一令要四般物或潔浄或齷齪不許出韻　東坡云美妓房象牙床琉璃盞百合香　佛印云雄鷄水膁瘡腿婦

人陰鬚子嘴

○嘲瞎眼人

昔兄弟二人去河中洗澡忽一水蛇將兄主莖咬住不放其弟將刀欲砍兄云不要忙仔細看定下刀那有眼的是蛇没眼的是肌巴

○嘲近視眼

昔有一人近覷眼清手開門一大堆牛屎用手去摸云好一個烏金漆菓合只是漆嫩些

○嘲麻面人

昔一人與妓交好不忍分離臨別之時與妓討表記妓曰剪髪炙香巴分汗巾憑你爱着那一様人曰俱不要只要那話兒上割一塊與我妓曰也不妨只要問我媽媽媽曰痴了頭一仕個孤老割一塊十個孤老割十塊却不成個麻毬了

○小官賣屁股

一麻蒼蝇與二青蒼蝇結爲兄弟青蝇引麻蝇到酒席上麻蝇恣意飲食被小厮拿住將竹簽簽了屁股把燈草與他使棍半日纔得脱身遇着青蝇泣曰多承你領我到那裡吃倒有吃只是屁股痛

○嘲人姦媳

昔一老者領孫出市往一妓者門首經過妓請吃茶老者不肯進去其孫問曰這姈子是誰公曰此是个娼婦孫曰他請你吃茶緣何不

去公曰他不是請我吃茶要我與他雲雨騙我的東西其孫牢記及歸家見母親將茶一盞遞與公公吃其孫拍手笑曰我曉得了母親要與公公雲雨要騙公〻東西

○嘲人口毒

有数个小厮同下池塘浴水被小魚在膫子上咬了一下小厮忿怒將魚池邇乾果見小魚大罵曰這畜生大無禮咬我膫子就是你

○又

昔年有兄弟二人父死折烟其兄乖巧其弟痴蠢兄於十字路口起造茅茨一間每年不勝其利苐婦不忿恐罵其夫弟亦于路口做茅茨用石灰粉壁繪昼乾净過者疑爲庙宇往來無一觧手次日其弟在彼坐等拱候諸人並不登茨間列位請上觧手傍人答曰無也弟曰如無屎屁也放兩扵

○先生誚主

一人平生性儉請師教子相待甚薄師見鷄多笑謂主人曰鷄乃有七德主曰吾聞鷄只有五德未有七德之説師曰五德之外還有二德主曰何也師曰我這裡吃得你又捨不得

○困窮先生

昔一先生家十分窮乏又無僕相随只得把妻扮僕同行及至東家吃飲完畢東家是夜呌兒倍先生同宿你的盛僕同小价宿罷其師無如之柰只得依主言次早其子告於父曰好個先生窮極之甚夜來脱衣褲子也無僕人乃在傍大聲言曰帶來的僕人十分窮迫脁

巴也没有

【付記】

ご所蔵資料の閲覧・複写の際にご高配を賜りました、国立国会図書館・京都大学附属図書館に深謝申し上げます。
本稿は、平成二十八年十月二十九日に三原市立中央図書館で開催された三原市教育委員会主催の文化講座に於いて発表した内容を基にしてまとめたものであり、科学研究費助成事業（課題番号24520244）による成果の一部である。

漢文テキストのWeb表示

—縦書きWebレイアウトに関する取り組み—

山口　満

I　はじめに

中国笑話集研究において中国語で記述された文献（原本）および日本で刊行された作品（和刻本，漢文）の文字情報のデータベース化，および，検索・比較システムが求められており，筆者はその開発を行っている．これまで，中国笑話原本および文字情報のデータベース化，そしてWebブラウザでの表示方法の検討を行い，その結果を報告した[1][2]．文献[1][2]の方法は，中国笑話である『訳解笑林廣記』[3]の文字（テキスト）情報および付帯情報（ルビや訓点）をデータベース（DB）に保持し，そのデータに基づきHTML + CSSで作成したページをWeb表示するものであった．しかしながら，表示環境に制限がある点（指定ブラウザおよび指定アドオンの組み合わせ），出力は横書きテキストで元の漢文縦書きテキストを再現できていない点，一般的なフォントを使用するページであったため本来の字体をブラウザ上で出しく表示できていない点，等の問題があり，有益とは言い難い漢文表示システムであった．

Webブラウザを通じて漢文本来の形式，すなわち元の字体かつ縦書きで文書表示が実現できれば，データの資料的価値を向上させるとともに，今日のWWW（World Wide Web）による情報流通の国際化・多様化に対応する上でも非常に有益であるといえる．具体的には，東アジアの文学研究において資料の参照・比較が容易となり，研究の発展に寄与することができると考えられる．しかし，現状のWeb関連の標準技術・仕様では，和刻本における漢文表記の特徴（両側ルビと訓点の組み合わせ）をブラウザ表示することは実現できない．

このような背景の下，本稿では，「漢文テキストの縦書きWebレイアウト」実現のために，縦書きJavaScriptとCSSスタイル調整を組み合わせた方法を検討した結果について述べる．あわせて，元の字体を表現するための方法として，今昔文字鏡を利用した外字作成およびWebフォント化による表示の試みを行った結果について示す．

Ⅱ　背景

1．Web ブラウザによる文書表示

Web ブラウザは，Web サーバに保存されているコンテンツファイル（HTML，CSS，JavaScript 等）を端末にダウンロードし，それぞれのファイル内に記載されている命令（タグやスタイリング）を解釈して文書をウィンドウ内に整形表示させるアプリケーションである．WWW に関連する技術は欧州原子核研究機構（CERN）において 1989 年に開発され，1993 年の一般公開をきっかけに全世界に広く普及した．今日では，Web に関する標準化推進・仕様策定は非営利団体 W3C（World Wide Web Consortium）によって行われている．現在世界で一般的に使用されている関連技術の最新バージョンは HTML5，CSS3 である．

ここで，各言語・文字と書字方向の対応を表 1 に示す [4]．Web 技術が誕生した当初は，CERN において研究者間の情報共有目的で Web が使用されていた．誕生の地が欧州であったことから，対応文字・書字方向は「ラテン語・左から右」のみであった．近年は，他の書字方向への対応（国際対応の標準化）が推進されつつある．

書字方向	文　字
左から右	ラテン文字，インド
右から左	アラビア文字，ヘブライ文字，等
右から左，左から右の混在	ラテン文字とアラビア文字の混在
上から下	日本語，中国語，等

表 1　各言語・文字における書字方向

しかしながら，Web ブラウザ開発企業（Google，Apple，Microsoft 等）は，W3C 標準仕様を参照しながらも仕様に言及されている機能を未実装（未対応）であることが多く，現状ですべての W3C 仕様を満たしているものはない．つまり，ブラウザによっては，Web ページ制作者の意図したとおりレンダリングされない事態に陥る．最近では各社とも標準化対応を重視する傾向にあるものの，Web ページ開発者は常にクロス

ブラウザ対応を考えなければならない．しばしば，ブラウザ間の表示の差異を吸収するために，CSSによるベンダープリフィックス命令や，JavaScriptを用いた対応などのテクニックが用いられている．

2．縦書きWebレイアウトに関する取り組み

日本語縦書き表記については，Microsoft Internet Explorerが早期から対応しており，バージョン5.5の時代（2000年頃）には縦書きレイアウトの機能を実装していた．しかし，独自拡張による実装であったため，広く普及することはなかった．

ブラウザ本体での縦書き対応が遅れる中，JavaScriptによる制御に基づいた縦書き表記の試みが行われてきた．代表的なものとしては，竹取JS［5］やnehan［6］，h2v.js［7］等がある．これらのライブラリは，ブラウザ間の差異を吸収するよう開発・調整が施されており，クロスブラウザ対応を意識することなく手軽に実現できる点から非常に有用である．

この数年で，縦書きWebレイアウトの開発・実装と普及が急速に進みつつある．電子書籍端末メーカーや印刷事業社，通信事業者などの民間企業等により構成される「縦書きWeb普及委員会（正式名称：次世代Webブラウザのテキストレイアウトに関する検討会）」が2015年に発足し，Webにおける縦書きやルビ等の日本語固有の表現の実現に関して国際標準化や普及促進に関して活動を活発化している［8］．背景には，CSS3に「テキストの進行方向に関する仕様：Writing Modesモジュール」が追加され，縦書き対応が盛り込まれたことがある．今後，このモジュール利用によるページレイアウト作成が一般的となっていくであろうと予想される．

上記のとおり，縦書きWebレイアウトに関しては現状でもある程度の対応が実現されており，今後さらに充実していくと考えられる．しかし，いずれの技術においても，日本の漢文は対象テキストとなっておらず，訓点の表記処理については考慮されていない．このため，前出のJavaScriptライブラリ単体，あるいは，CSS3ネイティブの機能のみで

は，本研究の目的を達成することが難しいといえる．

3．ルビ付与の方法

Web ページにおいてテキストにルビを付与する際には，HTML5 から標準仕様となった <ruby> タグを使用することができる（ただし，未対応ブラウザ有り）[9]．図 1 に，横書きテキストへのルビ付与の基本的な考え方とマークアップ例を示す．それぞれのタグは次の意味を持つ．

- ruby：ルビ設定するテキストの範囲
- rbc ：ルビを付与されるベーステキストを格納するコンテナ
- rb ：ルビを付与されるベーステキスト
- rtc ：ルビテキストを格納するコンテナ
- rt ：ルビテキスト

横書き HTML ページの場合，<rtc></rtc> を二つ設定すると，上下にルビが付与される．縦書き HTML ページに対して同様の記述をした場合，仕様上はテキストの左右（両側）にルビが付与されることとなっているが，現状では未対応ブラウザが多く，標準的なタグ利用では本稿で目的とすることを実現できない．

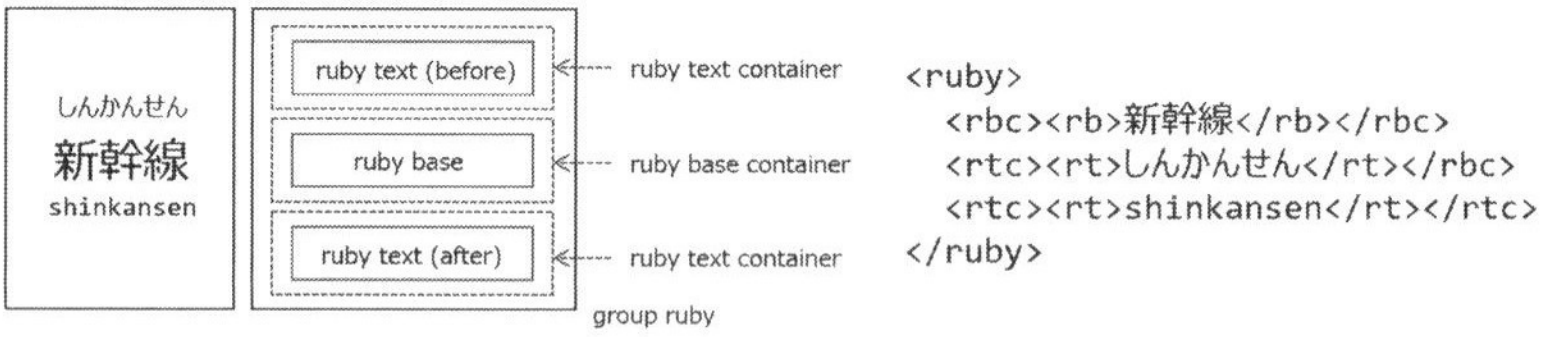

(a) Ruby box model　　(b) マークアップ例

図 1　HTML におけるテキストに対するルビ付与の基本的な方法

4．漢文の Web 表記に関する問題

縦書き表記について仕様策定が進みつつあるものの，漢文の表記に関しては未だ現実的な実現方法が存在しない．これは，漢文表記が通常のテキストと比較して複雑であることが理由のひとつであるといえる．

図2に，漢文の例を示す．漢文は，元の中国語の文体をそのままとして，訓点（返り点や送り仮名等）を付けることによって，日本語の語順で読解できるように情報が記述されている．一般に漢文右側ルビには文字の読みや宛て語を，左側ルビには右側ルビ以外の読みや語の意味が記されている．このように，右ルビ，左ルビ，返り点、送り仮名，のそれぞれがベースのテキストに関連づけられる複雑な表記となっている．

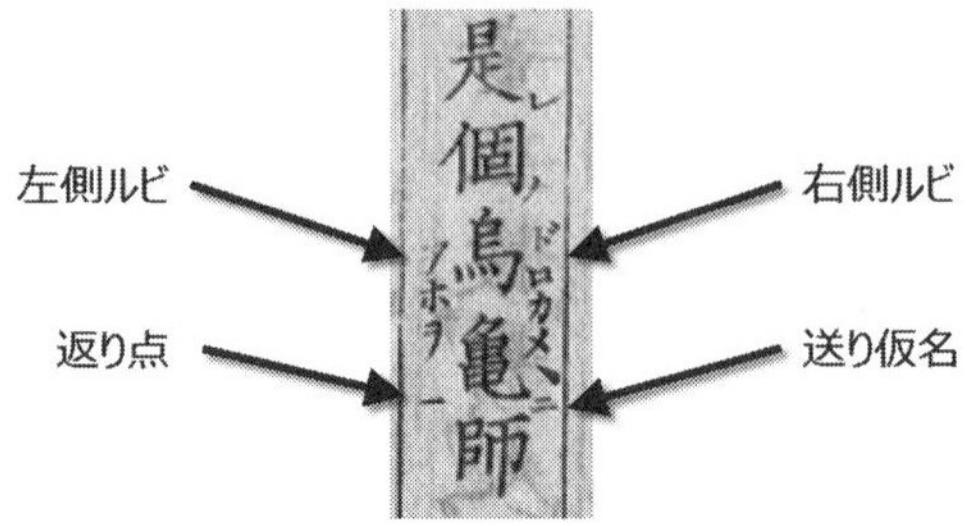

図２　漢文の例（訳解笑林廣記より）

また，Web表記を行う上ではテキストの表示に使用するフォント（字体）も問題となる．Webブラウザは，CSSに記載されたフォント名あるいはフォントファミリー指定に従い，クライアント側（ローカル端末）のフォントを用いてWebページの描画（レンダリング）を行う．漢文には一般的なフォントファイル（例えばMSゴシックフォント等）には含まれていない文字が多く存在するため，クライアントのフォント環境に依存しない文字の表現方法が必要となる．

5．本節のまとめ

漢文本来の表記をWebページで実現するためには，以下の項目について解決し実装することが必要となる．

（1）ブラウザ間で標準仕様の対応状況が異なる点を考慮すること
　　（標準仕様に基づいた処理の仕方では不十分である）

（2）ページを縦書きレイアウトにすること

（3）テキストには左右ルビおよび訓点を付与すること

（4）漢文の文字を可能な限り正確に Web 表現できるフォントを使用すること

本研究では，（1）（2）を既存の JavaScript ライブラリで行い，（3）は CSS の改良によって対応させることで漢文表記を試みる．（4）については，外字作成および Web フォント化を行うことでクライアント環境に依存せず表示可能とする方法を検討する．

Ⅲ　漢文表示のための Web サイト構築

本章では，本研究で構築した漢文表示のための Web サイトの概要について説明する．漢文テキスト表示までの処理のおおまかな流れを図 3 に示す．

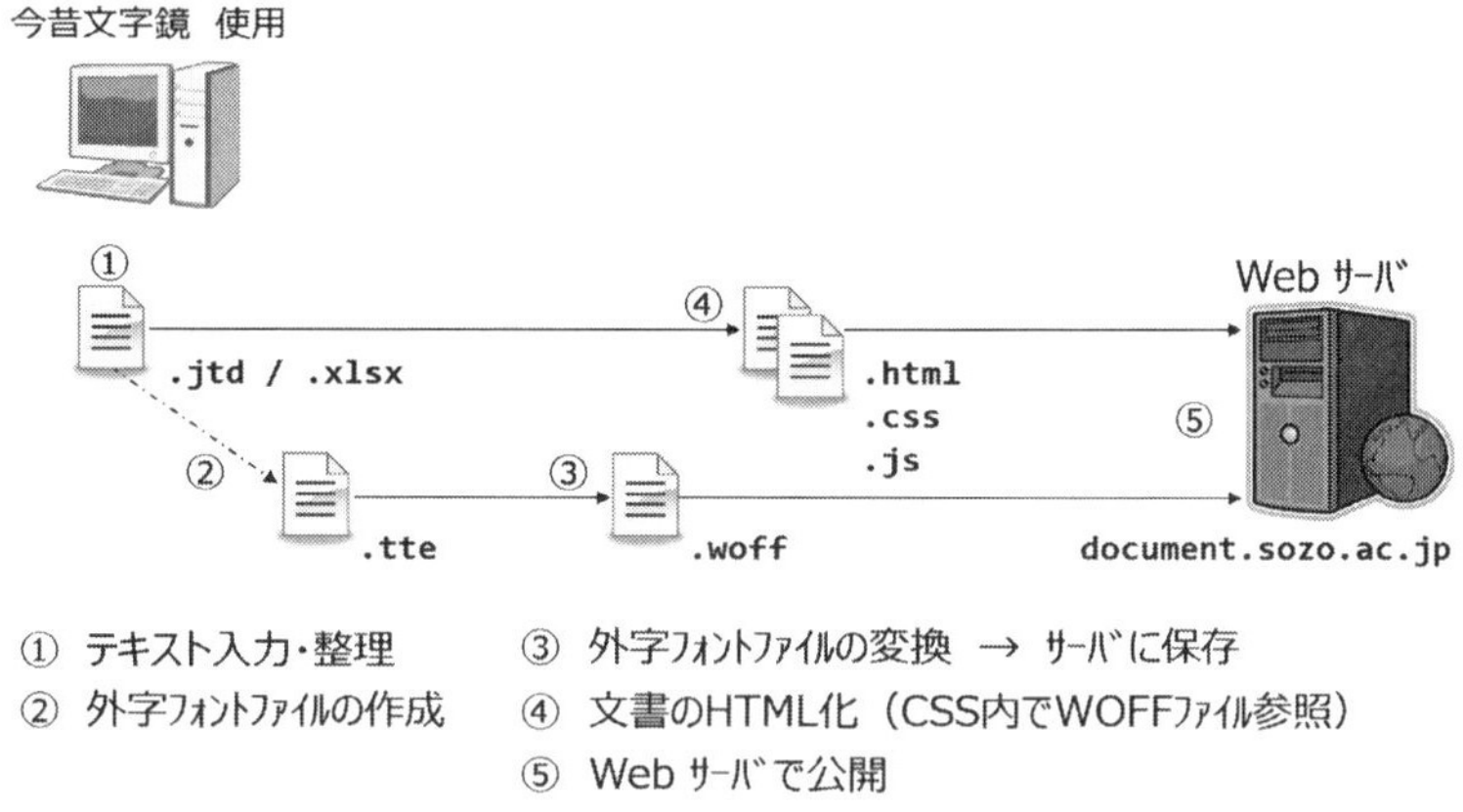

図 3　漢文テキスト Web 公開に関する処理の流れ

①テキスト入力・整理

はじめに，Web サイトに掲載したい文書について，文書作成ソフト・一太郎 [10]，および，漢字入力・印字用アプリケーションの今昔文字鏡 [11] を用いて作成する．次に，一太郎の機能を用いて HTML ファイルに出力する．それぞれの例を図 4 に示す．なお，HTML ファイル出力

は元の文書に収録されている説話ごとに行うものとし，以降の処理もこれを一単位として行っている．

ここで，元の文書を HTML ファイルにエクスポートする理由は，文書作成時に使用した今昔文字鏡のフォント情報を文字列として抽出するためであり，この情報は後の処理で使用する．

次に，HTML ファイルでマークアップされた要素をひとつずつ取り出し，CSV ファイルに出力する．このファイルでは，Unicode のコードポイントや，送り仮名や返り点等のメタ情報を整理して付与する．前述の文字鏡フォント情報が付与されている要素が，特別な処理を必要とする部分，すなわち通常のフォントでは元の字体を表現できない部分である．この箇所については，HTML において Unicode 実体参照として記述するか（存在する場合），もしくは，外字として作成して表現できるようにする．図 5 は，このときの様子を示したものである．

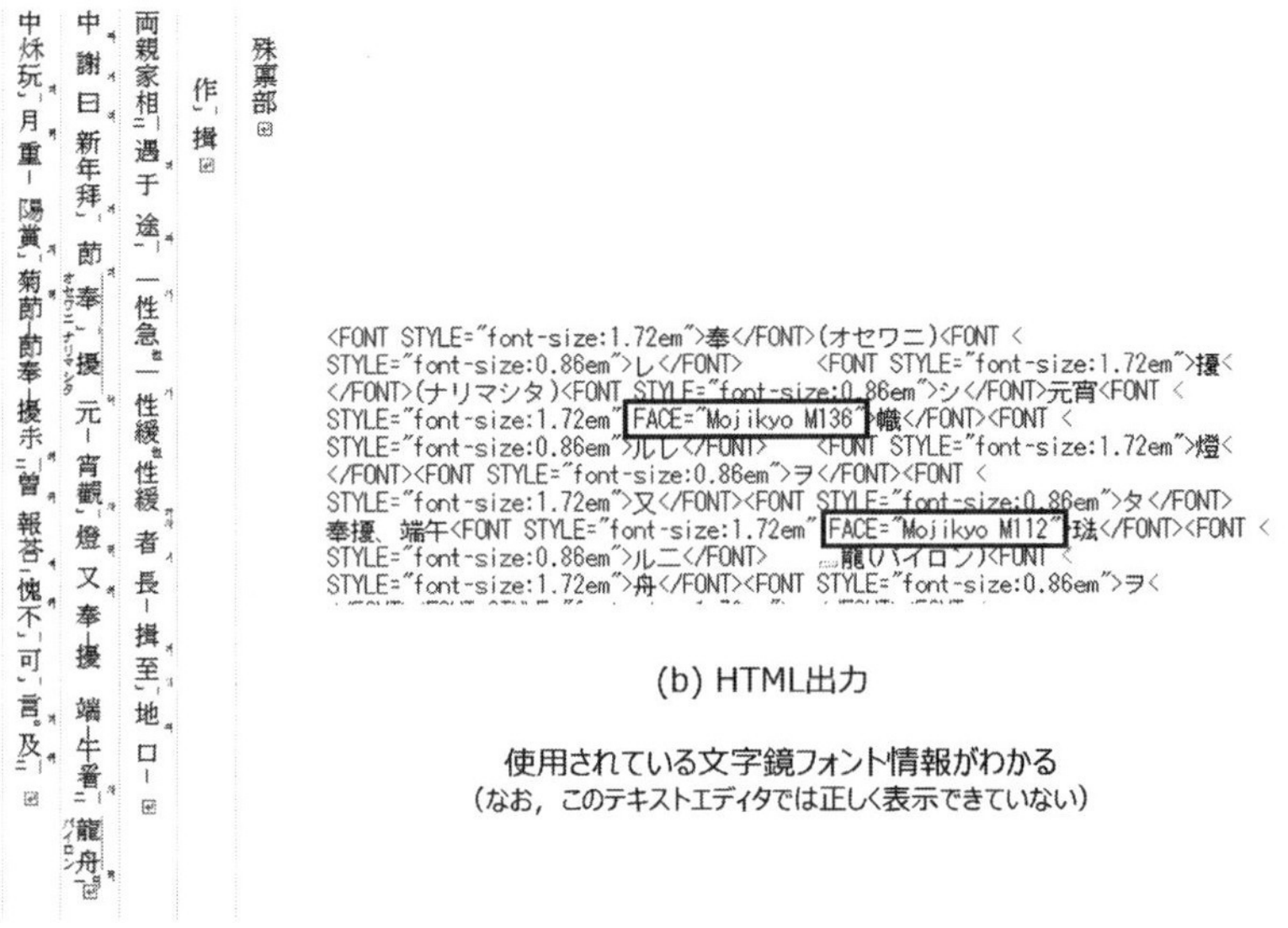

(a) 文書作成（一太郎）　(b) HTML出力

図 4　漢文文書作成および HTML 出力（一太郎・今昔文字鏡を利用）

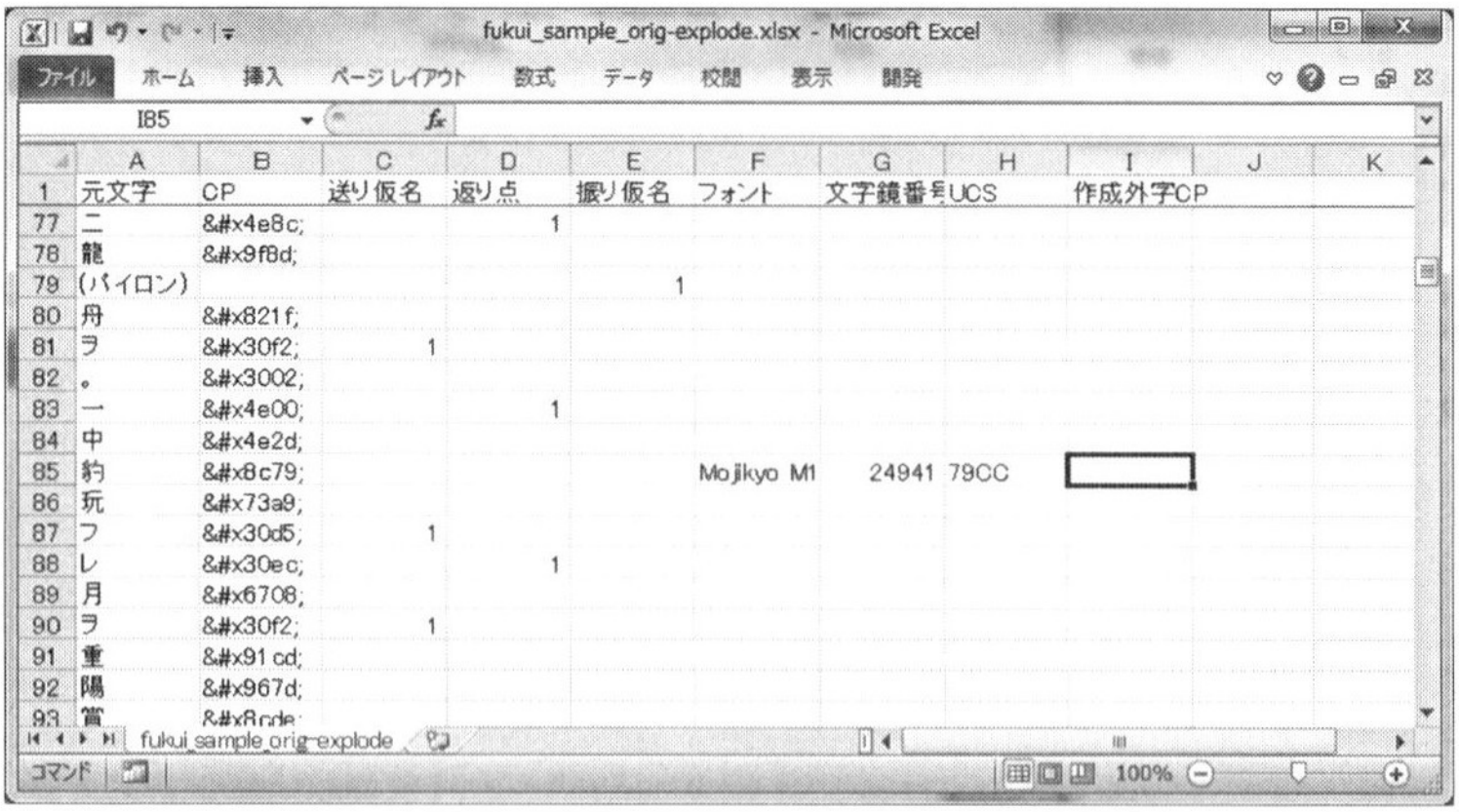

図５　テキストデータの整理（メタ情報の付与）

②外字フォントファイルの作成

①の処理において，UCS 番号を有する文字については，Unicode 実体参照を通じて Web ブラウザで出力可能である（後述の IPAex フォントを利用する前提）．一方で，UCS 番号のない異体字は，そのままでは字体を出力することができない．この問題に対して，外字エディターを利用して，外字として個別にフォントを作成して対応する（`EUDC.tte` ファイル）．それぞれの例を図６および図７に示す．

(a) UCS番号あり
Unicode実体参照で出力可

(b) UCS番号なし
外字として作成が必要

図６　通常のフォントで出力できない文字の例

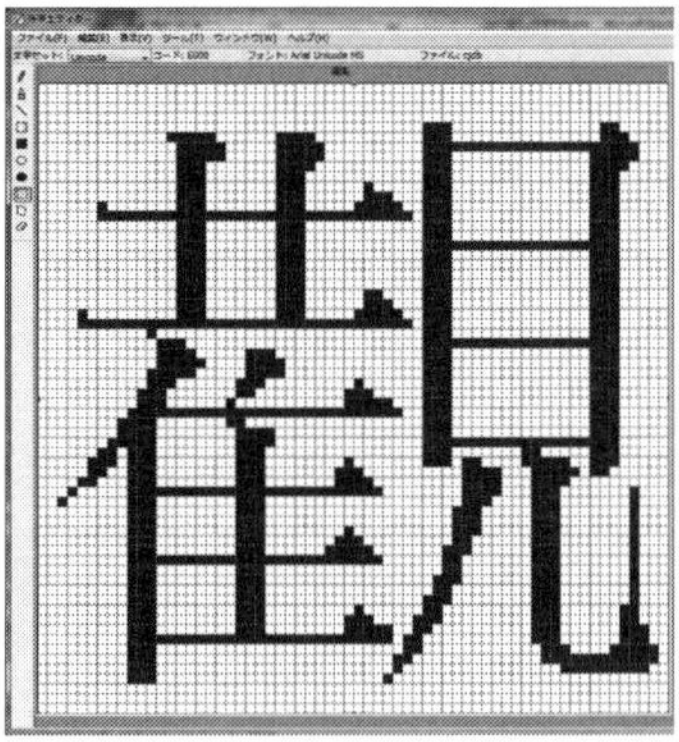

図7　外字エディターによる異体字のフォント作成

③外字フォントファイルの変換（Webフォント化）

作成した外字フォントファイル（EUDC.tte）をWebフォント（*.woff）化し，表示環境に依存しないページのレンダリングを実現する．Webフォント（WOFF）への変換には，武蔵システムが公開しているソフトウェア・WOFFコンバータ［12］を利用した．

また，外字以外の文字について，漢字圏でない地域でも正確に表示されるよう，IPAex明朝フォント［13］を利用することとした．CSSにおいては，図8のように指定することで，それぞれWebフォントとして利用することが可能となる．

```
/* IPAexフォントの定義 */
@font-face {
    font-family: ipaexm;
    src:url("ipaexm.ttf") format("truetype");
}

/* 作成した外字フォントの定義 */
@font-face {
    font-family: cjdb;
    src:url("cjdb.woff") format("woff");
}

/* 外字利用箇所のクラス定義 */
span.gaiji {
    font-family: "cjdb" !important;
}
```

図8　CSSにおけるWebフォントの読み込み

④文書のHTML化

①で作成したCSVファイルを源泉に，HTMLコードを出力する．この処理は，Rubyスクリプトを作成して簡単に実現できるようにした．出力されたHTMLコードは，⑤のシステムにおいて個別記事の本文データとして登録する．

⑤ Webサーバで公開

Web公開にあたり，管理や検索を容易にするため，旧来のスタティックなHTMLファイルで登録するのではなく，CMS（Content Management System）を利用して実現する．本研究では，サイト構築の柔軟性が高いといわれているCMSのDrupalを利用することとした．CSSファイルやフォントファイルをWebサーバにアップロードし，テンプレートファイルに修正を加え，④のコード（説話単位）を挿入することでWebページを作成した（画面例はⅣ章・図12を参照）．

Ⅳ　漢文の縦書きレイアウトに関する検討

前章では，漢文テキスト公開のためのWebサイト構築について説明した．本章では，漢文表示においてもっとも重要である「漢文の縦書きレイアウト」に関する検討結果を述べる．

本研究では，ブラウザ間の表示上の差異（挙動の差異）に対応するため，既存の縦書きレイアウト変換JavaScript h2v.js［7］ライブラリを活用して，基本的なWebページの縦書きを実現することとした．残る問題としては，左右ルビと訓点の表記である．以下に，本研究で試みた内容を報告する．

1．左右ルビ・訓点表記のアイディア

図9(a)に，テキストおよびそのテキストに紐づく訓点を1行3列のテーブル形式で表したものを示す．ベースのテキストをテーブルの中央に据えて，右下に送り仮名を，左下に返り点を配置する方法である．このようにテーブル形式を取ることにより，文字の配置（表示）位置を漢

文に近い形で実現することができる．

また，図 9(b) には，左右にルビを付与する場合の実現方法を示す．1 行 3 列のテーブルを作成したのち，中央セルのベーステキスト内でさらにテーブルを作成（入れ子）にすることによって，訓点の表示領域を設けることが可能となる．

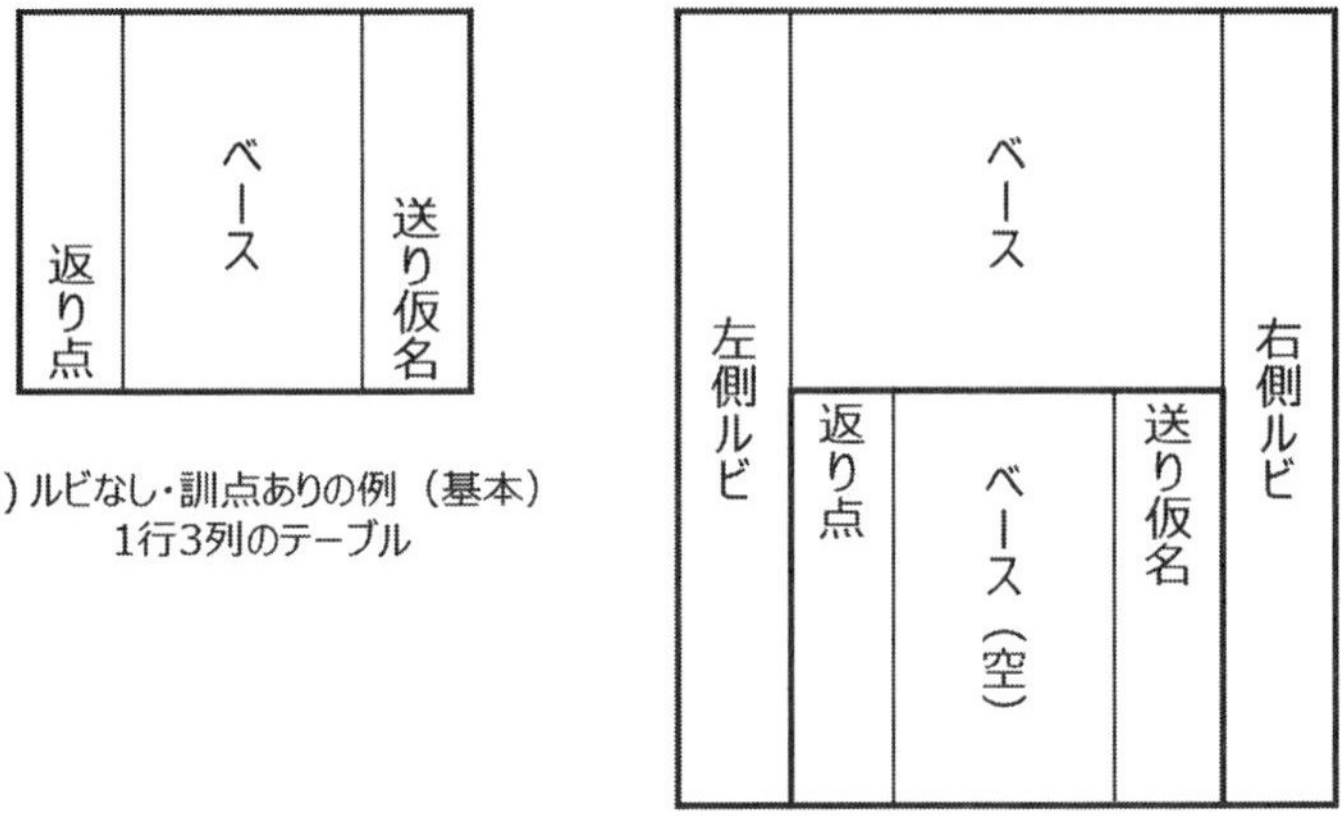

(a) ルビなし・訓点ありの例（基本）
1行3列のテーブル

(b) ルビありの例（訓点表示位置はCSSで調整）
テーブルの入れ子

図 9　テーブル形式による漢文縦書き表記の実現

2．コーディング

既存のマークアップ方針（ルビ付与には `<ruby>` 等のタグを利用する）から大きく外れないように，元のタグはそのまま基本の要素として使用しながら，プロパティ設定を上書きすることでコーディングすることとした．CSS においてブロック要素をテーブルセルとして配置・表示するには，スタイルとして `display: table-cell;` を設定すればよい．ルビや訓点の表示位置が元の漢文における文字配置に近づけるためには，適切に要素に `margin` を設定すれば可能である．この考えに基づき作成したスタイルを図 10 に示す．

```
/* h2v.js オリジナルスクリプトにて定義済 */
.h2v_e ruby , #h2v_tmp_div ruby {
（略）
    display:inline-table !important;
}

/* 追加定義 */
.h2v_e ruby.double {
    margin-left: -0.6em;
}
.h2v_e ruby.double>rbc {
    vertical-align: top;
}
.h2v_e ruby.double>rtc {
    font-size: 60%;
    vertical-align: top;
}
.h2v_e ruby.kunten {
    margin-left: -0.2em;
    font-family: inherit !important;
}
.h2v_e ruby.kunten>rtc,
.h2v_e ruby.kunten>rbc {
    display : table-cell;
    font-family: inherit !important;
    vertical-align: top;
}

/* 右に続く */
```

```
/* 左の続き */
.h2v_e ruby.kunten>rtc>rt {
    display: table-cell;
    width: 1em;
    max-width : 1em;
    line-height:1em;
    vertical-align: top;
    word-wrap : break-word;
    word-break: break-all;
    font-family: inherit !important;
}
.h2v_e ruby.kunten>rtc:last-child>rt {
    font-size: 100%;
    margin-top: -0.0em;
}

.h2v_e ruby.kunten>rbc>rb {
    font-size: 0% !important;
    display: none;
}
```

図10　テーブル形式による漢文縦書き表示のためのスタイルシート

3．レンダリング結果

提案法による漢文のマークアップおよびレンダリング結果の例を図11に示す．この結果より，元の漢文表記に近い形で漢文縦書きWebページが表示され，概ね当初の目的を達成することができた．訓点が付与された場合に文字間隔が空いてしまう部分には改善が必要である（本稿執筆時点ではスタイル調整で解決することができなかった）．

図12は訳解笑林廣記・殊稟部「作揖」の前半に対する処理結果である．図12からわかるように，改行してはならない箇所で改行が行われ，訓点が次行頭に移動していることが確認できる．視認性はもとより，文書の意味構造を保持するためにも，「禁則処理」の検討が急務である．

```
新年拜
<ruby class="kunten">
  <rtc><rt></rt></rtc>
  <rbc><rb></rb></rbc>
  <rtc><rt>メ</rt></rtc>
</ruby>
節
<ruby class="kunten">
  <rtc><rt></rt></rtc>
  <rbc><rb></rb></rbc>
  <rtc><rt>フ</rt></rtc>
</ruby>
<ruby class="double">
  <rtc><rt>オセワニナリマシタ</rt></rtc>
  <rbc>
    <rb>奉
      <ruby>
        <rtc><rt>レ</rt></rtc>
        <rbc><rb></rb></rbc>
        <rtc><rt></rt></rtc>
      </ruby>
      擾
      <ruby class="kunten">
        <rtc><rt></rt></rtc>
        <rbc><rb></rb></rbc>
        <rtc><rt>シ</rt></rtc>
      </ruby>
    </rb>
  </rbc>
  <rtc><rt></rt></rtc>
</ruby>
元宵
```

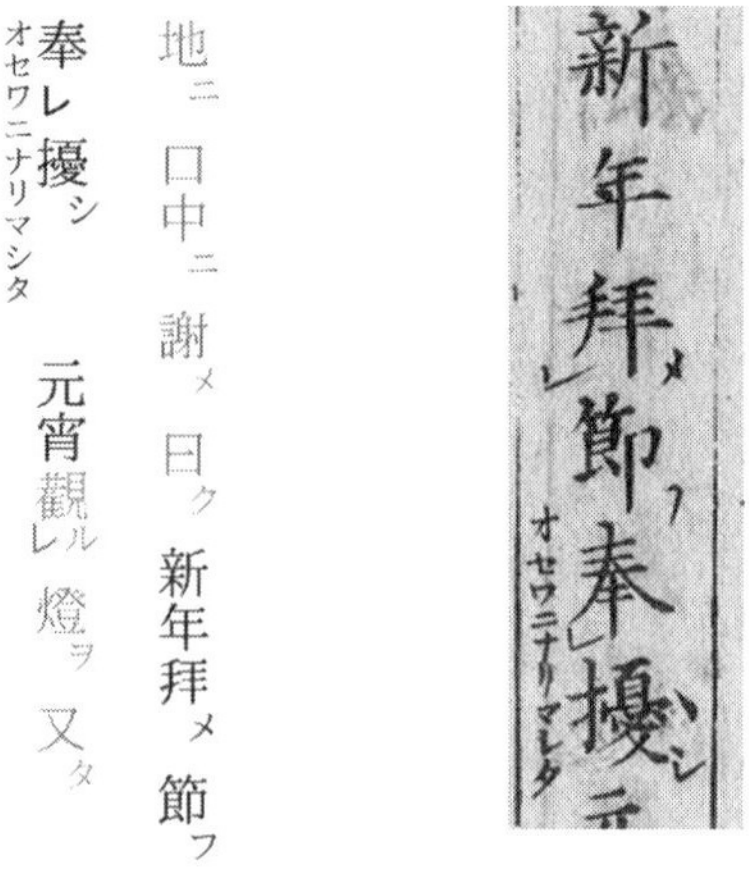

(a) マークアップの例　　(b) レンダリング結果（Chrome）　　(c) 元の文書

図 11　提案法によるマークアップおよびレンダリング結果の例

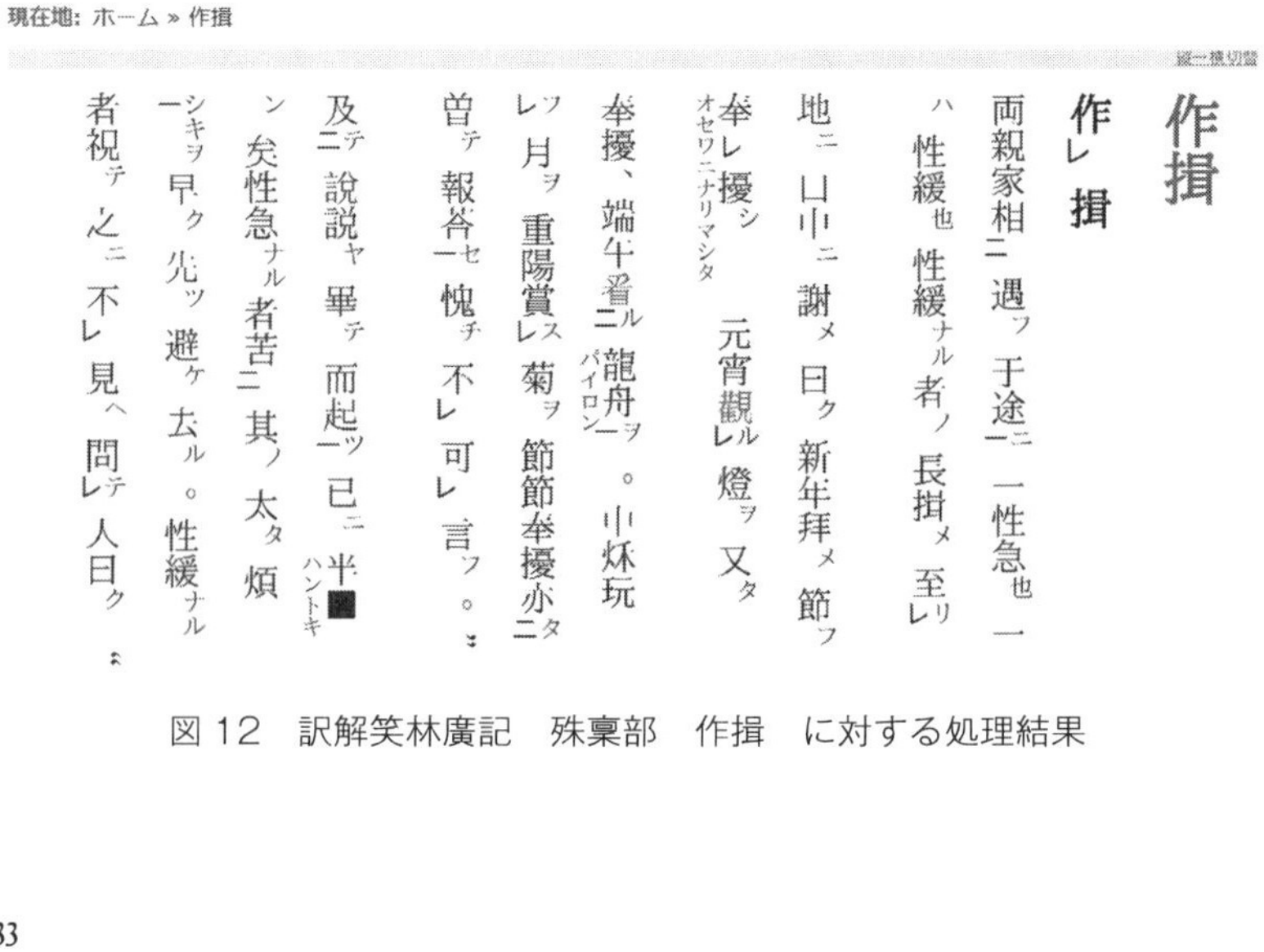

図 12　訳解笑林廣記　殊稟部　作揖　に対する処理結果

V　まとめと今後の課題

本稿では，日本における漢文（漢文訓読文）の縦書きWeb表示を実現するため，外字およびWebフォントを活用した字体表現，さらに，JavaScriptとCSS table-cellを活用した漢文のWeb表現の一手法について報告した．実装とした結果，本稿で述べた方法では，ある程度の漢文表記はできたものの，期待される漢文表記の実現には更なる検討が必要であることがわかった．特に，本稿の手法はWebブラウザにおける元の文書の見た目の再現（表記）にのみ注目して処理するものであり，文書の構造を論理的に扱う方法ではなく，現状では他の目的にも応用が効かず有益性が高いとはいえない．この対応については，XMLを利用した文書の構造化や，Web Components（Polyfill）等の技術を応用した独自のタグ拡張等が方法として考えられる．その詳細については今後も継続して検討する予定である．

なお，本稿で説明した漢文表示システム・中国笑話（笑府，笑林広記）データベースは，豊橋創造大学内のWebサイトにて一部を公開している．

URL：http://document.sozo.ac.jp/cjdb/

【参考文献】

［1］梅田貴士，山口　満，島田大助．「中国笑話集における文字情報のデータベース化」『豊橋創造大学紀要』第14号（2010）pp. 147–150.

［2］梅田貴士，山口　満，島田大助．「中国笑話集を対象とした文字情報検索システムの機能改善」『豊橋創造大学紀要』第15号（2011）pp. 195–198.

［3］和泉屋金右衛門他板，『訳解笑林廣記』，文政十二年刊（1829），豊橋創造大学附属図書館蔵

［4］'CSS Writing Modes Level 3' https://www.w3.org/TR/css-writing-modes-3/ (Nov. 29, 2016)

［5］「竹取JS」，http://taketori.org/js.html，（平成28年11月29日）．

[6]「nehan」, https://code.google.com/archive/p/nehan/,（平成28年11月29日）.
[7]「ウェブページで縦書きレイアウト」, http://tategaki.info/,（平成28年11月29日）.
[8]「縦書きWeb普及委員会」, http://tategaki.github.io/,（平成28年11月29日）.
[9] 'Ruby Annotation', https://www.w3.org/TR/ruby/, (Nov. 29, 2016)
[10]「日本語ワープロソフト　一太郎」, http://www.justsystems.com/jp/products/ichitaro/,（平成28年11月29日）.
[11]「今昔文字鏡」, http://www.mojikyo.co.jp/software/mojikyo45/,（平成28年11月29日）.
[12]「WOFFコンバータ」, http://opentype.jp/woffconv.htm,（平成28年11月29日）.
[13]「IPAexフォント仕様」, http://ipafont.ipa.go.jp/old/ipaexfont/fontspec.html,（平成28年11月29日）.

あとがき

他分野同様、日本文学研究でもグローバル化が進み、〈世界の中の日本文学〉という視点が注目されている。特に「東アジア」の視点は有益である。日本文学への中国文学の影響は自明のことである一方、ややもすると朝鮮からの影響が見落とされていた。また、笑話は卑俗さ・庶民性の高さから、人々の意識・感覚や生活・風俗を捉える上で貴重であり、それらを比較考察することは、日本・中国・朝鮮の国民性の違いの考察にも繋がり得る。

本書はそうした意図から企画されたもので、「はじめに」にある通り、平成24～28年度科学研究費補助金（基盤研究C、「東アジアの笑話と日本文学・日本語との関連に関する研究」、研究代表者島田大助氏）による成果の一部である。平成28年8月に清泉女子大学で「東アジアの古典文学における笑話」をテーマとする公開シンポジウムを開催。本書所収の諸論は、そのシンポの成果を発展させ組み込んだ内容である。

以下、紙面の都合で極簡略にではあるが、各論の概要を紹介する（掲載順）。荒尾禎秀先生の論は、左右の振り仮名につき近世の漢文体資料を調査し、漢文笑話や和刻本の白話小説、繁昌記、艶書等のジャンルで左振り仮名の多いことを指摘。読みよりは意味を示す左振り仮名が、それらのジャンルで多用される理由を考察している。琴榮辰《ぐむよんじん》氏の論は、朝鮮古典と日本古典の笑話を、同じ話柄の話同士を具体的に比較し考察。朝鮮は艶笑譚化、日本は頓智譚化の傾向が強いと指摘。笑話が公の存在として盛行し得たか否かの享受環境の違いを、その原因とする。崔溶澈《ちぇよんちょる》先生の論は、中国と朝鮮の古典笑話の歴史を通観。崔先生が広く韓国学界に紹介した朝鮮笑話集『鍾離葫蘆《しょうりころ》』について、典拠に当たる中国笑話集『絶纓三笑《ぜつえいさんしょう》』との関係を精査。中国笑話の朝鮮、日本への伝搬の意義を強調している。佐伯の論は、夜食時分の浮世草子『好色万金丹』『好色敗毒散』の笑話性の強さを、噺本との話柄・モチーフの共通性から検証。加えて、夜食時分から江島其磧の気質物への影響や両者の相違につき考察した。藤井史果氏の論は、近世噺本の〈咄の構成〉と表現手法に注目。近世前期上方の軽口本と後期江戸の小咄本の構成の違いを確認。オチ直前に滑稽対象の表情を示す語句、特に「ぬからぬ顔で」が頻用され、笑いを増幅させることを指摘している。川上陽介氏の『訳解笑林広記』注釈は、氏が勤務校の紀要に連載中の注釈の続稿。収録話毎に現代語訳・原文・書き下し文を掲げ、補注で典拠や類話を博捜し、余説で笑いのツボを解説。中国語に堪能な氏ならではの極めて詳細、丁寧な注釈と言える。島田大助氏の論は、『笑府』抄訳本や『解顔新話』等の典拠論。日本の笑話が『増補萬寶全書』等の中国日用類書を利用する具体例を挙げる。中国の出版事情が日本・朝鮮の笑話の流行に影響したことや、笑話を知ることが教養の一つと認識されていたことも指摘する。山口満氏の論は、日本の漢文体資料の本文の電子資料化に関する論。縦書き、左右ルビ、訓点、異体字といった複雑さを克服し、原文表記をＷｅｂページ上に正確にアップするための方策と問題点に関する報告。漢文体笑話の研究環境向上に、大いに益する研究である。

我々の研究グループは、引き続き科研費（基盤研究Ｃ「東アジアの笑話と日本語・日本文学に関する複合的研究」、研究代表者川上陽介氏）を得て、研究に取り組んでいる。本書への御批正を得て、次なる成果を発表できればと思う。末筆ながら、公開シンポ開催の便宜を図ってくれた清泉女子大学人文科学研究所、シンポ時の同時通訳その他で協力頂いた高永爛高麗大学校民族文化研究院研究教授、そして本書の刊行を引き受けて下さった新葉館出版、及び編集作業等で大変お世話になった西まさる編集事務所西まさる氏に、心よりの感謝を申し上げる。

二〇一七年九月

佐伯孝弘

執筆者一覧（掲載順）

荒尾禎秀　あらおよしひで

清泉女子大学人文科学研究所客員研究員。専門は日本語学。主要著書・論文に『ちびまる子ちゃんの 語源教室』（集英社、二〇〇五年）、「和刻半紙本『笑府』に関する二三のこと」（『日本近代語研究　五』所収、ひつじ書房、二〇〇九年）、「『刪笑府』の「安永五年」本について」（『太平詩文』惜別号　太平詩屋、二〇一七年）など。

琴榮辰　グム・ヨンジン

韓国外国語大学校日本語大学非常勤講師。専門は江戸噺本、東アジア笑話比較。主要著書・論文に『東アジア笑話比較研究』（勉誠出版、二〇一二年）、『日本近世文学と朝鮮』（共著、勉誠出版、二〇一三年）、「東アジア笑話に見る酒飯論」（『立教大学日本文学』第111号、二〇一四年一月）など。

崔溶澈　チェ・ヨンチョル

高麗大学校教授。専門は中国古典小説、中韓比較文学。主要著書に『校勘本韓國漢文小説』上、下（ボゴ社、二〇〇四年）、『紅樓夢の傳播と飜譯』（シンソ院、二〇〇七年）、『剪燈新話』（ハッコバン、二〇〇九年）など。

佐伯孝弘　さえきたかひろ

清泉女子大学教授。専門は日本近世文学。主要著書に『江島其磧と気質物』（若草書房、二〇〇四年）、『浮世草子研究資料叢書』全七巻（共編、クレス出版、二〇〇八年）、『古典文学の常識を疑う』（共編、勉誠出版、二〇一七年）、『八文字屋本全集』全二三巻（共編、汲古書院、一九九二～二〇〇〇年）など。

藤井史果　ふじいふみか

昭和学院短期大学非常勤講師。博士（文学）。専門は日本近世文学。主要著書・論文に『噺本と近世文芸 表記・表現から作り手に迫る』（笠間書院、二〇一六年）、「栄松斎長喜 ─その画業と実像に迫る─」（『太田記念美術館紀要 浮世絵研究』第七号、二〇一七年）、「大田南畝・山手馬鹿人同一人説の再検討─『蝶夫婦』と南畝の洒落本を中心に─」（『近世文藝』第八十七号、二〇〇八年）など。

川上陽介　かわかみようすけ

富山県立大学准教授。博士（文学）。専門は、日本近世文学、中国白話文学。主要著書・論文に、「『笑府』三種比較攷（上・下）」（『国語国文』六八巻一号二号、一九九九年一月二月）、「遠山荷塘施訓『訳解笑林広記』小考」（『国語国文』八六巻五号、二〇一七年五月）、『京都大学蔵　潁原文庫選集』全十巻（監修責任・共編、臨川書店、二〇一六年～一八年予定）など。

島田大助　しまだだいすけ

豊橋創造大学教授。専門は日本近世文学。主要著書に『近世はなしの作り方読み方研究』（新葉館出版、二〇一三年）、『よみがえる講談の世界　水戸黄門漫遊記』（共著、国書刊行会、二〇〇六年）、『講談と評弾　伝統話芸の比較研究』（共著、八木書店、二〇一〇年）など。

山口満　やまぐちみちる

豊橋創造大学准教授。博士（工学）。専門は情報工学・ディジタル信号処理。大学ではプログラミングやＷｅｂデザイン、情報ネットワーク論などＩＣＴ系科目を担当するとともに、大学の情報システム・ネットワークの管理を担当。近年はＷｅｂシステムをベースとした異分野におけるＩＣＴ活用の研究に取り組む。

東アジアの古典文学における笑話

○
2017年10月28日　初　版
編　者
『東アジアの古典文学における笑話』出版委員会
編　集
西まさる編集事務所
発行人
松　岡　恭　子
発行所
新　葉　館　出　版
大阪市東成区玉津1丁目9-16 4F　〒537-0023
TEL06-4259-3777㈹　FAX06-4259-3888
https://shinyokan.jp/
印刷所
第一印刷企画
○
定価はカバーに表示してあります。

ISBN978-4-86044-641-3